GUIDES DU COLLECTIONNEUR

DICTIONNAIRE

DES

FONDEURS

CISELEURS

MODELEURS EN BRONZE

ET DOREURS

DICTIONNAIRE

DES

FONDEURS

CISELEURS

MODELEURS EN BRONZE

ET DOREURS

Depuis le moyen-âge jusqu'à l'époque actuelle

PAR

A. DE CHAMPEAUX

Inspecteur des Beaux-Arts à la Préfecture de la Seine.

A - C

LIBRAIRIE DE L'ART

<table>
<tr><td>PARIS</td><td>LONDON</td></tr>
<tr><td>J. ROUAM, ÉDITEUR</td><td>GILBERT WOOD & C°</td></tr>
<tr><td>29, CITÉ D'ANTIN, 29</td><td>175, STRAND, 175</td></tr>
</table>

1886

DICTIONNAIRE

DES

FONDEURS, CISELEURS

MODELEURS EN BRONZE

ET DOREURS

A

Abbon, orfèvre et fondeur en bronze, cité par différents auteurs comme travaillant à Limoges à la fin du vi^e siècle. On croit qu'il a séjourné également en Angleterre. — Guibert, *les Orfèvres de Limoges.*

Abd-el-Fakir El Hadjaj-Mohammed; a gravé, en 1309, un vase à panse lisse et à col allongé, sur les six pans duquel sont représentés les signes du zodiaque. Collection de M. Delort de Gléon. — H. Lavoix : *Gazette des Beaux-Arts,* 1878, t. II, p. 785.

Absalon, moine de Saint-Maximin-de-Trèves (xe siècle); a fondu, avec Gozbert, la cuve baptismale de cette église. (Voir à Gozbert.) — Springer, *De Artificibus medii ævi,* p. 12.

Achamer ou **Aichamer (Johann),** fondeur de

cloches à Vienne; cloche pour l'église Saint-Étienne, fondue avec des canons turcs donnés par l'empereur Joseph I⁰ʳ (1711). — Meyer, *Allgemeines Künstler-Lexicon*; Otte, *Glockenkunde*.

Acyer (Jehan), mouleur pour la fonte (xviᵉ siècle); « à Jehan Acyer pour avoir emprimé le Sᵗ Jehan de cuyve qui est sur le pavillon du jardin, par quictance du XXVIIIᵉ septembre Vᶜ VIII, X s. » — Deville, *Comptes de Gaillon*.

Adalricus, moine de Freising; a fondu au xᵉ siècle une cloche pour l'abbaye de Tegernsee, en Bavière. Il est cité dans une lettre écrite par l'abbé Gozbert à l'évêque Gotescalc : « Tres anni jam sunt transacti, quod fingere fecimus formam ad campanam fundendam, totaque materies metalli æqua lance penes candem formam jacet appensa : sed nullo modo possumus perficere quia nullum hominem arte fusoria instructum habemus, quocirca petimus ad hoc ipsum opus modulandum perficiendumque ut nobis concedatis clericum vostrum Adalricum ob amorem Dei et S. Quirini. » Aᵒ 982. — Springer, *De Artificibus medii ævi*, p. 24.

Adam, « le potter », maître fondeur de cuivre, établi à Londres en 1282-1287. — Stahlschmidt, *London bells funders*.

Adam d'Anvaing, gratteur (graveur) de laiton tombier, à Tournai (1441 et 1466). — Pinchart, *Artistes de Tournai*.

Adam (Joannes), fondeur du diocèse de Tours; exécuta, en 1416-1418, une cloche pour la cathédrale de Lérida, en Catalogne. — Meyer, *Allgemeines Künstler-Lexicon*.

Adam-Salomon (Antony-Samuel), sculpteur, né à la Ferté-sous-Jouarre (1818), mort en 1881. — Buste en bronze de M. Hector de Laborde (Salon de 1852).

Adams, sculpteur (xixe siècle), auteur de la statue de Sir Charles Napier, à Trafalgar Square. — Fortnum, *Catalogue of bronzes of the South Kensington Museum.*

Adelhot (Claus), maître fondeur à Erfurt; a coulé, vers 1430, une cloche pour Seebach, près de Langensalza, et plusieurs canons pour cette dernière ville. — Otte, *Glockenkunde.*

Adriano di Giovanni de' Maestri, de Florence, sculpteur et fondeur de la fin du xve siècle. — Un buste de l'Électeur de Saxe Frédéric le Sage, précédemment dans la chapelle du château de Torgau et maintenant à l'Antiquarium de Dresde, porte l'inscription : *Anno Salut. MCCCCLXXXXVIII. Fredericus Dux Saxoniæ sacr. Ro. imperii elector.* Sous le buste est gravée cette signature : *Hadrianus Florentinus me faciebat.* M. Courajod, qui a bien voulu nous signaler cette œuvre, estime qu'un second buste de bronze de la collection d'Ambras, à Vienne, représentant l'empereur Maximilien, se rapproche de celui de Dresde. Malgré le nom italien de son auteur, cette sculpture est animée de la vigueur et de l'expression particulières à l'art allemand de la fin du xve siècle. On sait par l'anonyme de Morelli qu'un groupe représentant Pégase arrêté par Bellérophon avait été modelé par Bertoldo et fondu par son élève Adriano. Ce groupe a été retrouvé à Vienne au Cabinet des Antiques par M. Courajod. M. Sambon avait envoyé à l'exposition du métal, à Nuremberg (1885), une statuette de Vénus sortant du bain, signée : *Adriani.* M. G. Milanesi a publié un certificat signé par Adriano di Giovanni de' Maestri, sculpteur et fondeur d'artillerie, établissant que Buonaccorso di Vittorio Ghiberti avait servi le seigneur Virginio Orsini, en qualité d'ingénieur militaire et de maître d'artillerie (24 mai 1499). — Voyez le catalogue de l'Antiquarium de Dresde, la *Notizia d'opere di disegno* (publiée par Morelli), éd. Frizzoni, 1884, p. 39, et C. de Fabriczy, *Courrier de l'Art*, 21 août 1885.

Aethelwold, abbé du couvent de New Minster ou Hyde-Abbey, à Winchester, vers 950; enrichit la maison conventuelle de diverses œuvres de fonte et coula deux cloches pour les clochers de l'église. — Meyer, *Allgemeines Künstler-Lexicon*.

Agar (**Robert**); figure en 1585 sur les états de l'artillerie du roi, en qualité de maître fondeur. Il est appelé Robert Agaut sur les états de 1595. (Voyez Bibliothèque nationale : Recueil de pièces manuscrites concernant l'artillerie). — Un compte des dépenses de l'artillerie faites en 1574 pour le siège de Fontenay-le-Comte mentionne Robert Hagard parmi les canonniers ordinaires du roy. (Manuscrits du Dépôt de l'artillerie.)

Agast (**Peter**); cloche à Biedekopf (Hesse-Nassau), 1440. — Otte, *Glockenkunde*.

Agniel (**Claude**); fut exempté de la taxe de 22 livres 10 shillings qui lui avait été imposée, parce qu'il était canonnier ordinaire et fondeur dans la ville de Lyon (1521-1527). — Inventaire des Archives municipales de Lyon.

Agnolo; a travaillé sous la direction d'Antonio Averulino à l'exécution des portes de la basilique de Saint-Pierre et y a gravé son nom. — *Repertorium für Kunstwissenschaft*, 1884, p. 293.

Agostino (Niccolò), de Plaisance, architecte, ingénieur et maître bombardier, d'origine siennoise, au service du pape Pie II (xvᵉ siècle). Les registres des comptes de la Chambre apostolique contiennent la mention de nombreux paiements faits à Agostino pour ses appointements réguliers. D'autres documents plus intéressants nous font connaître la nature de ses travaux. En 1461-1462, Agostino Niccolò de « Placentia, magister et fabricator bombardarum », fond des pièces d'artillerie ; le 7 janvier il coule plusieurs bombardes et le 13 avril deux gros canons.

« 1462, 2 avril. Magistro Augustino de Placentia exercitus S. R. Ecclesiæ bombarderio seu Mariocto de Perusio ejus familiari, florenos auri de camera 5o in deductionem sui salarii seu manufacturæ certarum bombardarum per eum noviter factarum. »

Parmi les bombardes fondues par Agostino, il y en avait une appelée Silvia, en l'honneur du pape Æneas Sylvius ; la seconde avait été baptisée Victoria, en souvenir du nom de la mère du pape. D'après un auteur du temps on lisait sur cette dernière pièce :

> *Rumpere quæ videor sonitu Victoria cœlum,*
> *Cumque suis muros turribus ejicere :*
> *Arma juvo, tueorque Pii, quantum erigit ille*
> *Voce bonos, ictu tantum ego sterno malos.*

Une troisième pièce, s'appelant « Ænea », lançait des boulets du poids de 3oo livres. Jordano Ursino, autre bombardier de la milice ecclésiastique, avait été employé à la fondre, concurremment avec Agostino.

Agostino, s'étant brouillé avec le pape en 1461, entra au service de la République de Sienne. Le duc Frédéric d'Urbin écrivit à cette ville pour lui demander la permission de faire exécuter plusieurs bombardes par ce fondeur, mais, apprenant que le pape était mal disposé en sa faveur, il renonça à son projet et engagea la Seigneurie à garder Agostino, jusqu'à ce qu'il fût rentré en grâce près du Saint-Siège. Pendant son séjour à Sienne, ce bombardier avait fondu un gros canon placé près de la fontaine sous l'escalier du palais communal.

Il mourut en 1462, au cours des travaux de réfection du pont d'Arbia, que sa veuve continua à diriger; le cardinal de la Rovere sollicita la République en faveur de ses héritiers. — Müntz, *les Arts à la cour des Papes*; Milanesi, *Documenti per la storia dell' arte senese*.

Agostino da Rimini ; fut chargé, en 1522, de refondre la grosse cloche du palais communal de la ville de Todi. — Guardabassi, *Indice-Guida dell' Umbria*.

Agostino dal Borghetto, maître fondeur; a renouvelé, en 1548, les cloches de l'église de Saint-François, à Massa. — Campori, *Scultori di Carrara*.

Agostino di Duccio, sculpteur et modeleur florentin (xv⁰ siècle). Il naquit en 1418 et exécuta pour la cathédrale de Modène une suite de bas-reliefs en marbre signés : *Augustinus de Florentia, f. 144*. (?) Il dut quitter sa ville natale où il était accusé d'un vol et alla travailler à Pérouse et à Rimini. Dans cette dernière cité, il exécuta un nombre immense de sculptures en marbre et en bronze pour le temple des Malatesta. Revenu plus tard à Florence, il fut attaché à l'œuvre du dôme et ébaucha une grande statue tirée d'un bloc colossal de marbre qui, abandonné en raison de mauvaises dispositions prises par lui, fut repris plus tard par Michel-Ange qui en tira sa statue de David. Il mourut vers 1481.

En dehors de ses grands ouvrages de Pérouse et de

Rimini, on connaît quelques bas-reliefs de bronze qui ont été récemment rendus à Agostino di Duccio, notamment un Crucifiement du Bargello de Florence, attribué jadis à Antonio Pollajuolo. — Yriarte, *Un Condottiere italien au XV° siècle*, et *l'Art*, décembre 1880.

Ahlers (Lieder), de Brème ; cloche à Westen près de Werden (1791). — Otte, *Glockenkunde*.

Ahmed-Karim ; a fondu, en 1783, pour Hyder-Ahmed, à Seringapatam, deux canons de bronze pris par l'armée anglaise en 1799 et envoyés à l'arsenal de Woolwich. — *Catalogue of the Museum of artillery. Woolwich*.

Ahus (Johann) ; coula en 1547 une cloche pour l'église de Oerlinghausen. — Mithoff, *Mittelalterliche Künstler und Werkmeister*.

Aizelin (Eugène-Antoine), sculpteur, né à Paris en 1821, élève de Ramey et de Dumont. A envoyé aux Salons diverses œuvres qui ont été traduites en bronze ; notamment : Sapho, statue (1853).

Alain, maître plombier ; a exécuté tous les travaux de plomberie du château de Clagny construit pour Mme de Montespan (1676). — Guiffrey, *Comptes des bâtiments du roi*.

Alain ou **Aleyn (Jean)**, maître fondeur de Londres (xiiie siècle). Une cloche de l'église de Southease (Sussex) porte l'inscription : *Johannes Aleyn me fecit*, gravée avec les lettres onciales employées par les maîtres fondeurs Wymbish. La forme *Aleyn* semble une traduction anglaise du nom français : *Alain*. En 1316, *Aleyn de Sopere* fut traduit par les autres maîtres potiers, devant les aldermen de Londres, comme vendant des pots de cuivre usés et de mauvaise qualité. — Stahl-schmidt, *London bells founders.*

Alamano. On lit sur la cloche d'une ancienne église située près de San Fratello (Sicile) : *Campana de beati fratelli, anno domini MCCCXXXXVI, Alamanus me fecit.* — Di Marzo, *I Gagini.*

Albenga (**Giorgio**) da Sant' Albano, sculpteur et fondeur, élève de Jean Bologne ; a exécuté, en 1601, un buste du pape Clément VIII, placé au-dessus de l'une des portes latérales de la cathédrale de Ferrare. Sur la base de marbre est inscrit : *Georgii Albengæ opus.* (Cette inscription est une reproduction moderne, remplaçant la plaque originale de bronze aujourd'hui détruite.)

Après la mort de Clément VIII, le magistrat de Ferrare commanda une statue de bronze représentant ce pontife, aux sculpteurs Albenga et Jean Bologne (1605). Le travail commencé par ce dernier fut décliné par Albenga, qui en trouvait le prix trop peu rémuné-rateur (1608). Cette statue devait mesurer 7 pieds de haut et peser 4,000 livres. Le prix en était fixé à 3,000 écus, et le travail devait durer trois années. — Cittadella, *Notizie relative a Ferrara.*

Albenga était, en 1588, maître fondeur de l'artillerie des ducs de Mantoue. On retrouve le souvenir des tra-vaux exécutés pour ces princes tant à l'arsenal de Casale qu'à celui de Ferrare, dans un inventaire con-servé à Turin. On y voit décrits deux canons, dont l'un, appelé San Paolo, est orné des armes de Mantoue avec un cartouche dans lequel on lit : *Vincentini D. G. Dux. Mant. IIII et Montis Ferr. II A. 1588 ;* sur la culasse est le nom du fondeur : *Georgius Albenga fecit.*

En 1598, Giorgio Albenga écrivait au duc de Mantoue,

alors à Ferrare, qu'il avait laissé sa famille et son frère à Mantoue. Il suivit le duc dans son voyage en Hongrie. Il avait également exécuté les ornements en bronze de la porte de la citadelle de Ferrare. Il passa ensuite à Bologne et il resta jusqu'à sa mort au service du pape. — Angelucci, *Documenti inediti;* Bertolotti, *Artisti.... in relazione coi Gonzaga.*

Albergeti ou **Alberghetti,** « maestro gittatore d'artigliera », originaire de Massa-Fiscaglia, établi à Ferrare dans la seconde moitié du xve siècle. Il fondit, en 1483, une cloche pour cette dernière ville et il entra l'année suivante au service de la République de Florence, pour laquelle il coula des bombardes, des spingardes et des « passavolanti ». Il fut recommandé en 1487, par Galeotto Manfredi, au duc de Ferrare qui le nomma directeur des fontes de son artillerie. La seigneurie de Faenza pria le duc de donner à ce bombardier un congé de quelques jours pour visiter l'artillerie de cette ville. Albergeti était mort en 1497.

Albergeti eut plusieurs fils qui suivirent la profession de leur père : 1° Sigismondo, entré au service de la République de Venise; 2° Domenico, dont l'existence était inconnue de Cicogna (*Iscrizioni venete*) et qui fut employé par la République de Florence. « M° Dominicho di M° Alberghetto bombardiere » fut chargé de diriger et de confectionner des bombardes florentines. — Angelucci, *Documenti inediti.*

Albergeti (Alfonso), sculpteur et fondeur, né à Ferrare, établi à Venise au xvie siècle où il a exécuté des travaux importants pour le palais ducal et pour l'artillerie de la République. — On doit à cet habile artiste la magnifique margelle de l'une des deux citernes de la cour du palais ducal, qui est soutenue par des consoles se terminant en têtes de femmes séparant des médaillons entourés de mascarons et de figures à enroulements d'une grande richesse. Cet ouvrage est signé : *Alphonsus Albergeti fecit anno Domini 1559.*

Dans la galerie Costabili, à Ferrare, se trouvaient deux vases richement décorés de figures et d'arabesques sur l'un desquels on lisait : *Alfonsus Albergeti ferrariensis me fecit anno Domini 1572.*

Albergeti (Antonio Orazio), modeleur et ciseleur, fondeur de l'artillerie de la République de Venise au xviiᵉ siècle. — On voit au musée de la Tour de Londres un canon enrichi d'ornements ciselés dont l'affût est formé par deux figures d'hommes mourant et se terminant par des tiges à fleurons. Il porte l'inscription : *Antonius Horatius Alberghettus publ... 1684.* Cette pièce, enlevée de Malte par l'armée française lors de l'expédition d'Égypte, a été reprise par la flotte anglaise. Il en existe un moulage au South-Kensington Museum.

On trouve dans l'ouvrage de Gasperoni la gravure d'un gros canon vénitien, décoré du lion de Saint-Marc et d'une figure de la Victoire, sur lequel est inscrit : *MDCC Albergeti.* Cette pièce peut être attribuée à Antonio Orazio ou à Sigismondo, qui passaient pour les plus habiles fondeurs de canons de l'Europe.

Albergeti (Battista), dit **Zuanne**, fils de Giulio Albergeti, sculpteur et fondeur vénitien, entré au service du grand-duc de Toscane dont il dirigea les arsenaux à la fin du xviᵉ siècle.

On voit dans l'arsenal de Tunis un canon de bronze aux armes des Médicis, portant l'inscription : *Ferd. Med. SOVANE ALBERGTI VENETVS FVNDBT.* (Ferdinand régna de 1549 à 1609.)

Sur une seconde pièce déposée dans le même arsenal on lit : *Imperante Ferd. Med. Hetruriæ magn° duci — Giov^ni ALBETI Venetus fund^t.* (Communication de M. le colonel Leclerc, du musée d'artillerie.)

Giovanni Albergeti a fondu la statue de Cosme Ier, modelée par Jean Bologne, ainsi que la statue de saint Jean destinée à la chapelle d'Or San Michele et un crucifix commandé par le grand-duc Ferdinand. Il fut aidé dans les travaux de cette fonte par Pietro di Giovanni Fabrici, et établit ses fourneaux dans la maison même du sculpteur. Le métal restant servit à couler l'un des deux bas-reliefs du piédestal de la statue du duc, et une seconde figure de Christ.

Albergeti touchait du grand-duc une pension annuelle de 200 écus. Il recevait une gratification pour chaque millier de métal employé à la fonte de l'artillerie et dirigeait deux fonderies, l'une, dans la cita-delle inférieure de Florence, l'autre dans la scuderie di San Marco; il était aussi chargé de l'arsenal de Pise. Il restaura, en 1602, la palla de Santa Maria del Fiore qui avait été endommagée par la foudre. — Del Badia, *Della statua di Cosimo I*, p. 18.

Selvatico et Lazari (*Studi sull' architettura e scultura in Venezia*) disent que Zuane Albergeti prit part à l'exécution du monument du cardinal Zen (mort en 1505), terminé en 1515. Il ressort de ce renseignement qu'il a existé deux fondeurs du nom de Zuane Albergeti.

Albergeti (**Carlo**), fondeur de l'artillerie vénitienne. Il n'est connu que par les lettres initiales : *C. A. 1669 et 1671*, dont il a marqué deux canons aux armes de Venise qui sont conservés dans l'arsenal de Tunis. — Angelucci, *Una Missione a Tunisi.*

Albergeti (Giovanni Battista), maître fondeur de l'artillerie vénitienne (xvii° siècle).

Cet artiste, l'un des meilleurs fondeurs de Venise et l'un de ceux qui ont fait le plus pour établir la réputation de la fabrication des armes dans les arsenaux du Lido, a laissé un de ses chefs-d'œuvre sur l'esplanade de l'hôtel des Invalides, à Paris. C'est un grand canon coulé lors de la visite faite par le roi de Danemark, sur l'ordre du Sénat, qui aimait à prodiguer cet hommage aux souverains étrangers. On y lit : *Attento Daniæ et Norv. rege paratum, adveniente fusum, conspiciente perfectum s. c. anno salutis MDCCVIII. — J. B. Alberghetti opus.* Au-dessous de l'inscription sont les armes de Frédéric IV et celles de la République de Venise.

On fondit, en présence du roi, un mortier modelé par Albergeti et un second canon exécuté par Giovanni Mazzaroli.

Giovanni Battista était le petit-fils de Sigismondo Albergeti et il coula, en 1701, une grande pièce modelée par le premier de ces artistes. (Voy. p. 13.)

Deux canons dont il existe des gravures dans l'ouvrage de Gasperoni, et qui sont signés *Johannis Bap. Albergeti opus,* semblent toucher à la fin du xvii° siècle et indiquent le déclin d'un art que les Albergeti avaient si brillamment exercé pendant plus de deux cents années.

Nous pensons qu'il faut attribuer à Giovanni Battista la colonne de bronze s'élevant près de la porte de l'arsenal, où des bas-reliefs retracent la puissance maritime de Venise et les exploits du doge Francesco Morosini dans la presqu'île de Morée. Ce monument porte le nom d'un Albergeti avec la date de 1693, précédé des deux lettres initiales J. F. Cette dernière lettre est probablement un B, à moins qu'il n'y ait eu

en même temps un autre membre de la famille Albergeti portant les prénoms de Giovanni Francesco.

Albergeti (Giulio), maître fondeur de l'artillerie
vénitienne (xvi° siècle). On trouve, dans l'ouvrage de
Gasperoni (artillerie vénitienne), la gravure d'un superbe canon portant l'inscription : *Julii Albergeti
opus MDLXVI.*

Albergeti (Sigismondo), fondeur de l'artillerie
vénitienne (xvii° siècle). Un superbe obusier, décoré de
personnages et de trophées d'armes, porte une inscription placée sur la base d'un autel et établissant la
collaboration de Sigismondo et de son petit-fils Giovanni Battista Albergetti ; nous la reproduisons d'après
l'ouvrage de Gasperoni : *Sigismondi Albergeti inventum. — Jo. Baptista nepos perficiebat MDCCI.*

Sigismond fut envoyé par la République en Angleterre
pour y visiter les arsenaux et étudier les procédés de
fonte dont on s'y servait.

On lui attribue un bas-relief composé de neuf figures
allégoriques décorant la garde d'une épée, qui est conservé au musée Correr, à Venise, et sur lequel on lit
les initiales : S. A.

L'arsenal de Tunis conserve un canon portant le
lion de Saint-Marc avec les initiales : S. A. (1671). —
Angelucci, *Una Missione a Tunisi.*

Albergeti ou **Alberghetti (Sigismondo)**, modeleur et fondeur d'artillerie, fils d'Albergeti et frère de
Domenico ; fut engagé, le 4 mars 1487, par la République de Venise, aux gages annuels de 200 ducats, plus
un prix spécial pour la fonte de chaque pièce d'artillerie ; il était qualifié de : « peritissimus et excellentis-
simus artifex conficiendorum tormentorum, passa-

volantium et aliorum hujusmodi instrumentorum bellicorum ».

Dans l'ouvrage de Gasperoni figurent deux belles pièces de canon en forme de colonne cannelée avec chapiteau d'ordre corinthien et le buste de saint Marc ; sur les godrons de la culasse de l'une d'elles on lit : *Quid tu miraris jaculari fulmen ab alto Nos quoque quum volumus mittimus era anecen.* — *Sigismundus Alberget*(us) *MCCCCLXXXXVII ;* et sur l'autre : *Artifices alii sileant quicunque fuerunt Non habuere meo secula cuncta parem.* — *Sigismundus Alber*(getus) *MCCCCLXXXXVII.*

Sigismondo habitait Venise en 1524, quand il vint louer à Massa-Fiscaglia, sur le territoire de Ferrare, une habitation qu'il possédait encore en 1530. Lors de la mort de Jacomo, « maestro delle artiglicre » du duc d'Este, Sigismondo adressa de Venise une demande tendant à obtenir cet emploi vacant (1528), pour son fils Fabio.

Sigismondo eut trois fils : Albergeti de Albergetis, qui alla habiter Florence, et Fabio, tous les deux fondeurs d'artillerie, et Camillo dont on ignore la profession.

Albergeti de Albergetis exécuta, en 1541 et en 1542, trois belles demi-coulevrines pour Guidobaldo II, duc d'Urbin, qui sont conservées dans le musée d'artillerie de Turin. Son fils Paolo se présenta en 1561 devant le magistrat de Massa-Fiscaglia, pour être émancipé par suite de la mort de son père ; il était assisté par son frère Vincenzo. Albergeti laissait quatre autres fils : Emilio, Marco, Giulio et Girolamo. — Cittadella, *Notizie relative a Ferrara ;* Angelucci, *Documenti inediti.*

Alberici (Orazio), fondeur en bronze et sculpteur ; est cité par Zani comme travaillant, en 1620, à Plaisance. — Ambiveri, *Artisti piacentini.*

Albert, *fusor campanarum*; habitait, en 1340, la rue de Tirlemont à Louvain, hors la porte Saint-Michel. — Pinchart, *Archives des arts et des sciences*, t. II.

Alberti (**Camillo**), fondeur vénitien (xvie siècle). Il a laissé sur l'autel de la Madone, dans le transept droit de la basilique de San Marco, deux grands candélabres de bronze enrichis de beaux ornements en bas-relief, portant le nom de *Camillo Alberti, 1520*. — Selvatico, *Guida di Venezia*.

Alberti (**Léon Battista**), célèbre architecte et humaniste florentin (xve siècle).

Alberti était également sculpteur et fondeur. On lui attribue un médaillon ovale sur lequel l'artiste se serait représenté lui-même. On connaît deux épreuves de ce portrait, l'une, au musée du Louvre, et l'autre chez M. Dreyfus. Cette dernière porte l'inscription : *L. Bap.* — Yriarte, *Rimini*; Heiss, *les Médailleurs de la Renaissance*.

Albertus ; a coulé en 1449 une cloche à Wenholthausen (Westphalie). — Otte, *Glockenkunde*.

Albraht; cloche à Seligenstadt (1296). — Otte, *Glockenkunde*.

Albrecht de Soest ; a fondu en 1402 une grande arquebuse pour la ville de Gœttingue. — Mithoff, *Künstler und Werkmeister*.

Albrizio (**Orazio**), modeleur et ciseleur romain (xviie siècle). Il a placé son nom, avec la date 1624, sur plusieurs réductions d'après l'antique, représentant l'Hercule Farnèse, le Centaure Borghèse, le Marc-Aurèle du Capitole et le Neptune de Jean Bologne. Ces réductions appartiennent aux marquis Spinola di Luigi, à Gênes. — Varni, *Ricordi di alcuni fonditori*.

Albus (**Johann**); coula en 1553 une cloche pour l'église de Beesten. — Mithoff, *Künstler und Werkmeister*.

Alderano (**Urbani**), maître fondeur à Massa (xvie siècle). Il obtint, en 1583, d'Alberico Cibo le privilège d'exercer pendant dix années l'art de fondre les cloches, les lampes, les flambeaux, art qu'il avait appris en France. Il vivait encore en 1592. — Campori, *Artisti di Carrara*.

Aleaume (**Adam**), maître orfèvre doreur. « A Adam Aleaume pour avoir doré six piliers de cuivre XLII l. (pour la fontaine du château de Gaillon, 1508). » — Deville, *Comptes de Gaillon*.

Alegate (**John de**); figure sur les rôles de la bourgeoisie de Londres en 1291.

Alegate (**Robert de**), potier, 1311-1332.

Alegate (**William**), maître fondeur, institué par le potier Henri *in the Lane,* suivant une des clauses de son testament, directeur de son fils William, avec la mission de lui apprendre les pratiques de leur métier commun. — Stahlschmidt, *London bells founders*.

Alegate (**William de**), maître potier établi à Londres, fin du xiiie siècle. M. Stahlschmidt pense qu'il a pu exister deux fondeurs portant ce même nom; le premier vivant de 1299 à 1318 et le second entre 1330 et 1541.

Alessandro de Parme, sculpteur-ciseleur (fin du xve siècle); eut pour fils Piero et Bartolomeo de Bologne qui étaient élèves d'Andrea Riccio et travaillèrent au Santo de Padoue. — Gonzati, *Sant' Antonio di Padova*.

Aleveldt (Wlf.) van Aneveld; cuve baptismale de l'église de Gettorf près de Kiel, décorée de figures en relief (1424). — Meyer, *Allgemeines Künstler-Lexicon.*

Aleves (Johann); coula en 1501 une cloche pour l'horloge de l'église de Wittmund. Peut-être identique à Alves (Johann), qui fondit en 1564 la cloche de Gesmold (Hanovre). — Mithoff, *Künstler und Werk-meister.*

Alexander of Abyngton, dit **Alexander le Imaginator**; a pris part à l'exécution du tombeau de la reine Éléonore de Castille, femme d'Édouard II d'Angleterre (1290). (Voy. à Torell.) — Fortnum, *Catalogue of bronzes in the South Kensington Museum.*

Alfano, maître fondeur, exécuta, à une époque que nous ne saurions indiquer, une cloche pour l'église de Sainte-Marie-Majeure, à Rome, cloche qui fut refondue en 1289 par Guidoto de Pise. — *Gazette archéologique* (décembre 1884).

Alfonso d'Este, duc de Ferrare; très versé dans l'art de la guerre, dirigeait lui-même la fonte de ses pièces d'artillerie et prenait le titre de « Bombardier ». Ses arsenaux étaient très riches en bombardes et en coulevrines, à l'exécution desquelles il prenait une part personnelle.

Il fit fondre un canon qu'il nomma « Giulia », avec les débris de la statue de bronze représentant le pape Jules II, que Michel-Ange avait placée sur le portique de San Petronio, à Bologne. La tête de la statue seule avait été conservée, mais elle est perdue aujourd'hui. — Yriarte, *Rimini;* Cittadella, *Notizie relative a Ferrara.*

Alfonso di Mantova, sculpteur et fondeur à Mantoue (xvi° siècle) ; exécuta en bronze, pour l'église de San Francesco, la statue de Pietro Pomponazzo qui a été détruite à la fin du siècle dernier. — Fortnum, *Catalogue of bronzes*.

Alfori (**F. N.**). Un bassin en étain de l'église de Saint-Jean-des-Mauvrets porte l'inscription : *Angers. F. F. N. ALFORI*, accompagnée d'un double poinçon représentant une couronne et un aigle à deux têtes. — Godard-Faultrier, *Répertoire archéologique*, 1858-1859.

Algardi (Alessandro), sculpteur, né à Bologne en 1583, mort à Rome en 1654. Parmi ses nombreux ouvrages traduits en bronze, ouvrages dont quelques-uns sont d'une dimension colossale, nous relevons les plus importants :

La statue colossale assise du pape Innocent X, le meilleur morceau d'Algardi, placée dans le palais des Conservateurs au Capitole. Algardi avait aussi modelé le buste de ce pontife, fondu en bronze pour l'hospice des Pèlerins, à la Trinité.

Un groupe de bronze représentant l'archange saint Michel terrassant le démon, groupe dont le modèle existe au musée civique de Bologne.

Alessandro Algardi a dirigé l'exécution des superbes bronzes qui décorent la chapelle de' Franzoni dans l'église de San Carlo, à Gênes. Cette décoration comprend quatre bustes de saints posés sur des colonnes ; de chaque côté de l'autel sont divers bustes de docteurs et d'apôtres. On y voit d'autres ornements et trois grosses lampes devant l'autel. Sur les parois latérales sont disposés les tombeaux du fondateur et celui d'Agostino Franzoni avec leurs bustes de bronze.

Franzoni possédait, dans son palais, plusieurs bas-reliefs de bronze modelés par Algardi et des esquisses de ses grandes compositions de Rome. Le ciborium de l'église de San Teodoro était surmonté d'une statuette du Christ par Algardi, et la sacristie de la cathédrale de Gênes conserve un beau crucifix de bronze doré exécuté par cet artiste.

On connaît un certain nombre de reproductions et de réductions faites d'après ses statues.

Dans la collection Le Marié (1777), Psyché conduite dans l'Olympe par Mercure, et l'Enlèvement d'Hélène, deux pendants sur pieds de bois doré ; hauteur, 24 pouces.

Collection Cayeux (1769), une Vierge avec l'Enfant Jésus ; hauteur, 19 pouces.

M. Crozat, de Thiers (1772), possédait, dans sa collection, deux magnifiques flambeaux de bronze composés, l'un d'un homme qui tient un enfant sur son épaule, l'autre d'une femme aussi avec un enfant ; la bobèche qui est sur la tête de chaque enfant et le pied, qui sert de siège à chaque figure, sont dorés. Les modèles sont de l'Algarde.

On a aussi attribué à l'Algarde, dans un inventaire de Versailles (1791), le groupe en bronze doré du musée du Louvre représentant le Triomphe de Jupiter, qui est regardé comme une œuvre de Michel Anguier. Ce catalogue dit que le groupe, qui était déjà séparé de son pendant, avait été commandé à l'Algarde, à Rome, pour servir de feu de cheminée dans la chambre à coucher de Louis XIV. — Varni, *Ricordi di alcuni fonditori.* — Titi, *Pitture di Roma.*

Algeier (**Valentin**), maître fondeur de cloches et d'arquebuses à Ulm (xvii⁰ siècle). Il exécuta une partie de l'artillerie du margrave Georges de Brandebourg. — Otte, *Glockenkunde ;* Boeheim, *Sammlung im Artillerie Arsenal ʒu Wien,* p. 22.

Algoier (**Castner**), fondeur de cloches à Ulm (xvi* siècle). — Trautmann, *Kunst und Kunstgewerbe*, p. 134.

Allard (**Johann**) ; cloche à Haynrode (1660). — Otte, *Glockenkunde*.

Allasseur (**Jean-Jules**), sculpteur, né à Paris (1818), élève de David d'Angers.
Statue de Jean de Rotrou pour la ville de Dreux (1866); buste de M. Mansard, avocat (1868).

Allier (**Antoine**), sculpteur, né à Embrun en 1793, élève de Gros.
Viola, statue en bronze (1864); bustes en bronze et plâtre (Salon de 1834).

Almante; exécuta en 1218 un grand bassin de métal pour le couvent de Walkenried. — Mithoff, *Künstler*.

Aloisio (**Gabrielli**), qui semble de la même famille que le suivant, a travaillé à Ostie : « 1470, 23 mai. Gabrielli Magistri Loisij de Urbe magistro campanarum fl. d. c. 24 pro ejus salario manifacturæ unius campanæ per eum, de mandato et ordinatione nostra, factæ pro arce Ostiæ. »
En 1465, Gabrielli coula une autre cloche pour la citadelle de Terracine.
Aloiso magistri Gabrielis était employé aux travaux de la couverture de la basilique vaticane, sous la direction de Leonardo Guidoccio (1483).
Gabrielli était en même temps fondeur de l'artillerie papale, comme le prouve le document suivant : « 1477, 3 septembre. De mandato facto die primo dicti flor. de camera quadraginta unum, bol. X Gabrieli de Roma campanario : pro integra solutione unius campanæ, et

trium bombardarum : pro arce Civitæ Vetulæ ».
— Fortnum, *Introduction au Catalogue des bronzes*
du S. K. M. ; E. Müntz, *les Arts à la cour des Papes*,
2ᵉ partie, p. 105 et 106 ; 3ᵉ partie, p. 142.

Aloisio (Guido Gonzaga di), frère convers à
Mantoue, a fondu, en 1444, une cloche d'un admirable
travail pour l'église de Saint-André.

Alonso de Tapia, de Séville, orfèvre, dora en
1490 les figures de la fontaine du Vatican et deux
clochettes pour l'entrée du palais papal. — Eug. Müntz,
l'Orfèvrerie romaine (*Gazette des Beaux-Arts*, 1883).

Altena ou **Altona (Johann)**, maître fondeur, a
exécuté en 1555 des cloches pour des églises de Hambourg; il figure dans les comptes de cette ville dè
l'année 1549. — Mithoff, *Künstler und Werkmeister*.

Altenburg (Johann-Friedrich), maître fondeur
à Sachsenhagen (Hesse-Nassau); cloche à Eimbeck-
hausen (1776) et à Erichshagen (1796). — Otte, *Glockenkunde*.

Altenhaus (F.-N.); cloche de Laer, près d'Iburg
(Osnabruck), 1614. — Otte, *Glockenkunde*.

Altmann (Andreas), maître fondeur, a exécuté en
1604 une cloche pour l'église de Saint-Nicolas, à Prague. — Dlabacz, *Künstler-Lexicon für Böhmen*.

Alves (Johann). Voy. **Aleves.**

Alwoldus, « campanarius », cité dans les registres
capitulaires de l'église de Saint-Paul, à Londres, vers
l'année 1150. — Stahlschmidt, *London bells founders*.

Ambos (Jacob); cloche pour Werliswang (Souabe).
1479. — Otte, *Glockenkunde*.

Ambrogio (Calderario); sur une cloche conservée au musée de Brera, à Milan, on lit l'inscription : + *MCCCLII* O *Magister* O *Ambrosius* O *de* O *Calderariis* O *fecit* O *hoc* O *opus*. — Communication de Mgr Barbier de Montault.

Amidey (Étienne), maître-fondeur d'artillerie à Dôle, vendit, en 1413, au duc de Bourgogne trente-deux canons qu'il avait fabriqués. — Communication de M. L. Larchey.

Ammanati (Bartolomeo), architecte et sculpteur, élève de Bandinelli et plus tard de Jacopo Sansovino (1511-1592).

Après avoir travaillé à Venise, à Padoue et à Rome, il revint à Florence où il exécuta une fontaine pour la villa de Pratolino, et un groupe de bronze représentant Hercule et Antée pour la villa de Quarto. Cette sculpture devait surmonter une fontaine dessinée par le Tribolo, qui était également ornée de figures d'enfants en bronze, modelées par Pierino da Vinci. Il a placé, sur la grande fontaine de la place de la Seigneurie, dont la figure principale de Neptune est sculptée en marbre, deux statues costumées d'homme et de femme coulées en bronze; ce travail fut achevé en 1571. La collection de lord Spencer, à Londres, renferme un groupe représentant Samson combattant les Philistins, dû à Ammanati. — Perkins, *les Sculpteurs italiens*.

Amons (Georges), maître fondeur; avait coulé en 1571, pour la cathédrale de Strasbourg, la cloche de l'Angelus (Betglocke) et y avait gravé cette inscription :

Darumb hatte man mich gossen
Dass mein Stimm soll machen unverdrossen

Betten zu Gott mit Mund und Geist
Derhalben mich die Betglock heisst.
Gegossen von Georg Amons Händen,
Auf Gott all Sachen man thut wenden.

Cette cloche fut transportée, en 1596, à Dorlisheim, village voisin de Strasbourg, et remplacée par une autre cloche commandée à J. J. Müller. — *Description de la cathédrale de Strasbourg* (1817).

Anastagi (Mariotto); très habile dans l'art de modeler et de jeter des statues et d'autres œuvres en métal. Il habitait Pérouse, où il mourut en 1496, et fut employé par la ville à différents travaux. Il renouvela, en 1476, l'une des deux cloches du palais civique. — Mariotti, *Lettere perugine.*

André, maître fondeur de Colmar, fit, en 1349, la grosse cloche de Mutzig (Bas-Rhin), qui fut renouvelée en 1851. Celle de Molsheim était de 1340; une autre à Molsheim et celle de Troenheim portent la date de 1342. — *Meister. Andres. von. Kolmar. mathe. mich. anno. dni. M. CCC. IL. Amen.* — Farnier, *Notice historique sur les cloches;* Gérard, *les Artistes de l'Alsace;* Otte, *Glockenkunde.*

André (Jehan), « maignien », « pour avoir refaict le fond de la chasse du renglere qui est sur le chaffault du Cros (1436) ». — Comptes du receveur de la ville de Lille. Communication de M. L. Larchey.

André de Bauzon, forgeron à Nîmes, reçut, en 1363, 4 florins et demi pour deux canons de fer destinés à la défense de la ville. — Ménard, *Histoire de Nimes.*

Andrea d'Alessandro, fondeur-ciseleur (fin du
xvi° siècle). L'inscription : *And. di Alless. Bres. F.*, se
trouve sur un beau candélabre de bronze haut de
7 pieds placé dans l'église de la Madonna della Salute,
à Venise; le style rappelle celui de Vittoria. Le même
artiste a également exécuté six flambeaux de bronze
et un autre candélabre pour la table de l'autel de
Santo Spirito. — Selvatico et Lazari, *Guida di Veneẓia;*
Fenaroli, *Artisti bresciani.*

Andrea de Viterbe, orfèvre, fut chargé par Sixte IV
d'exécuter trois sièges de bronze ciselé et doré pour la
chapelle papale : « 1472, 27 avril. Pro uno fulcimento
sedis de ære cisellato cum saldatura argenti, quod
totum est ponderis librarum XLVII, ad computum
ducatorum trium pro libra, ducatos CLXI papales.

Item pro auro posito ad deaurandum dictum fulci-
mentum, ducatos XLVII : XVII.

Item pro CCL radiis æris deauratis datis ad perfi-
ciendum dictam sedem et pro quatuor stapphis auratis
ad quas aurandas positi fuerunt ducati octo auri; pro
omnibus, ære, saldatura, factura et auro, fl. XXⁱⁱ.

Item pro duobus fulcimentis æris ambobus cisellatis
et auratis, ponderis LX libr. ad computum trium ducatorum pro libra ut supra duc. CLXXX.

Item pro auro posito ad aurandum dicta duo fulci-
menta ducatos LXXX.

Item pro argento vivo posito pro aurando et maci-
nando aurum ducatos tres, bol. XVI. — E. Müntz,
les Arts à la cour des Papes, partie III, p. 249.

Andrea del Castello, fondeur et batteur en cuivre,
prit part à la fonte de la statue équestre de Cosme Iᵉʳ
de Médicis, modelée par Jean Bologne. — Jodoco del
Badia, *Della statua equestre di Cosimo I*, p. 15.

Andrieu (Simon), demeurant à Lille, fondeur de bombardes, de serpentines et de coulevrines au service du duc de Bourgogne (1467); il fut chargé, en 1473, de faire six serpentines et une « harquebuze » de métal pour l'artillerie de Charles le Téméraire. — Inventaire des archives du département de la Côte-d'Or. — Pinchart, *Archives des arts, sciences et lettres*, t. III.

Andrieu de Luchon, fondeur, vendit à la ville de Noyon, en 1417, un canon de cuivre pesant Xi l. et demie, moyennant XVI s. — Comptes de la Ville. *Archives communales.*

Aneken (Joachim); cloche pour Ober-Rissdor (1684). — Otte, *Glockenkunde.*

Angelo, maître fondeur d'Orvieto. Une des cloches de l'église de San Francesco del Prato, à Pérouse, porte l'inscription : *Magister Angelus et filii ejus Nicholaus et Joannes de Urbe veteri me fecerunt. MCCCLII.* — Mariano Guardabassi, *Indice-Guida dell' Umbria.*

Angelo (Calabrese), maître fondeur d'artillerie au service de la cour de Ferrare en 1535. — Angelucci, *Documenti inediti*, p. 319.

Angelt (Hans), maître fondeur de l'artillerie helvétique au xv⁰ siècle. — Massé, *Artillerie suisse.*

Angetel ou **Augetel (William)**; bassin de cuivre portant l'inscription : *Vilelmus Augetel me fecit*, en caractères gothiques qui semblent appartenir au xiv⁰ siècle. — Fortnum, *Catalogue of bronzes*, S. K. M.

M. Gay a publié une marmite dont l'inscription établit que W. Augetel n'était pas un fondeur : *Je fu pot de gravnt honur — viaunde a fere de bon savhur — Vilel-mus Angetel me fecit fieri. MD. — Gay, Glossaire archéologique.*

Angion, « rue des Trois-Maures, maître potier d'étain renommé pour tout ce qui concerne les instruments de pharmacie ». — *Almanach Dauphin*, 1777.

Angoullevant (Germain), imagier et graveur, originaire de Saint-Vincent, près du Mans, passa marché à Tours, le 10 juillet 1516, avec Jean Collas, maître fondeur, « pour graver et remplir de couleurs, le plus richement que faire se pourra, une tombe de cuivre et fonte de 8 pieds de longueur sur 5 pieds et demi de largeur selon et en suivant un pourtraict en papier à lui monstré par le dit Collas, laquelle il a promis rendre prête de son métier quinze jours devant la fête de Toussaint prochain venant. Le présent marché fait pour le prix et somme de 35 l. t. » — Dʳ Giraudet, *les Artistes tourangeaux.*

Anguier (François), né à Eu en 1604, mort à Paris en 1669. Il fut élève de Guillain et fut envoyé par le roi à Rome pour y étudier. Il devint ensuite garde des antiques au Louvre. Il passa de longues années à Moulins pour y exécuter le tombeau du duc de Montmorency.

Il a modelé en cire deux grands vases placés sur la tablette du parterre du nord dans le jardin de Versailles, vases qui ont été jetés en fonte par Duval (1666).

L'ouvrage le plus important de François Anguier est le monument funéraire des ducs de Longueville qui, de la chapelle d'Orléans, au couvent des Célestins, est parvenu au musée du Louvre. Il se compose d'un obélisque dans lequel sont encastrés deux bas-reliefs de bronze doré représentant la bataille de Senlis et

celle d'Arques. Sur le piédestal sont disposées, aux
angles, les quatre figures de la Prudence, de la Force,
de la Justice et de la Tempérance taillées dans le
marbre.

Dans le même musée est conservée la statue agenouillée, en marbre, du président Jacques-Auguste de
Thou, provenant de son tombeau élevé dans l'église
Saint-André-des-Arts. Sur le piédestal est appliqué un
bas-relief de bronze où l'on voit l'Histoire inscrivant
le titre des œuvres de Jacques de Thou. — P. Mantz et
A. de Montaiglon, *Mémoires sur la vie des membres de
l'Académie.*

Anguier (Michel), sculpteur, né à Eu en 1614, mort
en 1690. Admis à l'Académie en 1668.

Il alla à Rome, où il exécuta de grands ouvrages et
entra dans l'atelier d'Algardi. Il en rapporta de nombreux modèles d'après l'antique, qu'il reproduisit en
bronze.

Après avoir travaillé avec son frère François au
tombeau du duc de Montmorency, à Moulins, il fit, en
1651, le modèle d'une statue de deux pieds et demi
représentant le roi Louis XIII, qui fut porté à Narbonne et jeté en bronze dans une dimension colossale
pour être érigé sur l'une des places de la ville. Il
modela, l'année suivante, pour le tabernacle des Pères
de l'Oratoire du faubourg Saint-Michel, douze petites
figures qui furent jetées en bronze et dorées.

En 1652, on lui demanda le modèle d'un reliquaire
d'argent destiné à être offert, par le jeune roi Louis XIV,
à l'abbaye Saint-Remy, lors de son sacre. Anguier y
représenta deux anges soutenant la tête de saint Rémy
posée sur un piédestal.

Il exécuta sept figurines de 18 pouces représentant :
Jupiter, Junon, Neptune, Amphitrite, Pluton, Mars et

Cérès, qui furent jetées en bronze pour M. de Montarsis, joaillier du Roi. Deux de ces figurines, Neptune et Pluton, se trouvaient dans la collection Crozat (1772).

Le modèle de l'un des vases de bronze qui décore, avec ceux que l'on doit à Ballin, la tablette du parterre du nord, dans le jardin de Versailles, est de Michel Anguier.

Le ministre Colbert le chargea, en 1667, d'enrichir, avec des ornements de bronze, la cuve baptismale de l'église de Saint-Eustache.

Il modela, pour le maître-autel du Val-de-Grâce, un bas-relief représentant l'Ensevelissement du Christ, que les religieuses firent jeter en fonte et dorer après la mort d'Anguier, sans, dit M. de Caylus, qu'on ait soigné suffisamment cette opération. Sur la porte du tabernacle était un petit bas-relief des Pèlerins d'Emmaüs qui est venu se réfugier dans le contre-retable du maître-autel de l'église Saint-Paul-Saint-Louis, dans la rue Saint-Antoine.

Nous trouvons, dans les catalogues de vente du XVIII° siècle, une suite de statuettes et de réductions en bronze dues à Michel Anguier.

Dans la collection Blondel de Gagny, deux buires, hautes de 14 pouces, vendues 394 livres.

L'inventaire de l'ancien garde-meuble (1791) décrit deux groupes de Michel Anguier servant de chenets, dont l'un représente Junon assise sur son paon et Jupiter sur son aigle, tous les deux posés sur un globe terrestre porté par trois figures, hauts de 3 pieds 10 pouces. L'un de ces groupes est aujourd'hui au musée du Louvre; il représente Jupiter et est exécuté en bronze doré. Nous avons déjà dit (p. 19) que, dans un ancien inventaire, ce groupe a été attribué faussement à Algardi.

Le « Grüne Gewölbe » de Dresde, si riche en bronzes

français, conserve quatre figures représentant les Saisons, hautes de 40 centimètres, attribuées autrefois à Michel-Ange, et qui sont rendues maintenant à leur auteur, Michel Anguier — Mantz et de Montaiglon, *Mémoires inédits sur les membres de l'ancienne Académie.*

Anselot le Caudrelier, de Cambrai, fut chargé par la ville de fondre et de mettre en état toutes les bombardes de fer et de cuivre, et d'approvisionner de munitions l'artillerie (1401). — Communication de M. Lorédan Larchey.

Anteo, fondeur et graveur de la Haute-Italie (xvi⁰ siècle). — Il existe, au musée du Louvre, une inscription funéraire gravée sur une plaque de cuivre, en l'honneur de Marguerite de France, duchesse de Savoie, morte en 1575, qui se termine par ces mots : *MDLXXVI post. cal. novembris Antius fecit.* — Lièvre, *Collections célèbres*, t. II, pl. 94.

Antoine (les). Il existe en Lorraine, depuis le xvii⁰ siècle, une fonderie de cloches dirigée par les Antoine, maîtres fondeurs, dans laquelle on a exécuté des œuvres nombreuses pour les églises de France. Nous relevons, en raison de ses détails biographiques, l'inscription de la cloche de Soisy-sous-Étiolles : *Les quatre cloches ont été fondus le cinque de juillet de lan 1774 par Joseph et Nicolas Antoine père et fils de la paroisse Durville en Lorraine.* Cette maison s'est perpétuée jusqu'à notre époque. — De Guilhermy, *Inscriptions du diocèse de Paris*, t. IV.

Antoine et **Loiseau**, fondeurs de Robecourt (Vosges), ont coulé, en 1831, la cloche Saint-Nicaise, pour la cathédrale de Reims. — Farnier, *Notice historique sur les cloches.*

Antoine (M.), maître fondeur, a coulé, en 1309, la cloche de Notre-Dame-des-Tables, à Montpellier, et y a inscrit : *M. Anthoni.* — Bérard, *Dictionnaire des artistes.*

Antoine d'Amelle, bombardier-fondeur au service de la ville de Metz (1436). — La *Chronique de Metz* (1438) rapporte que la grosse cloche de la cathédrale, « la Mutte », s'étant trouvée brisée, elle fut refondue par Antoine, maistre bombardier de Metz. Après la fonte, il se trouva 2,000 livres de métal non employé dont on fit une bombarde coulée par maître Anthoine d'Estain ou d'Amelle. — Larchey, *les Maîtres bombardiers de la ville de Metz.*

Antonio da Verrara, sculpteur, a modelé une figure du Christ au portail de la cathédrale de Ferrare, jetée en bronze par Baroncelli : « 1454 Antonio da Verrara e Simon so cusino, magnani, che lavorarono al Cristo de metallo ». — Cittadella, *Notizie relative a Ferrara.*

Antonio de Altenis. On lit sur la base d'un mortier représentant une bacchanale avec des figures allégoriques et des Amours : *Antonius de Altenis me fecit.* Style du xvᵉ siècle. — Collection Passalaqua, vendue à Milan en avril 1885.

Antonio de Viterbe, maître fondeur ; cloche de San Francesco, à Terni : *1445 die Martii XXII Antonius de Urbeveteri fecit.* — Guardabassi, *Indice-Guida dell' Umbria.*

Antonio di Cristoforo, sculpteur-médailleur, né à Florence (xvᵉ siècle).

Il avait modelé, sur l'ordre de Lionel d'Este (1451), la statue de Nicolas III d'Este, représenté à cheval en

costume militaire, et celle de Borso d'Este, en habit
ducal, assis dans un fauteuil. Aux quatre angles des
chapiteaux, que supportaient les colonnes, étaient des
figures de génies tenant des écus aux armes des ducs
et de la commune. Ces statues, transportées de la place
publique à l'entrée du palais, furent détruites en 1796.
Elles avaient été fondues par Niccolò Baroncelli, par
son fils Francesco et son gendre Domenico Parisi.
Cristoforo obtint ensuite la commande d'une statue
équestre colossale de Francesco Sforza, travail qui
surpassait ses forces et dans lequel il fût suppléé par
Léonard de Vinci. Le modèle de Léonard ne fut
jamais coulé en bronze.

Antonio di Cristoforo avait exécuté, en 1427, pour la
loggia de la cathédrale de Ferrare, une statue de bronze
demi-colossale, qui a été détruite sans que l'on sache
quel sujet elle représentait. Les livres de la fabrique
mentionnent qu'elle fut redorée en 1590 et en 1676.

La dorure de la statue équestre de Niccolò avait été
exécutée en 1452 par le peintre Michel Ongaro ; celle
de la statue de Borso était due au peintre Titolivio. —
Cittadella, *Notizie relative à Ferrara* ; Heiss, *les Médailleurs de la Renaissance.*

Antonio di Domenico di Cicilia, employé sous
Lorenzo Ghiberti aux travaux de la porte du baptistère
de Florence, commencés en 1403. Il touchait, pour ses
gages, 5 florins par mois. — Pacht, *les Portes du
baptistère de Florence*. Florence, 1774.

Antonio di Giovanni, de Certaldo, maître de l'artillerie de la république de Florence, en 1496-1500, fut
envoyé par la Seigneurie au duc de Ferrare pour
prendre les mesures relatives à l'expédition que le
prince préparait contre les Pisans. — Angelucci, *Documenti inediti.*

Antonio di Giovanni, sculpteur et modeleur, né à Sienne, élève d'Andrea Riccio (xv° siècle).

Un bas-relief en bronze du maître-autel de la basilique de Sant' Antonio, à Padoue, porte l'inscription : *F. Ant. di. Gio. de se. e. suorum.*

Cet artiste est peut-être le même que le précédent ? — Gonzati, *la Basilica di Sant' Antonio di Padova.*

Antonio di Giovanni Genovese, fondeur ; a collaboré à l'exécution de la statue équestre de Cosme I⁰ʳ, modelée par Jean Bologne et fondue par Giovanni Albergeti. — Jodoco del Badia, *Della statua equestre di Cosimo I*, p. 18.

Antonio di Ser Cola, de Florence; a travaillé en 1459 à la grille de bronze de la chapelle del Cingolo, à Prato. — *Il Buonarroti*, 1885, p. 150-151.

Appe (Michael), maître fondeur de Woftenbüttel; a coulé, en 1657, une cloche pour Deersheim. — Otte, *Glockenkunde.*

Appenzeller (Hans, fondeur, d'artillerie à Innsbruck; découvrit de nouveaux perfectionnements pour a fonte des canons (8 octobre 1499). — *Mittheilungen der Central Commission;* Vienne, 1883.

Aprile (Carlo d'), sculpteur sicilien (xvii° siècle); avait modelé, pour la ville de Palerme, la statue du roi d'Espagne, Philippe IV, qui fut coulée dans la fonderie royale de cette ville et détruite en 1848. — Di Marzo, *I Gagini.*

Arcano de Arcani (Francesco), de Cesena, fondeur d'artillerie au service du roi d'Angleterre Henri VIII (xvi° siècle).

Plusieurs pièces fondues par lui sont conservées au musée de l'arsenal de Woolwich. Un sacre de bronze décoré d'une rose et d'une couronne en relief avec les inscriptions : *Pour défendre. — Henricus VIII Angliæ et Franciæ rex, fidei defensor, dñs Hiberniæ. A. D. MCCCCCXXXIX. — Franciscus Arcanus.* Un autre sacre est signé : *Franciscus Arcanus Italus. — H. R. VIII. A. D. 1535.* Une coulevrine, à la couronne et à la rose, a les poignées formées par deux figures ailées. On y lit, après une légende en l'honneur de Henri VIII: *Arcanus de Arcanis Cesenen. fecit MDXXXXII.* Cette dernière pièce provient du vaisseau *la Marie Rose*, coulé à Portsmouth en 1545. — Voyez *Official Catalogue of the Museum of Artillery in the rotunda. Woolwich.*

Arena (Matteo), maître fondeur; a renouvelé, en 1513, une cloche de l'église de Cefalu, fondue en 1263, par Lotario de Pise. (Voir à Lotario.) — Di Marzo, *I Gagini.*

Arend van Weni; fondit, en 1508, une cloche pour l'ancien couvent de Syhlmönken. Cette cloche se trouve aujourd'hui à Canhusen. — Mithoff, *Künstler.*

Arfé et **Villafane**, sculpteurs et fondeurs espagnols du xviie siècle; ont exécuté soixante-quatre bustes de saints et de saintes, pour le retable de la chapelle de l'Escurial. — Damian Bermijo, *Description de l'Escurial.*

Argentini (Bastiano), orfèvre de Sienne (fin du xvie siècle); adressait, vers 1590, une réclamation à la fabrique du dôme de Sienne, pour avoir fait le modèle en bronze de flambeaux qui devaient être exécutés en argent et placés sur le maître-autel. — Milanesi, *Documenti per la storia dell' arte senese.*

Aristotele Fioravanti. Voir **Fioravanti.**

Arnaud (Charles-Auguste), sculpteur, né à la Rochelle en 1825, élève de l'École des Beaux-Arts d'Angers.

Buste de Henri IV, bronze, pour le palais des Tuileries; modèle au musée d'Angers (1857). Ce buste a été coulé sur le masque moulé sur nature en 1793, lors de la violation des tombeaux de Saint-Denis. — Monument de M. Fleuriau de Bellevue (buste colossal et bas-relief), commandé par la ville de la Rochelle (1853).

Arnaud de Barban, bombardier de Bordeaux; fut appelé à Fezensaguet. Arnaud, fabricant de coulevrines, est porté sur les mêmes comptes pour les dépenses qu'il avait faites à Mauvezin, Auvillars et Malauze, lorsqu'il était venu chercher l'argent de deux coulevrines que le vicomte lui avait commandées à Agen (1463-1471). — Voyez l'Inventaire des Archives des Basses-Pyrénées.

Arnaud de Narp, maître de l'artillerie de la ville de Bordeaux et horloger de Saint-Éloi (1398).

En 1406, il était encore au service de la ville et fondait des canons dans l'arsenal municipal. La même année, il en vendit qui avaient été fabriqués dans son atelier particulier.

Son fils Arnaud de Narp le jeune lui succéda dans ses fonctions; il fut envoyé à Bourg, près de Bordeaux, pour y organiser le matériel d'artillerie et fut autorisé à passer en Angleterre pour entrer au service du roi étranger. — Archives communales de Bordeaux. Registres de la Jurade.

Arnaudin (Jean); a coulé, en 1739, la cloche de l'église de Lignan. — Pardiac, *Notice sur les cloches de Bordeaux*.

Arnd de Worledt; fondit, en 1515, en collaboration avec Henri de Kampen, une cloche à Gardelegen. — Mithoff, *Künstler*.

Arnemann (Hans); fondit, en 1487, une cloche pour l'église d'Einbeck; en 1489, une seconde pour l'église de Markoldendorf; en 1505, une troisième pour l'église de Hardegsen et une dernière en 1507 (?) pour l'église de Kohnsen. — Mithoff, *Künstler*.

Arnold (Edward); a fondu à Leicester, en 1784, les cloches de l'église de Rothley. Il était le neveu du fondeur Joseph Eayre, établi à Saint-Noots, et il s'associa pendant quelques années, lors de la mort de ce dernier, avec Thomas Osborn. Après la rupture de cette association, Arnold transporta la fonderie de Saint-Noots à Leicester. Cloche de Cardington : *Edward Arnold Saint-Neots and Leicester fecit*. — North, *Bells of Bedfordshire*.

Arnold (Hans), maître fondeur de Fulda ; a coulé, en 1562, une cloche pour Saint-Burchard de Wurzbourg. — Otte, *Glockenkunde*.

Arnold (Weigand), de Fulda ; a exécuté, en 1602, la cloche de Rückerod, près de Montabaur. — Otte, *Glockenkunde*.

Arnold de Neuburg; cloche pour les Franciscains de Dusseldorf (1667). — Otte, *Glockenkunde*.

Arnold van Segen; cloche pour Altstadt près de Hachenbourg (1453). — Otte, *Glockenkunde*.

Arnoldus, maître fondeur de cloches; travaillait à Rostock vers la fin du XIII° siècle. On connaît une cloche à Wolsmirstedt et une autre à Saint-Maurice de Nuremberg, signées : *Arnoldus me fecit*, sans date. — Mithoff, *Künstler*; Otte, *Glockenkunde*.

Arnould, fondeur et sculpteur messin (XV° siècle); refondit, en 1459, conjointement avec le maître fondeur Tillement, la cloche de la Mutte qui avait été brisée. — Begin, *Cathédrale de Metz*; Berard, *Dictionnaire*.

Arnould (Gilbert), maître fondeur; reçut, en 1518, la somme de VIII liv. VI s. t. pour avoir «souldé et habillé la crosse de la custode du maître-autel de la cathédrale de Bourges ». (Comptes du chapitre.) — Lassus, les Autels anciens. (*Annales archéologiques*, tome IX.)

Arnould de Binche, architecte flamand (XIII° siècle). Une longue inscription gravée sur une lame de bronze au pourtour intérieur du chœur de l'église de Notre-Dame-de-Pamèle, à Audenarde, porte : + *Ano : dnī : M° : CC° XXX° : III : ID. Martii : incepta : fuit : eccliā : ista a mago Arnulpho : de : Bincho. — L'Église Notre-Dame-de-Pamèle*, publication de la Société de Saint-Augustin.

Arnt (Jean), maître fondeur de Maestricht; a exécuté, en 1492, les fonts baptismaux de l'église de Saint-Jean à Bois-le-Duc et ceux de Notre-Dame de Maestricht, ainsi qu'un grand candélabre pour les Récollets de cette dernière ville. — Pinchart, *la Dinanterie*. (*Exposition de l'art belge ancien*.)

Arson (Alphonse-Alexandre), sculpteur, élève de M. Combette, né à Paris en 1822.

Il a modelé une série de petits groupes d'oiseaux

reproduits en bronze : Salon de 1859. Poule et poussins ; Combat de coqs ; — 1863. Groupe de faisans (cire); — 1864, Faisan et ses petits ; — 1865. Perdrix et sa couvée surprise par une belette (cire); — 1866. Étude de faisans (cire); — 1867. Perdrix et sa couvée surprise par une hermine; — 1872. Nichée de faisans; — 1874. Groupe de perdrix; — 1875. Tetras; — 1877. Coq et poulet; Famille de faisans.

Artusio (Giovanni) di Pescina, modeleur et fondeur (xviie siècle). Il travailla, sur l'ordre du pape Alexandre VII, à la grande décoration de la chaire de Saint-Pierre, dessinée par le Bernin pour la basilique Vaticane, et reçut 29,000 écus pour ses ouvrages de fonte de 1663 à 1677. — Bindi, *Artisti abruzzesi.*

Ascanio da Tagliacozzo, dit **Ascanio di Nello** ou **di Mari**, orfèvre, élève de Benvenuto Cellini. Il fut amené en France par cet artiste, avec Paolo Romano. Ces deux compagnons continuèrent à travailler à l'hôtel du Petit-Nesle pour François Ier, lorsque leur maître fut retourné en Italie (1545). Ascanio épousa la fille de Girolamo della Robbia, également établi en France.

On lui attribue un grand vase de bronze décoré d'un bas-relief représentant le triomphe de Neptune. Sur un écu sont les initiales : A. M. — Venturi, *la Galleria estense in Modena;* Jal, *Dictionnaire critique de biographie.*

Ashpek (Christof). (xvie siècle). Un long fusil de rempart de l'Arsenal impérial de Vienne porte les deux mots gravés : *Christof Ashpek.* — Boeheim : *Mittheilungen der Central Commission; 1883.*

Aspetti (Tiziano), sculpteur et fondeur, né à Padoue, élève d'Alessandro Vittoria; a travaillé à Venise au xvie siècle. On peut citer parmi ses œuvres :

les statues de saint Paul et de Moïse placées sur la façade de l'église San Francesco della Vigna, à Venise, ainsi qu'une statue allégorique décorant le portique de la Zecca. On lui attribue aussi deux autres figures de la cinquième chapelle de la même église, figures qui pourraient être de Camillo Bozzetti.

Il a exécuté en 1593 le grand autel de la chapelle du Santo à Padoue et y a gravé l'inscription : *Tizianus Aspettus p. inventor.* Cette œuvre est décorée de la figure de saint Antoine placée entre celles de saint Louis évêque et de saint Bonaventure, accompagnées de statuettes d'anges ; d'autres anges par Aspetti sont disposés aux quatre angles de la balustrade du tombeau. Il a également ciselé les portes du tabernacle.

Sur la balustrade entourant le chœur de cette église ont été fixées quatre statuettes : la Charité, la Foi, la Force et l'Espérance, coulées par Aspetti et signées : *Tiziani Aspetti patavini o.* Ces statuettes avaient été commandées en 1593-1594 pour l'autel du Santo, mais s'étant trouvées en trop, elles furent employées à la décoration de cette balustrade. — Gonzati, *Basilica di Sant' Antonio a Padova.*

M. le baron Adolphe de Rothschild possède deux groupes de bacchants montés sur des panthères, provenant d'un palais de Venise, et qui sont attribués à Aspetti. On voit en outre de lui, à l'Académie des Beaux-Arts de Venise, dans la salle des dessins, trois bustes de bronze de Sébastien Venier, d'Agostino Barbarigo et de Marc Antonio Bragadino, qui surpassent ses autres œuvres. — *Catalogue de l'Académie des Beaux-Arts de Venise.*

Aspruck (**Franz**), orfèvre et bronzier, né à Bruxelles en 1590, mort à Augsbourg où il travaillait pour l'empereur Matthias.

La collection impériale de Vienne avait envoyé à l'exposition du bronze, en 1883, une réduction de la statue d'Antonin, portant l'inscription : *Fr. Aspruck br. his formis aeneis expressit.* Cet artiste a laissé plusieurs ouvrages marqués des initiales F. A., entre autres un groupe représentant Achille et Briséis, qui est conservé au château de Windsor. — Fortnum, *Catalogue des bronzes du South Kensington Museum.*

Astoud-Trolley (**Mme Louise**), sculpteur, élève de Monanteuil, né à Paris, 1828.

Portrait de M. Aug. Préault, médaillon bronze (s. 1865); Beethoven, médaillon bronze (s. 1868).

Athelwood, episcopus vintoniensis (ixe siècle). — « Opitulante etiam piissimo rege Eadgaro memorandæ memoriæ abb. Athelwoldus tabulam fecit argenteam pretio ad preciatum trecentarum librarum cujus materiam forma exsuperabat artificialis, fecit etiam duas campanas propriis manibus, ut dicitur, quas in hac domo posuit cum aliis duobus quas etiam Dunstanus propriis manibus fecisse perhibetur. Præterea fecit vir venerabilis Athelwoldus quandam rotam tintinnabulis plenam. » — Springer, *De artificibus medii ævi*, p. 25.

Atton (Bartholomew), élève de Thomas Newcome, fondeur de cloches à Leicester (1582); il a travaillé à Buckingham en 1604. Il s'associa avec Robert Atton qui a signé plusieurs cloches. Le nom de Robert Atton est également joint à celui de William Atton sur plusieurs cloches à Chellington. En 1654, William était associé avec son fils et marquait ses ouvrages : *W. Alton and son made me 1654.* — North, *Bells of Bedfordshire.*

Attone di Ruggiero di Teramo, maître fondeur (xive siècle); a exécuté vers 1383 une grosse cloche pour la cathédrale de Teramo. Elle fut détruite en 1483 et remplacée par une autre cloche coulée par le fondeur français, Nicola di Langers (Langres ?). — Bindi, *Artisti abruzzesi.*

Aubé (Jean-Paul), sculpteur, élève de Duret et d'A. L. Dantan, né à Longwy. Contemporain. Statue du général Joubert pour la ville de Bourg (Salon de 1885); statue de Bailly pour la Chambre des députés (1884). M. Aubé a été chargé, à la suite d'un concours public, de l'exécution du monument en l'honneur de Gambetta, qui sera érigé sur la place du Carrousel. Le dessin de l'architecture est de M. Boileau. Le gouvernement a accordé un certain nombre de canons pour la fonte de cette statue.

Aubert; il a existé plusieurs artistes de ce nom, entre autres un peintre-émailleur, un sculpteur sur bois et un orfèvre. Nous avons eu l'occasion de voir une pendule de l'époque de Louis XVI, dont les pilastres sont ornés de bases, de ceintures et d'appliques de bronze ciselé et ajouré, encadrant des plaques de porcelaine de Wedgwood; au-dessus est un vase à guirlandes avec des bouquets et des frontons avec plaques de Wedgwood. Sur la frise du socle, est gravée l'inscription : *Aubert aîné Paris.*

Aubert (André), maître-fondeur; fournit, en 1477, les douze piliers de cuivre qui entouraient le maître-autel de Saint-Maurice d'Angers. — Célestin Port, *Artistes angevins,* p. 5.

En 1458, Aubert, saintier, avait touché 45 sols pour « un tiran de leton passé par la creste de l'autel » (chaîne de suspension de l'église Saint-Maurice) et un autre saintier nommé Noblet touchait 12 s. 6 d. pour « la potence qui soloit estre a l'autel laquelle il polit et perce une boule ajustée sur la dite potence » (châsse de Saint-Maurice). — De Farcy, *Inventaire de la cathédrale d'Angers* (*Revue de l'art chrétien*, t. XXX).

André Aubert était canonnier de la ville; il demeurait au boulevard du Porteau-Saint-Aubin. Il fut décidé, en 1488, qu'il continuerait à recevoir 10 livres de gages « ainsi qu'il avait accoutumé d'avoir d'ancienneté parcequ'il s'empeschait de fondre et de diriger l'artillerie ». — Comptes des dépenses de la Ville. (Communication de M. Lorédan Larchey.)

Aubert (**Jean**); fit, en 1579, une cloche pour l'église de Bugles: † *lan MV^{ce} LXXIX ie fus refaite de neuf, lors thésauriers ma rene Girard, luce Huill^e Forcinal. Ie poise deux mille V^{ce} peu plus ou moins aincy l'entendz.* — *Jehan Aubert ma faicte.*

Il passa marché en 1563, pour la fonte des cloches du beffroi d'Amiens. — Goze et Dusevel, *Églises et Beffrois de Picardie.*

Aubert (**Jean**), maître fondeur de Lisieux, a coulé, en 1686, la cloche dite la *Quatr'une*, de Rouen. — La majeure partie des sonneries des églises situées dans le diocèse de Bayeux avaient été faites au xviie siècle par Jean Aubert. — Le nom de Jean se perpétua dans la famille, car on connaît un grand nombre de cloches fondues au siècle suivant par Jean Aubert. — Farnier, *Notice historique sur les cloches.* — *Bulletin monumental,* 1860 (Épigraphie campanaise, par M. Billon).

Aubert (**Julien**), maître fondeur, passa marché le 15 septembre 1592 pour la fourniture des mortiers et des pilons destinés à fabriquer la poudre dans le château d'Angers; en 1611, il refondit, avec François Launay, la cloche de l'Hôtel-Dieu. — Célestin Port, *les Artistes angevins.*

Aubert (**Nicolas**), de Saint-Romain-en-Barois (Lorraine), et **Nicolas Chollet,** de Porrentruy, maîtres fondeurs de cloches, travaillaient dans la ville du Locle en 1526. — Otte, *Glockenkunde.*

Les Aubert semblent avoir été des ouvriers ambulants comme la plupart des fondeurs de cloches qui parcouraient les diverses provinces de la France et les pays étrangers pour y travailler. L'un d'eux, établi en 1826 à Turin, était renommé comme carillonneur. — Paroletti, *Description de Turin.*

Aubry, maître fondeur à Paris, a coulé en bronze, avec Roger Schabol, les groupes d'enfants placés sur la bordure des bassins du parterre d'eau à Versailles (xviie siècle). — E. Soulié, *Catalogue du musée de Versailles,* tome III; Guiffrey, *Comptes des Bâtiments du roi.*

Aubry (**Charles**), des Aubiers, fondit, le 27 octobre 1767, la petite cloche de la Chapelle-sous-Doué. — Port, *Artistes angevins.*

Aubry (**Hubert**). (xixe siècle.) Cerf sautant sur un tronc d'arbre, groupe en bronze. — Collection San Donato, 1870.

Aubry (**Nicolas**), maître fondeur de Lenoncourt, en Lorraine, refondit, en 1693, la cloche de l'église de Beauné, dont la matière était fournie par Guyot, d'Angers; il fit, en 1706, celle de l'église de Saint-Pierre, de Doué.

Il s'était fixé aux Aubiers avec ses deux frères, Pierre et Louis, et on les voit appelés à Denezé-sous-le-Lude (1718) pour y fondre, du même coup, sept cloches pour les paroisses de Dénézé, de Chigné, de Cholonnes et de Noyant. Louis était établi à Seiches

(1732) en qualité de fondeur de cloches et fondeur de canon apointeur.

Audebert (Jacques), maître fondeur; passa marché, en 1527, avec la municipalité de Noyon pour la réfection de l'un des appeaulx de l'horloge qu'un gentilhomme avait brisé d'un coup d'arquebuse, moyennant IIII l. t.

Audebert (Jacques), établi à Noyon, où il avait le titre de « maître des maréchaux », s'engagea, en 1552, à fournir à la Ville, moyennant IIII^{cc} VIII l. p., deux cloches et trois appeaulx, assavoir une cloche pour fermer et ouvrir les portes pezant de XIIII à XV^c; l'autre pour l'horloge de quatre milliers ou environ et les trois appeaulx de IIII^c l. ensemble.

Audebert (Jean), deuxième fils de Pierre Audebert, né à Arras comme tous les membres de cette famille de fondeurs, vint habiter Lille et y exécuta plusieurs ouvrages pour les clochers de cette ville.

Il fondit, en 1559, la cloche à ouvrir et à fermer les portes, et y employa la matière de la vieille cloche rompue, qui pesait VI mil. VIII lib.

1562. Il toucha XXXVIII liv. XVI s. pour une pioche de métal destinée au fléau du rabat de Wambrecies.

1563. On lui paya II m. LXXII l. XII s. VI d., pour le metail des cloches de la nouvelle horloge du beffroi.

1567. Il coula la cloche du timbre pesant VIII m. VI c. livres. — Berard, *Dictionnaire*; de la Fons-Melicoq, *Artistes du nord de la France*. (*Revue universelle des arts*, tome XV.)

Audebert (Pierre), maître fondeur de cloches à Arras, en 1508, paraît avoir été la souche d'une famille nombreuse d'ouvriers en métal. Il livra, en 1508, aux échevins de Lille, six « rommars de keuvre pour servir à pont-levich, moyennant XIII l. XVII s. »

Audebert (Simon), fils de Pierre, maître fondeur à Arras, livra, en 1547, six appeaulx pesant IX^r LX l. pour la même horloge. Il avait été aidé dans ce travail par son confrère Nicolas Serre, aussi fondeur à Arras.

Un fils de Simon, nommé GUILLAUME, alla s'établir, en 1558, à Noyon ; un second fils du même fondeur, JEAN, s'établit, en 1562, à Amiens.

Auer (Thomas) ; a exécuté, en collaboration avec Max Wenning, la magnifique armature du puits de la ville de Gratz (xvie siècle). Voir à Wenning. — *Mittheilungen der Central Commission*, 1862.

Auffenberger (Conrad), orfèvre et bronzier allemand (xvie siècle). On a vu, à l'exposition rétrospective du bronze (Vienne, 1883), une statuette de Vénus portant les deux lettres *C. A.* que l'on croit être la marque ordinaire de cet orfèvre.

Augetel. Voy. Angetel.

Auguste, orfèvre, fondeur et ciseleur, rue de la Monnaie, à Paris. Il est cité dans l'Almanach historique de 1776, parmi les orfèvres-ciseleurs et comme se distinguant dans la ciselure en bijoux. Il devint fermier-régisseur de l'affinage de Paris et mourut le 23 ventôse an XII, aux galeries du Louvre. Pourvu du titre d'orfèvre de la cour, il exécuta en 1776 les burettes et le calice offerts par Louis XVI à la cathédrale de Reims et composa pour le sacre de ce monarque la couronne royale dont le modèle est au Musée du Louvre.

Plusieurs amateurs avaient des pièces de bronze ciselées par cet orfèvre ; c'étaient, chez M. Blondel de

Gagny : une paire de bras à trois branches de bronze doré, très bien exécutée et de la composition du sieur Auguste ; le corps de chaque bras représentant un terme de femme ; — chez M. Voyer d'Argenson : les ornements d'une colonne de porphyre exécutés en bronze doré, d'après les dessins de l'architecte de Wailly en 1760. Le catalogue de la vente des collections d'Hamilton Palace (1882) mentionne deux cabinets enrichis de peintures et d'ornements de cuivre ciselés par Auguste.

Parmi ses pièces d'orfèvrerie, on peut signaler une salière et une poivrière d'or faites pour Mme de Pompadour, sur les modèles de Falconet (Cat. Randon de Boisset, 1777), et une boîte dont le couvercle présentait un bas-relief de jeux d'enfants ciselé en or qui est porté au catalogue Jacqmin (1773).

Auguste fut chargé d'exécuter divers travaux de ciselure pour le château de Choisy.

Auguste (**Henry**), fondeur et orfèvre, fils du précédent ; remplaça en l'an V son père comme chef du bureau de l'affinage de la monnaie, et fut chargé par l'administration du garde-meuble national de procéder à l'autodafé artistique qui livra au feu les plus belles tapisseries de la couronne pour en retirer l'or. Sous l'Empire, Auguste devint le premier orfèvre de la couronne et il exécuta le surtout et les nefs en vermeil présentés par la ville lors du couronnement et conservés au garde-meuble national. En 1806, il fit pour l'abbaye de Saint-Denis deux candélabres de plus de six pieds qui avaient été offerts par l'empereur à cette église.

Aulin ; faubourg Saint-Antoine, *Aux Armes d'Espagne. L'Almanach Dauphin* (1789) le mentionne comme fondeur de bronzes dorés pour meubles et pour la décoration.

Ausnym (**Johann**); cloche pour Klein Marzehns, près de Nimègue (1697). — Otte, *Glockenkunde*.

Aussillon, dinandier (1390). — Voir à **Colard Joseph**.

Austen (**William**), bourgeois et maître fondeur, à Londres; jeta en bronze la statue de Richard Beauchamp, placée sur son monument funéraire à Warwick (1453). — Voir à Stevyns (Thomas). — Fortnum, *Catalogue of bronzes in the South Kensington Museum*.

Autinans (**Vilam**); une cloche de l'église de Feddewarden, dans le duché d'Oldenbourg, datée de 1413 porte l'inscription : *Vilam Autinans fecit.* — Mithoff, *Künstler*.

Autrin ou **Autin** (**Jean-Barthélemy**), maître fondeur, argenteur et ciseleur sur métaux, rue Saint-Denis; fit opposition à la succession de Charles-André Boulle qui lui devait une certaine somme d'argent (1745). Il fit également opposition à la succession de l'ébéniste Charles Cressent, en qualité de maître doreur, pour paiement de 1071 l. restant de 8,191 l. à quoi ce dernier avait été condamné par sentence du consulat en 1757 (1768). — J. Guiffrey, *Scellés et inventaires d'artistes*.

Auvert (**Claude**), maître fondeur à Paris; fut condamné à l'amende le 6 juin 1637, pour avoir acheté des creusets à un marchand forain, sans les avoir fait vérifier par les jurés en exercice. — *Statuts et privilèges des maîtres fondeurs.*

Auvray (**Louis**), sculpteur, architecte et écrivain, né à Valenciennes en 1870, élève de Léonce Friuzal et de David d'Angers; continuateur du *Dictionnaire géné-*

ral des artistes de l'école française, commencé par Em. Bellier de la Chavignerie.

Salon de 1852, portraits d'homme et de femme, médaillons de bronze ; — 1861, portrait de M. Brevière, graveur de l'Imprimerie nationale, médaillon ; — 1842, monument de l'abbé Sicard, au Fousseret ; — 1868, monument de l'abbé de l'Épée, à l'Institution nationale des sourds-muets, à Paris ; — 1877, portrait de M. Dubois, architecte (buste) ; — 1879, portrait de Catenacci (buste).

Aux Bœufs (François), maître plombier employé aux travaux des bâtiments royaux (xvi° siècle). « 1550, à François aux Bœufs, maistre plombier, la somme de 6,275 livres pour ouvrages de plomberie par luy faits audit Boullongne (Château de Madrid). » — De Laborde, *Comptes des bâtiments.*

Averulino (Antonio di Pietro), dit **Filarete**, sculpteur, ciseleur, architecte et ingénieur militaire florentin. Il a laissé un ouvrage sur l'architecture dont deux manuscrits sont conservés à Florence.

Filarete a terminé en 1445 les portes de la basilique de Saint-Pierre, qui ont été adaptées à l'église nouvelle. Sur les panneaux sont représentés les événements du règne du pape Eugène IV, des scènes de martyre et des sujets de la vie du Christ. Dans la partie supérieure se voient quatre grandes figures du Christ, de la Vierge, de saint Pierre et de saint Paul, avec le pape à genoux. Plusieurs scènes empruntées à la mythologie, Jupiter et Ganymède, Léda et le Cygne, sont disposées dans les festons et les ornements des encadrements. Sur les bandeaux des vantaux on lit les diverses incriptions : *Antonius Petri de Florentia fecit MCCCCXLV. — Opus Antonii ; — Opus Antonii de*

Florentia. — Meyer, *Allgemeines Künstler-Lexicon.* — E. Müntz, *les Arts à la cour des Papes,* t. Ier.

On trouve, parmi les sculptures de l'Antiquarium de Dresde, une statuette équestre, fondue d'après le Marc-Aurèle du Capitole, avec la signature d'Averulino. — *Catalogue de l'Antiquarium de Dresde.* (Communication de M. Louis Courajod.)

Awram (Abraham), probablement originaire de Magdebourg, l'un des trois artistes auxquels on doit les portes de bronze de la cathédrale de Sainte-Sophie, à Nowgorod, exécutées sous l'archevêque Wichmann de Magdebourg (1154-1192); sur l'un des montants du vantail de gauche est un bas-relief représentant ce ciseleur armé de ses tenailles et accompagné de l'inscription russe dont la traduction signifie : *Maître Abraham.* — Mithoff, *Künstler;* Adelung, *die Korssunchen Thüren.*

Aze ou **Asse**, fondeur et ciseleur, rue et hôtel de la Vieille-Monnaie, renommé pour la garniture des porcelaines et autres vases précieux. (*Almanach Dauphin* 1789.) — Un ciseleur nommé Asse édita sous l'Empire une statuette équestre de Napoléon Ier dont un exemplaire faisait partie du musée napoléonien à San Martino, dans l'île d'Elbe.

Azzo; a fondu le pied du candélabre de bronze de la cathédrale de Coire (XIe-XIIe siècle). — Rahn, *Geschichte der bildenden Künste in der Schweitz.*

B

Babandi (Antonio) ; coula, en 1725, une des cloches de la cathédrale de Ferrare. — Cittadella, *Notizie relative a Ferrara.*

Babel (Pierre), maître fondeur de l'artillerie de la ville d'Amiens (1516-1517). — Demay, *Artistes artésiens (Nouvelles Archives de l'art français, 1878).*

Baccio da Montelupo (di Giovanni d'Astorre Sinibaldi), sculpteur florentin (xvᵉ-xvɪᵉ siècle); a laissé, sur la façade de l'oratoire de San Michele, à Florence, une figure de bronze représentant Saint Jean l'Évangéliste. Il fit office de bombardier pour la défense du château Saint-Ange, lors de la prise de Rome par l'armée impériale, sous Clément VII. — Perkins, *les Sculpteurs italiens.*

Bachelet (Mathieu), maître fondeur-ciseleur (xvɪɪɪᵉ siècle). Dans une vente de tableaux et d'objets d'art faite par M. Georges (1883), figurait une petite pendule en cuivre doré et ciselé, enrichie de médaillons à personnages, et des armes de France et de Pologne entourées du Saint-Esprit ; au-dessus, était la couronne royale avec la devise : *Manet ultima cœlo.* La base de cette pièce portait, à l'intérieur, la signature : *Matieu Bachelet.*

Bachmann (les frères), de Berlin. xɪxᵉ siècle. Cloche pour Gnesikow (1844). — Otte, *Glockenkunde.*

Bachmann (Johann-Christian), maître fondeur
à Halle. Cloches pour Dahlena (1711); pour Domnitz
(1731). — Otte, *Glockenkunde*.

Bachot (Jacques), sculpteur, né en Lorraine; avait
fixé sa résidence à Troyes, où il demeura de 1495 à
1505. Il fut chargé d'exécuter les ornements du tombeau
de Henri de Lorraine, évêque de Metz, dans la chapelle du château de Joinville. La statue agenouillée du
prélat avait été modelée par Henrion Costerel; elle a été
détruite lors de la Révolution. Bachot avait aussi travaillé au riche mausolée de Ferry II de Lorraine et de
sa femme, Yolande d'Anjou, placé dans la même chapelle et également coulé en bronze. — Archives de la
Haute-Marne. — *Comptes des dépenses du duché de
Lorraine*; Émeric David, *Histoire de la sculpture française*; notes, p. 324.

Backmester (Nicolas), maître fondeur à Magdebourg; a laissé son nom sur l'une des cloches de
l'église de Kerkau : *Mester Clawes vashmester van
Meideborsh* (1507).

On a relevé le nom de Clawes Bannester, de Magdebourg, sur une cloche de l'église Saint-Nicolas,
à Balbe (1415). Ce nom semble devoir être lu également Backmeister (Nicolas). — Mithoff, *Künstler und
Werkmeister*.

Bacon (John), sculpteur (1740-1799); a exécuté un
groupe d'un bon style, placé à Somerset-House, et
représentant le roi Georges III ayant à ses pieds une
figure couchée de la Tamise.

Bacon (John), second fils du précédent, sculpteur
(1777-1859); a modelé une statue équestre de Guil-

laume III, érigée en 1808 dans Saint-James' Square, à Londres. — Fortnum, *Catalogue of bronzes in the South Kensington Museum.*

Bader (Micher), fondeur d'artillerie à Stockholm (xvii⁰ siècle). L'arsenal impérial de Saint-Pétersbourg conserve deux canons exécutés par lui en 1494 et en 1495 pour le royaume de Suède. — Communication de M. le colonel N. de Brandenbourg.

Badiou de la Tronchère (Jacques-Joseph-Émile), sculpteur, élève de M. Jouffroy, né à Monastir (Haute-Loire) en 1826. — Salon de 1864, statue du baron Larrey (bronze), pour la ville de Tarbes.

Bagleys, famille de fondeurs de cloches et d'artillerie, originaire de Chacombe, Northants. Henri, fondeur établi à Chacombe, eut un neveu, Matthew, qui vint habiter Londres en 1687, et y mourut en 1715. Une cloche de Tooting coulée par lui est datée de 1705; à Sharnbrook on lit : *Matthew Bagley made me 1683.* La cloche de Woodmansterne porte la signature de : *James Bagley fecit 1707;* James était fils et successeur de Matthew.

Henri Bagley vint habiter Reading et y établit sa fonderie. En 1723, il renouvela les six cloches de l'église de Tylehurst (Berks), à Sharnbrook : *Henricus Bagley me fecit 1699.*

Les Bagley fondaient des canons pour le gouvernement anglais. Nous ne savons lequel d'entre eux a exécuté la pièce que l'on voit à l'arsenal de Woolwich et qui date du règne d'Anne. Sur la volée est la longue inscription : *Anna Magnæ Britanniæ, Franciæ et Hiberniæ regina, Anno regni quarto. — Johannes, baro Churchill, dux et comes de Malborough. Mag. Brit.*

*reginæ, a consiliis secretioribus, præclari ordinis peri-
celidis eques, rei tormentariæ et copiarum Britannica-
rum præfectus generalis, Sacri Romani Imperii princeps.
— Bagley fecit.* — Stahlschmidt, *Bells of Surrey;* —
Catalogue of the museum of artillery, Woolwich.

Bagot (Guillaume), artillier du roi François Ier.
« 1537. A Guillaume Bagot artillier du Roy pour le
ouaige de sa maison à Paris que led. seigneur a
accoustumé luy donner pour deux années finies le
dernier jour de juing dernier passé 90 l.

« 1538. A Guillaume Bagot artillier du Roy, en don
et faveur du présent qu'il a fait audit seigneur au moys
d'octobre dernier, de certaines arbalestres, traictz, arcz
et flesches dont ledit seigneur feit don à la Reyne de
Hongrie à leur entrevue II^rXXV l. » — De Laborde,
les Comptes des bâtiments royaux.

Bagot (Jean), appartenant vraisemblablement à la
même famille que le précédent; était en 1606 artillier
du roi. Il exécuta, avec l'ingénieur Mathieu-Martin
Adam, le feu d'artifice qui fut tiré à l'occasion de la
naissance du dauphin. — Bibliothèque nationale : *Recueil de pièces manuscrites concernant l'artillerie.*

Dlabacz mentionne un maître fondeur d'origine
lorraine, BENEDICT BAJODT, dont le nom semble devoir
se lire Benoit Bagot. Cet industriel était venu s'établir
à Prague en 1659 et y avait exécuté un nombre considérable de cloches pour les églises de la ville. —
Dictionnaire des artistes de la Bohême.

Baier (Michel), maître fondeur à Nuremberg
(xvie siècle). L'arsenal impérial de Saint-Pétersbourg
conserve trois canons exécutés par lui et portant les
dates 1566, 1568 et 1575. — Communication de M. le
colonel N. de Brandenbourg.

Baillot, « rue du Harlay, renommé pour un métal de sa composition qui imite l'argent; tient magazin de soupières, porte-huiliers, flambeaux doublés d'argent » — *Tablettes R. de Renommée,* 1771.

Bailly, maître peintre-doreur. — 1667. « A Bailly peintre à compte des ouvrages de bronzure qu'il fait aux fontaines de Versailles. » — 1670. « Bailly revêtit également d'une patine bronzée les figures en plomb d'Apollon et des quatre chevaux ainsi que le char de la grande fontaine placée à l'extrémité du Tapis-Vert. Il exécuta le même travail pour la fontaine de la Pyramide, pour les baleines de la fontaine d'Apollon et pour les grenouilles de la fontaine de Latone, ainsi que pour les groupes d'animaux du bosquet du labyrinthe. Bailly dora, en 1674, la fontaine de la terrasse, celles de Bacchus et de Flore. » — Guiffrey, *Comptes des bâtiments du roi.*

Bailly. « Mandement de 1,380 livres à Bailly, marchand de Paris, pour la valeur de quatre lustres dorés à huit lumières qui ont été placés dans la nouvelle salle des spectacles de Lyon. » (1758). — *Inventaire des Archives municipales de Lyon.*

Bailly, rue de la Calandre, fondeur-ciseleur en cuivre et en argent, pour tout ce qui concerne la fourbisserie. — *Tablettes R. de Renommée,* 1771.

Baily (Édouard-Hodges), sculpteur (1788-1867), élève de Flaxman; fut souvent employé à modeler les compositions de ce maître. On lui attribue une statuette équestre de Georges IV conservée à Windsor-Castle. — Fortnum, *Catalogue of the bronzes of the South Kensington Museum.*

Baker, sculpteur (xvii° siècle), né en Prusse ; a exécuté plusieurs statues d'après les modèles de Schlüter, notamment un des esclaves qui sont autour de la statue de l'électeur Frédéric-Guillaume, sur le pont de Berlin. — Nicolaï, *Description de Berlin.*

Baldauf (**Michel**), maître fondeur ; devait exécuter, en 1480, la grande cloche de Saint-Nicolas, de Fribourg (Suisse), qui fut coulée, en 1482, par Louis Peyer. — Blavignac, *Comptes des dépenses du clocher de Saint-Nicolas, de Fribourg.*

Baldner (**Oswald**). Une pièce d'artillerie conservée à l'arsenal impérial de Berlin porte le nom d'*Oswald Baldner de Cracovie en 1561. — Wegweiser für die Sammlungen des Zeughauses in Berlin.*

Balicque (**Antoine**), peintre-doreur (xvi° siècle). « 1542. A Anthoine Balicque pour la maison de Monplaisir, III cents de fin or IIIIᴸ·, VIᴸ· myne de ploncq, IIII livres vert montaigne, II liv. machicot et II liv. blanc de ploncq. XIIᴸ· XVIII s. — La maison de Monplaisir appartenait à l'archevêque de Cambrai. — Houdoy, *Histoire artistique de la cathédrale de Cambrai.*

Ball (**Thomas**), sculpteur contemporain. Statue de Charles Summer fondue à Paris par Barbedienne (1878).

Ballard (**Laurent**), fondeur d'artillerie (xvii° siècle). On lit sur un petit canon du musée d'artillerie, offert à Louis XIV par la province de la Franche-Comté après la conquête de 1674 : *Laurentius Ballardus sculp. 1676 et in.* Cette légende est accompagnée d'inscriptions en l'honneur du roi. La gravure de ce petit chef-d'œuvre est exécutée avec l'art le plus achevé. — Barbet de Jouy, *Catalogue du Musée des Souverains*.

Ballesteros (**Francisco**), fondeur d'artillerie à Malaga. Il travaillait avec son oncle Hernand. Ballesteros et son cousin Francisco Ballesteros. Ces fondeurs adoptèrent le système de Vautrier pour la suppression de la « diestra » dans l'exécution de leurs pièces. Canon de bronze aux armes d'Espagne portant les inscriptions : *Don Phelipe IV Rey de Espana : — Marques de la Inoxossa capitan G^l de artilleria ; — Francisco Ballesteros inventor et feʒit 1622. — Catalogue de l'Armeria reale de Madrid.*

Nous devons cette communication et plusieurs autres sur les fondeurs de canons en Espagne, à M. le colonel Adolphe Carrasco, membre du comité d'artillerie, qui a bien voulu les détacher d'une *Histoire de l'artillerie en Espagne*, dont tous les éléments ont été puisés dans les archives de la Péninsule. Nous désirons vivement que cet ouvrage, qui contiendra les plus intéressants renseignements pour l'histoire de l'art et pour la science de la balistique, soit prochainement livré à l'impression.

Ballin (**Claude**), orfèvre ornemaniste, né à Paris en 1615, mort en 1678. — Ballin avait exécuté, pour le palais de Versailles et pour l'église Notre-Dame, un nombre considérable de meubles, de vases et d'objets religieux en argent, qui n'ont malheureusement pas survécu aux malheurs de la guerre de succession d'Espagne et à la Révolution.

Dans les jardins de Versailles il a modelé sept vases pour la tablette du côté de l'aile du Midi, qui ont été fondus par Duval, et six autres vases qui se voient sur la tablette du côté de l'aile du Nord, et également jetés en fonte par Duval. Ces vases sont gravés par Lepautre (Chalcographie nationale).— Guiffrey, *Comptes des bâtiments du roi;* — Jal, *Dictionnaire critique de biographie;* — Eud. Soulié, *Catalogue du musée de Versailles.*

Balthasard (Jean), fondeur de l'artillerie ducale dans l'arsenal de Nancy; reçut, en 1556, une gratification pour ses bons et agréables services. — *Inventaire des archives départementales de Meurthe-et-Moselle.*

Banco di Filippo, orfèvre à Florence (xv⁰ siècle). Il fut appelé par le chapitre de Santa Maria del Fiore pour estimer le travail à faire pour l'établissement de la palla de la coupole qui fut exécutée par Verrocchio (1448). — Guasti, *la Cupola di Santa Maria del Fiore,* p. 111.

Bandel (E. de), sculpteur; Allemagne (xix⁰ siècle). Statue d'Arminius, érigée près de Paderborn. Cette sculpture a 26 mètres de hauteur sans le piédestal (1875).

Bandinelli (Baccio), sculpteur florentin, né en 1487, mort en 1559. Il se forma en étudiant les œuvres de Donatello et de Michel-Ange; son caractère jaloux lui suscita de nombreuses querelles avec les artistes de son temps, notamment avec Benvenuto Cellini.

Les magistrats de la ville de Gênes lui commandèrent une statue d'André Doria, qui devait être exécutée en bronze, mais cette commande ne paraît pas avoir reçu de suite. — Varni, *Ricordi di alcuni fonditori.*

Il modela plusieurs petites figures, notamment celles d'Hercule, de Léda et de Vénus, qui font actuellement partie du Museo Nazionale. La Vénus porte l'inscription : *Baccius Bandinellus.* Vasari dit que ces statuettes

furent jetées en bronze par Francesco del Prato ; mais
dans la vie de Bandinelli il apprend qu'elles le furent
par Jacopo della Barba. Il a passé, dans une vente
anonyme d'objets d'art (Paris, 26 novembre 1874), une
maquette en bronze modelée par Baccio Bandinelli
pour la copie en marbre du Laocoon, qui se trouve au
musée de Florence. Il en avait exécuté une répétition
en bronze de grandeur naturelle qui fut envoyée en
France au cardinal de Lorraine et placée à Meudon
— Galeotti, *Catalogo del Museo Nazionale.*

Bandini (Francesco), sculpteur d'Urbin (xvi⁰ siècle?); avait modelé, pour une des chapelles du dôme
d'Urbin, un grand bas-relief exécuté en bronze, et qui
représentait la *Résurrection du Christ.* Cet ouvrage fut
détruit par les Français en 1798, et servit à couler des
pièces d'artillerie pour l'armement de la forteresse.
— Lazzari, *Pitture delle chiese d'Urbino.*

Bandino di Stefano, sculpteur florentin, élève de
Ghiberti ; fut employé aux travaux de la porte du
Baptistère de Florence commencée en 1403. Il touchait
75 florins par an. — Patch, *le Porte del Battistero di
San Giovanni;* Florence, 1774.

Bangillon (Émile), sculpteur, élève de Rude, né à
Méru en 1826. — Salon de 1864 : *Bacchante,* statuette
de bronze.

Baptista, d'Arbe, fondeur de cloches et d'artillerie,
né à Arbe, en Illyrie (xvi⁰ siècle), directeur de l'arsenal
de la République de Raguse. On connaît de lui une
cloche fondue pour une des églises de Raguse avec
l'inscription : *Canite tuba. in Sion. vocate. cetum. congregate. populum. coadunate. senes. congregate. parvulos. et.*

sugentes.ubera. — A. S. M. D. XVI. Ragusæ. Opus. Baptistæ.

L'arsenal impérial de Vienne possède une pièce d'artillerie commandée pour la défense de la ville de Raguse, sur laquelle on lit : *Haec. nova. Rhagusae. finxit. Baptista. tuenda . Nubibus . ærumpunt . Quelia . tela.cavis. — A. S. M.D. V.* Un second canon resté à Raguse porte : *Mulciber . hæc . cernens . quis . quærit. finxerit . et . mox . Baptista.en.inquit.vincor.et.erubuit. opus.baptistæ.arbensis. A. S. M. DXXXV. Renovata. Fœnix. —* Sur la « Lucerta » on lit : *A. S. MDXXXVII. Jupiter . omnipotens.iterum.si.perdere.vellet.crudelem . gentem.viribus ipse.suis.nempe.ego.tunc.Jove.sævirem. crudelius . ipsa. VI.quam.Baptista.præbuis.arte.manus. opus . Baptistae . arbensis . in . arce . S . Laurentii. —* La cloche de l'horloge de Raguse est datée de 1506. — Boeheim, *Die Sammlung im Artillerie Arsenale.*

Baradel, quai des Morfondus, fondeur-ciseleur pour les instruments de mathématiques, les paratonnerres, les méridiens, les cadrans solaires et les petites écritoires portatives à compartiments connues sous le nom « d'écritoires à la Baradel », dont il était l'inventeur. — *Tablettes R. de Renommée*, 1711.

Baradel, « le jeune, rue du Coq-Saint-Honoré, fabrique les instruments de mathématiques et tient des objets de géographie. — *Almanach Dauphin*, 1779.

Barbara (**Alonso** et **Thomas**), fondeurs d'artillerie en Espagne (vers 1477). — Communication de M. le colonel d'artillerie Adolphe Carrasco.

Barbaroux (**Jean**); avait coulé, en 1657, une cloche pour l'hôtel de ville de Toulon.

Barbaroux (Joseph), chaudronnier à Marseille ; toucha, en 1752, une somme de 100 livres pour différentes fournitures faites à l'hospice de Marseille. — Ginoux, *Orfèvres et fondeurs de Toulon* (*Mémoire lu à la Sorbonne*, 1885); *Inventaire des Archives hospitalières de Marseille.*

Barbaroux (Joseph), maître fondeur à Toulon. Voir à Bérage pour les flambeaux de laiton exécutés par ces deux maîtres (1635).

Barbe, maître fondeur (xvi° siècle). — La cloche de Fontenay-le-Vicomte porte l'inscription en lettres gothiques : *Remy suis nôme patron de ceste eglise lan mil V°XL IV fumes faictes p Barbe et icy mesel O.* — De Guilhermy, *Inscriptions du diocèse de Paris*, t. IV.

Barbe, maître fondeur de la marine à Toulon, est porté sur les états de paiement de l'année 1679, comme touchant annuellement 1,640 livres. — Ginoux, *Orfèvres et fondeurs de Toulon.* (*Mémoire lu à la Sorbonne, 1885.*)

Barbé, qualifié de fondeur de cloches étranger ; fut chargé, en 1734, de couler une cloche pour Mantes-la-Ville. — Communication de M. Grave, de Mantes.

Barbedienne (François), fondeur-ciseleur contemporain, à Paris, 30, boulevard Poissonnière, fondateur de l'importante maison qui porte son nom. M. Barbedienne exploite les procédés de réduction mathématique découverts par Achille Collas, qui permettent de tirer des exemplaires de chaque œuvre d'art, suivant les proportions d'une échelle graduée et avec une parfaite exactitude. Cette fidélité, jointe à la bonne composition du bronze, ainsi qu'à la perfection de la fonte et de la ciselure, a contribué au succès de ces reproductions, qui ont vulgarisé les meilleures pièces de la sculpture antique et moderne.

Dans la série des œuvres antiques, on remarque : le groupe du Laocoon; l'Apollon du Belvédère; la Diane de Versailles; la Diane de Gabies; la Vénus de Milo; la Vénus de Médicis; la Vénus de Townley; la Vénus du Capitole; la Vénus Genitrix; la Vénus accroupie; la Vénus d'Arles; l'Amazone du Vatican; la Polymnie du Louvre; l'Uranie; l'Euterpe; la Julie du Louvre; le Faune à l'enfant; le Germanicus; l'Achille du Louvre; le Gladiateur et le Faune Borghèse; le Gladiateur mourant; le Discobole; l'Apollon Sauroctone; le Faune au repos; le Faune flûteur; le Génie du repos éternel; Cupidon en Hercule; un Génie adorant; le Tireur d'épine; Cupidon essayant son arc; l'Amour et Psyché; l'Enfant à l'oie; la Joueuse d'osselets; Vénus à la coquille; Cérès assise; Cérès debout; Aristide; Sophocle; Démosthène; Castor et Pollux; Ariane couchée; une Naïade couchée; Jason; Mercure assis; les Lutteurs; Narcisse; Leucothoé; une Danseuse; la Pudicité; le Torse du Belvédère; la figure du fleuve Ilissus; la statue d'Auguste; l'Innocence; le Vase Borghèse; le Cratère aux masques de la villa Aibani; le Vase antique de Londres; un Vase dyonisiaque du musée de Naples; le Vase des Ménades.

On peut joindre à ces œuvres les deux groupes des Parques et de Cérès avec Proserpine, tirés du fronton du Parthénon, dont il existe en même temps, chez M. Barbedienne, deux restaurations faites par le sculpteur Clésinger.

Plusieurs figures d'animaux, reproduites d'après l'antique : un groupe de Levrettes du Vatican; une Levrette seule; un Aigle; un Hibou; un Taureau, ainsi qu'un Lion, d'après les bas-reliefs assyriens de Ninive.

La maison Barbedienne a fait réduire les têtes d'une partie de ces statues et y a joint la reproduction d'un certain nombre de bustes antiques. Cette nouvelle suite comprend la Victoire du Parthénon ; le Bacchus indien ; Antinoüs en Bacchus ; Ariane ; Leucothoë ; l'Apollon Pourtalès ; un Faune vieux ; Jupiter Trophonius ; Hercule Farnèse ; Inopus ; Palémon ; Esculape ; Hygie ; Hippocrate ; la Vénus de Milo ; la Vénus d'Arles ; l'Apollon du Belvédère ; Diane de Versailles ; Platon ; Homère ; Socrate ; Euripide ; Démosthène ; Périclès ; Ajax ; Lucius Verus ; Antonin ; Cicéron ; Virgile ; Brutus ; Vitellius ; Agrippa ; Caracalla ; Sylla ; Melpomène ; Thalie ; la Vénus de Cnide ; Marius ; Isis ; Niobé ; deux Filles de Niobé ; Alexandre mourant ; Faune endormi (masque) ; Jupiter (masque) ; Omphale (masque) ; le Médecin grec ; Janus ; Auguste ; Solon.

Nous terminerons la série des reproductions antiques par les bas-reliefs représentant : la Victoire déliant ses cothurnes ; deux quadriges d'Herculanum ; Zeuthus, Amphion et Antiope, de la villa Borghèse ; les Panathénées du Parthénon, et vingt-trois morceaux de la frise du même temple ; les Neuf Muses et un médaillon de la villa Albani représentant Antinoüs.

La série des sculptures de la Renaissance italienne est également étendue. On y compte : le Moïse ; la statue de Laurent de Médicis (Penseroso) ; celle de Julien de Médicis ; l'Aurore et le Crépuscule ; le Jour et la Nuit, tirés des tombeaux de la chapelle de San Lorenzo ; les deux Esclaves, du Louvre ; la Pieta, et Cosme de Médicis, par Michel-Ange ; Saint Jean, par Benedetto da Maiano ; Saint Georges, par Donatello ; Mercure, par Jean Bologne ; le Christ, par Algardi ; une suite de six bas-reliefs représentant les Enfants chanteurs, de Luca della Robbia ; la porte principale du baptistère de Florence, comprenant dix sujets tirés de l'Histoire sainte, par Lorenzo Ghiberti; la statue de Charles-Quint, par Leone Leoni.

Dans l'école française : la reine Nanthilde (?), à Saint-Denis; les trois Grâces, par Germain Pilon, avec leur piédestal, par Domenico Rinuccini; Maria Lecksinska, par G. Coustou; la Baigneuse, par Julien; Vénus au bain, par Allégrain; un Fleuve. par Caffieri; Satyre et Bacchante, par Clodion; Bacchante à l'enfant; Bacchante couchée; Bacchante à la coupe, et l'Innocence, par Clodion; Bacchante à la grappe, par Clodion; Bacchante ivre, par Morin; Berger flûteur; Flore; Hamadryade et Nymphe à la coquille, par Coysevox; Chasseur au repos; Nymphe à la colombe, par Nicolas Coustou; Hippomène, par G. Coustou; Atalante, par Lepautre; Arria et Petus; Énée et Anchise, par Lepautre; le Soldat de Marathon, par Cortot; la Baigneuse, par Falconet; la Madeleine; la Nymphe Salmacis; la Jeune Indienne; Henri IV; Vénus endormie, par Bosio; Cléopâtre couchée, par Daniel; le Pêcheur à la tortue; la Prière, par Jaley; Giotto, par Mercier; Fénélon, statue couchée; Jeune Fille grecque, par David d'Angers; une série de bronzes reproduisant des statues placées dans les niches de la colonnade de la Madeleine et dans d'autres églises de Paris, et comprenant : Sainte Cécile, par Dumont; Sainte Adélaïde, par Bosio neveu; Sainte Marguerite, par Nanteuil; Sainte Catherine, par Cortot; Saint Raphael, par Dantan aîné; l'Ange gardien, par Desbœufs; la Vierge à l'Enfant, par Debay; l'Étude, par Alphonse Lamy; le chancelier de l'Hospital, par Debay père; le Christ, par Oudiné; Ève à la fontaine, par Bailly de Londres; l'Été et l'Hiver; une petite figure d'Écorché; Diane et Voltaire assis, par Houdon; Louis-Philippe Iᵉʳ, par Dumont; Racine; Ambroise Paré, par David d'Angers; la Tendresse maternelle, par Car-

peaux; les Derniers Jours de Napoléon I**, par Véla;
le Secret confié à Vénus; Groupe d'enfants au bénitier,
par Jouffroy.

M. Barbedienne a acquis le droit de reproduction de
plusieurs œuvres de sculpture les plus remarquées à
nos expositions. Ce sont, de M. Cavelier : la Pénélope,
conservée au château de Dampierre; Ambroise Paré,
par A. Varnier; Psyché; Pandore; Hébé; les Bergers
d'Arcadie; l'Enfance de Tacite; Pandore assise; Amazone vaincue; Mignon; Marguerite; Orphée, par Aizelin; Saint Jean et le Chanteur florentin, par P. Dubois;
le Courage militaire, la Charité, l'Étude, la Prière,
figures tirées du tombeau du général de Lamoricière,
dans la cathédrale de Nantes, par P. Dubois; Jeanne
d'Arc agenouillée; la Jeunesse, par Chapu; David
avant le combat; David vainqueur; Gloria Victis;
Quand même! par A. Mercié; le Premier Miroir, par
Baujault; l'Éducation maternelle; la Vierge au lis; la
Musique, par Delaplanche; Clotilde de Surville, par
Gautherin; la Fortune, par Moreau-Vauthier; Arle-
quin, par de Saint-Marceaux; Saint Jean, par Dampt;
Anacréon, par Gérôme; plusieurs sculptures impor-
tantes de Barrias : Bernard Palissy; les Fleurs d'hiver;
Mozart enfant, et les Deux Sœurs.

La maison Barbedienne possède la propriété de la
majeure partie des œuvres de Clésinger qui compren-
nent : une Bacchante couchée; la Femme piquée par un
serpent; Sapho assise sur un rocher; Sapho méditant;
la Danseuse napolitaine; Hercule enfant; un Taureau
de la campagne romaine; Diane au repos; Hélène; le
Printemps et l'Automne; les bustes du Printemps et de
l'Automne, d'Hélène et de Pâris; deux bustes de Rachel
(la Tragédie et la Comédie); buste de M. Bugnet; bustes
de Sapho jeune, de Bacchante, d'une Femme d'Albano,
de Charlotte Corday, d'une Femme romaine; tête de

Christ, Cornélie et ses fils (groupe); Bacchante et Satyre; Cléopâtre.

Plusieurs sculpteurs ont exécuté, pour la maison Barbedienne, des statues destinées à servir de torchères : deux Esclaves indiens, par Toussaint; deux Femmes debout, par P. Dubois et Falguière; deux Femmes, par Carrier-Belleuse; six figures de Femmes de divers styles, par E. Guillemin; deux Femmes algériennes, par Fulconis; la Victoire, par Carrier-Belleuse; Enfant grimpeur, par E. Guillemin.

Nous citerons, parmi les bustes de la Renaissance et de l'époque moderne, qui représentent pour la plupart des personnages historiques : tête d'Enfant, par Donatello; Michel-Ange, par Moulin; Diane de Poitiers, d'après le groupe de Jean Goujon; La Fontaine et Racine; Mme de Sévigné, par Aimé Millet; Molière; Voltaire; Jean-Jacques Rousseau; Francklin; Washington et une Négresse, par Houdon; Mme Dubarry, par Pajou; Henri IV, par Bosio; Shakespeare; Colbert; Gluck, par Francin; Byron, par Flatters; Béranger; Schiller, par David d'Angers; Jeune Fille dans le style du xvie siècle, et la duchesse d'Étampes, par Aizelin; la Jeune Fille aux liserons et Mignon, par Aizelin; Bianca Capello et la Gorgone, par Marcello; Dalila, par Mercié; Ferdinand de Lesseps, par Oliva.

Parmi les bas-reliefs les plus remarquables, on compte : la Vierge à l'Enfant, par Michel-Ange; les figures de Nymphes, par Jean Goujon, provenant de la fontaine des Innocents; le Christ au tombeau et les quatre Évangélistes, par le même; Apollon présentant à la France l'image de Louis XIV, par N. Coustou; la Peinture et la Sculpture, par J. Buirette; la Peinture et la Sculpture, par J. Prou; Jeanne d'Arc (médaillon), par Chapu; le Loup, la Mère et l'Enfant, par Mercié; Laissez venir à moi les petits enfants! par Toussaint;

Gambetta (médaillon), par Chaplain; le médaillon de
Bosq, coulé en bronze par M. Barbedienne d'après
l'esquisse de M. Crauk et offert à l'École des Beaux-Arts
à titre de souvenir des fondations dues à cet ancien
modèle.

Nous avons réservé pour un chapitre spécial la série
des animaux modelés par Barye, dont M. Barbedienne
est devenu l'éditeur après la mort du sculpteur. Ce
sont les quatre groupes de la Guerre, de l'Ordre, de la
Paix et de la Force, d'après les sculptures du nouveau
Louvre; une statue équestre de Napoléon Ier; deux
Jeunes Hommes; un Éléphant monté par un Indien;
un Éléphant surpris par un serpent; deux groupes de
Thésée combattant le Centaure, signé : *A. L. Barye
1860 — Barbedienne fondeur, Paris*, et Thésée com-
battant le Minotaure; un Guerrier tartare à cheval; le
Général Bonaparte; le Duc d'Orléans; un Piqueur sous
Louis XV; Charles VII, statuette équestre; Minerve; un
Petit Fou romain.

De nombreuses figures d'animaux : Groupe d'ours;
Ours assis; Ours dans son auge; quatre Bassets de
diverses races; un Loup dévorant un cerf; Lion tenant
un guèbe; un Lion terrassant une biche; deux Lionnes
du Sénégal et de l'Algérie; un Lion marchant; un
Tigre; un Tigre dévorant une gazelle; cinq Panthères;
six Jaguars; un Ocelot; quatre Lapins; un Lièvre;
Éléphant du Sénégal; quatre Chevaux; une Hémione;
Combat d'un élan et d'un lynx; quatre Cerfs; six
Daims ou faons; un Cerf bramant; deux Cerfs axis;
trois Cerfs exotiques; un Bouquetin; une Gazelle; un
Kevel; une Famille de daims; un Cerf; un Daim;
trois Taureaux; un Buffle; deux Aigles; deux Faisans;
trois Cigognes; Marabout; Hibou; deux Tortues; un
Crocodile; trois Pythons étouffant des animaux;
Chimpanzé; un Lion assis; Milan et Lièvre; Lion de la

colonne de Juillet (bas-relief); Cerf de Virginie et Genette (bas-relief); une paire de candélabres formée par un groupe de cerfs surmonté d'un second groupe composé d'un milan et d'un lièvre.

Les ateliers de la maison Barbedienne ont produit un nombre considérable de garnitures de cheminées, de lustres, de girandoles, de lanternes, de garde-feu et de garnitures de bureau. Nous citerons, parmi ces pièces, les deux pendules monumentales composées avec les figures du tombeau des Médicis, par Michel-Ange, qui décoraient les salons de l'ancien Hôtel de ville de Paris; le grand lustre gothique exécuté sur les dessins de Lassus pour la chapelle du couvent des Oiseaux et un autre grand lustre de style byzantin, commandé pour un hôtel de Saint-Pétersbourg. M. Barbedienne avait exposé au Champ de Mars, en 1878, une horloge en cuivre ciselé, de forme et de dimensions monumentales, qui était enrichie de plaques en matières précieuses et d'ornements émaillés.

Pendant le siège de Paris, la fonderie de la rue de Lancry a coulé soixante-dix canons de cuivre destinés à la défense nationale.

Nous terminerons la mention des ouvrages de la maison Barbedienne en citant les principales statues de bronze qu'elle a terminées pour la décoration de Paris et de plusieurs autres villes :

Statue du docteur Barthez, par Lamy (1864), pour la ville de Montpellier;

Statue de Dom Calmet, par Pètre (1864), pour Nancy;

Statue de l'empereur don Pedro, par Lamy (1868), pour Rio-de-Janeiro;

Statue de Ponsard, par Geoffroy Dechaume (1869);

Statue de Voltaire assis, par Houdon, répétition augmentée (1870), commandée par un comité spécial et placée actuellement au square Monge;

Statue de Vauban, par Bartholdi (1873). Esplanade des Invalides;

Statue de Lafayette, par Bartholdi (1876), pour l'Amérique;

Quatre statues : le Courage militaire, la Charité, l'Étude, la Prière, par Paul Dubois, pour le tombeau du général de Lamoricière, à Nantes (1877);

Statue de Louis XIII, par Rude (1878), chef-d'œuvre de ciselure exécuté d'après la statue de Dampierre pour le duc de Chaulnes et destinée au château de Sablé;

Statue de Charles Summer, par Thomas Ball (1878);

Groupe de l'empereur Charles-Quint, par Leone Leoni (1878), commandé par le roi d'Espagne d'après le bronze existant au musée de Madrid. La figure du roi est revêtue d'une cuirasse mobile sous laquelle il est représenté nu. Cette répétition porte l'inscription : *1564. Leo. P. Pomp. F. Aret. F.* — *f. Barbedienne, fondeur, Paris.*

Statue équestre du duc de Brunswick, par Cain (1878), monument érigé à Genève sur le modèle du tombeau des Scaliger, à Vérone;

Statue de Kamchameha, par Gould (1881), pour Honolulu;

Statue de Pascal, par E. Guillaume (1880), pour Clermont-Ferrand;

Plusieurs grandes reproductions de statues exécutées pour Copenhague : la Pieta et Moïse, par Michel-Ange, le Laocoon, l'Amazone, le Génie adorant, l'Apoxy-menos, etc. (1880);

Statue de Niepce, par E. Guillaume (1885), pour Châlon-sur-Saône;

Le Lion et quatre groupes d'animaux, par Barye (1885), pour Baltimore;

Grand groupe représentant Amphitrite, par Chapu,

exécuté pour l'hôtel de M. Nathaniel de Rothschild, à Vienne;

Grand groupe de l'Émancipation, par Bissell, pour l'Amérique;

Statue du sculpteur Rude, par Paul Berthet (1886), pour la ville de Dijon;

Un Esclave, par Michel-Ange, et Auguste revêtu d'une cuirasse, d'après un marbre antique.

M. Barbedienne est chargé de la fonte des figures du monument qui doit être érigé, sur la place du Carrousel, en l'honneur de Gambetta, sur les modèles du sculpteur Aubé et sur le dessin de l'architecte Boileau.

Nous terminons en donnant les noms de quelques-uns des collaborateurs de cette maison. Ce sont : MM. Mauguin, architecte; C. Gilbert, chef des travaux; Phœnix, sculpteur; Lecompte, contremaître-ciseleur; Leblanc, contremaître-monteur; Guyon, contremaître ébéniste; Blugeot, contremaître de la réduction; Lerouvillois, ciseleur; Maxime Bette, monteur; Bichon et Besson, menuisiers - ébénistes; Constant Sevin, sculpteur-ornemaniste.

Renseignements donnés par M. Barbedienne.

Barberan (**Bénigne**), graveur; reçut, en 1584, la somme de 40 sous, pour la fourniture d'un cachet en cuivre aux armes de la ville de Dijon pour les scellés de la justice municipale. — *Inventaire des Archives municipales de Dijon.*

Barbet (**Jehan**), fondeur (xv° siècle). Un ange de bronze provenant d'un château du département de Seine-et-Marne et portant l'inscription : *Le XXVII° jour de mars l'an mil CCCCLX et XV, Jehan Barbet dit de Lion fist cest angelot,* existe dans la collection du marquis de Vibraye, au château de Lude. — Voy. *Cata-*

logue de l'Exposition de l'Histoire du travail, 1867.

Jean Barbet fut employé de 1491 à 1497 par le consulat de Lyon comme canonnier et bombardier; il a fondu des canons et fut chargé de « affuster et mettre à poinct l'artillerie de la ville » et de faire les pierres de fonte pour les bastons à feu. Il prenait, en 1491, le titre de canonnier du roy. — Voy. Natalis Rondot, *les Sculpteurs de Lyon.*

En 1493, la liste des taxes municipales mentionne Jean et Valentin Barbet frères, maréchaux et bombardiers; le même document dit que Jean Barbet, canonnier du roi, jouissait d'une redevance sur plusieurs paroissiens de Vaise.

Deux canons conservés au musée d'artillerie de Paris et provenant de l'île de Rhodes ont vraisemblablement pris naissance dans la fonderie dirigée pendant un certain nombre d'années par Barbet. Ils portent des inscriptions établissant que l'un s'appelle « le Saint-Gilles » et le second « le Furieux ». Tous les deux ont été « *faict à Lyon, 1507* ».

Barbet toucha, en 1512, une somme « de 85 liv. 16 s. 9 d., tant pour la façon de 5,000 livres de pouldre de canon, que pour achapt de charbon et de vin aigre employés à faire la dicte pouldre ». (Inventaire des Archives communales de Lyon.)

Barbette, maîtres fondeurs lorrains (?). La cloche de l'église de Saint-Maure (Aube) porte l'inscription : *les Barbette en 1725.* — Fichot, *Statistique de l'Aube.*

Barbier (J. B.); a fondu, en 1743, l'ancienne cloche d'Auzainvilliers (Vosges). Quatre années plus tard il refondit, avec Jean Buret, la grosse cloche de Saint-Epvre de Nancy. — Farnier, *Notice historique sur les cloches.*

Barbieux, maître fondeur à Tournay (xviii° siècle). Plusieurs cloches de l'église de Saint-Jacques ont été coulées par lui. L'une d'elles porte l'inscription : *Ant. Jos Hoogue esc° sg^r de Pasquendal et Gaspar Bacan egliseurs. — Fecit Barbieux Torn 1737. —* L. Cloquet, *Monographie de l'église Saint-Jacques à Tournay.*

Barbin et **Chenin,** balanciers-ajusteurs, demeurant à Paris, rue de la Ferronnerie, *au Q couronné,* ont fondu une grande quantité d'étalons de mesures et de poids. Le Conservatoire des Arts-et-Métiers en possède une belle série provenant de l'arsenal de Cherbourg. Le musée de Cluny et nombre d'amateurs ont recueilli des boîtes contenant des balances et toutes les subdivisions du poids renfermées dans des boîtes d'acajou, sous le couvercle desquels se trouve l'adresse de ces fabricants et l'indication des objets qu'on trouvait dans leur boutique (xviii° siècle).

Barbydor ou **Barbedor** (?) (**John**), potter, maître fondeur à Londres en 1349. — Stahlschmidt, *London bells founders.*

Barchman (**Jurgen**), fondeur de l'artillerie de la ville de Brême, vers 1620. — D^r d'Eelking, *Anzeiger,* 1883.

Barchmann (**Sivert**), dinandier; a fondu, en 1540, la cuve baptismale en métal de l'église Saint-Lambert à Lunebourg, église aujourd'hui détruite. Il semble avoir également exécuté plusieurs pièces d'artillerie marquées des initiales S. B. avec la date 1534, pour la ville de Lunebourg. — Mithoff, *Künstler.*

Barchmann (**Valentin**); fondit, en 1553, la cloche

de l'horloge de l'église de Saint-Lambert à Lunebourg. — Mithoff, *Künstler und Werkmeister.*

Barchof (**Hans**); a fondu, en 1555, une cloche pour l'église d'Ivenack (Mecklembourg). — Mithoff, *Künstler und Werkmeister.*

Bardin, ciseleur-fondeur, à Paris (xviii° siècle); a fourni aux maisons royales des feux et des objets de cuivre ciselé qui sont mentionnés dans les mémoires présentés au Garde-meuble par le sculpteur Pitoin. — Williamson, *les Meubles d'art du musée national.*

Bardou (**François**), maître peintre-doreur, né à Paris, habitait, en 1686, la ville de Dax. Il passa marché à cette époque avec les cordeliers de la ville d'Oloron pour la décoration de leur église comprenant la dorure du retable et des gradins de l'autel de la chapelle de Saint-Antoine, avec celle de la grande figure du saint et des deux anges qui devaient se mettre sur le baldaquin de l'autel; le tout devant être d'or mat accompagné de vermeil doré et de ciselure, moyennant la somme de 350 livres. — Raymond, *les Artistes en Béarn.*

Un siècle plus tard on trouve un Bardou, maître peintre doreur sur bois, travaillant à Paris pour les résidences royales. De 1778 à 1784, sa veuve est portée sur les états de dépenses du Garde-meuble, pour des sommes considérables. — Voy. Bibliothèque nationale : *Comptes manuscrits du Garde-meuble.*

Bargen (**Cordt**); a fondu une cloche pour l'église de Sack (1597). — Mithoff, *Künstler und Werkmeister.*

Bargman (**Hinrich**), maître fondeur, à Hanovre; a coulé, en 1510, la grosse cloche du dôme de Verden. — Mithoff, *Künstler und Werkmeister.*

Barinei (Giovanni-Battista), bronzier italien (xvii° siècle); a travaillé au Panthéon de l'Escurial, sous la direction de G. B. Crescenci, peintre de Philippe IV. — Damian Barmejo, *Description de l'Escurial*.

Barisano de Trani, habile ciseleur siculo-normand; a fait, en 1160, les admirables portes de bronze de la cathédrale de Trani. Celles de la cathédrale de Ravello près d'Amalfi sont datées de 1179 et signées : *Barisanus. Tran. me. fecit.* Il a également ciselé les portes des entrées latérales de la cathédrale de Monreale en Sicile, signées : *Barisanus* (celles du grand portail sont dues à Bonanno de Pise), et enfin celles de l'église de Lavello dans la Basilicate. — Lenormant, *l'Art du Moyen-Age dans la Pouille* (*Gazette des Beaux-Arts*); — Di Marzo, *Belle Arti Siciliane;* — Serra di Falco, *Del Duomo di Monreale.*

Barkenman (Willem), fondeur flamand (xv° siècle). Un mortier de pharmacie portant l'inscription : *Willem Barkenman a° 1436,* a été donné au musée de la porte de Hal à Bruxelles, par la Société archéologique de Namur. — *Catalogue du Musée d'antiquités de la porte de Hal.*

Barkentin et **Slater,** fondeurs anglais; ont exécuté une clochette à main ornée d'une frise de femmes dansant, avec ornements dorés et argentés, qui fait partie des collections du South-Kensington Museum (1804). — Fortnum, *Catalogue of bronzes.*

Barnola (José), fondeur d'artillerie à Barcelone; a laissé des pièces portant la date de 1756. — Communication de M. le colonel A. Carrasco.

Baroncelli (Niccolo), sculpteur et médailleur flo-

rentin, élève de Brunelleschi, fut employé par Borso
d'Este et laissa plusieurs statues de bronze à Ferrare. Il
était connu dans cette ville sous le nom de Niccolò del
Cavallo, en raison de son travail le plus important
exécuté vers 1490 : c'était la statue équestre du duc
Nicolas III d'Este, dont on croit que le sculpteur Antonio di Cristoforo avait modelé la figure. — Baroncelli fit ensuite la statue assise du duc Borso d'Este
qui fut placée, en 1454, près du palais della Ragione,
et transportée postérieurement, ainsi que celle de
Nicolas III, devant l'entrée principale du palais ducal.
Les deux statues furent détruites en 1796.

L'évêque de Ferrare lui demanda de modeler et de
fondre, pour le portique de la cathédrale, un Christ,
une statue de la Vierge, un saint Jean, un saint Georges
et un saint Maurel ; ces deux derniers, patrons de la
ville. Il mourut, en 1453, avant d'avoir pu achever ces
travaux qui furent continués par son fils Giovanni et
son gendre Domenico de Parisi et mis en place en 1499.
— Heiss, *les Médailleurs de la Renaissance*.

Barrard (P.) et **Barrard (J.)**, maîtres fondeurs
associés pour la refonte de l'ancienne cloche Barbe, à
Semur (1780). — Farnier, *Notice historique sur les
cloches*.

Barre (Jean-Auguste), fils du graveur en médailles Jean-Jacques Barre. Il naquit à Paris en 1811
et fut élève de Cortot.

Portrait du roi des Belges, médaillon en bronze.
(Salon de 1836.)

Léonor Chabot, gouverneur de Bourgogne, sauvant
les Protestants, bas-relief. (Salon de 1842.)

Mater Dolorosa, statuette. (Salon de 1851.)

Fanny Ellsler et Marie Taglioni, deux statuettes en
bronze. (Collection San Donato, 1870.)

Palais des Archives nationales : bustes de Louis-Napoléon (1852) et de Napoléon III (1852), fondus par Patry.

Bustes du prince Napoléon et de la princesse Marie-Clotilde, signés : *Barre.* (Musée d'Ajaccio.)

Mgr Affre, statue pour la ville de Rodez. (Salon de 1864.)

Le Comte de Niewerkerque, statuette en bronze argenté. (Salon de 1868.)

Bustes de Guillaume Rouelle et de Pierre Varignon, pour la faculté de droit de Caen.

Fontaine du Cirque aux Champs-Élysées; quatre enfants, personnifiant les Saisons, et disposés autour du piédouche de la vasque; fonte de fer (1840).

Fontaine Saint-Michel : la Prudence, statue (1861).

Barre (**Pierre**), canonnier-fondeur du Roi (xvie siècle).

En raison des préparatifs de guerre, François Ier avait demandé que les corps de métier de Paris fussent taxés pour l'exécution de pièces d'artillerie qui devaient porter la marque de chacun de ces corps.

La Prévôté avait fait marché pour la fonte de cette artillerie avec Pierre Barre qui depuis avait suivi l'amiral en Bourgogne.

« Dud. XVIIIe juillet ond. an, mil Ve XXXVI. La Compagnie a esté d'advis que l'on doibt escripre à Mons. l'Admiral (de Coligny) pour renvoier Pierre Barre fondeur d'artillerie qui avait entreprins faire la fonte de l'artillerie de ceste ville et par ung mesme moien mander Jehan Durand qui est à Lyon, qui a aussi fondé partie de l'artillerie de cested⁰ ville et aussi envoier à Angers, Orléans, Tours et autres ou l'on pensera recouvrer les meilleurs fondeurs pour en toutte dilligence faire la fonte d'artillerie nécessaire ».

— Archives nationales. *Registres du Bureau de la ville,
HH. 1779 f° 181.*

Barré (Jean-Baptiste), sculpteur, né à Nantes
en 1807; élève de Debay et de Malknecht. Buste du
poète Turquety (Salon de 1851), au musée de Rennes.
Buste du poète Boulay-Paty (Salon de 1851), au musée
de Rennes.

Barrette (Jacques), peintre-doreur à Rouen. Voir
à **Le Filleul (Georges)**.

Barrias (Louis-Ernest), sculpteur, élève de Jouffroy et Cavelier, né à Paris en 1841. Œuvres principales traduites en bronze : la Fortune et l'Amour,
groupe appartenant à M. Vibert (Salon de 1872); — la
Charité, la Religion, sainte Sophie et un Ange, grandes
figures pour le tombeau de Mme A. (1874); — portrait
de M. Munkacsy (1879); — Bernard Palissy, statue
(Square Saint-Germain-des-Prés); — la Défense de Paris,
(Salon de 1881); modèle du monument exécuté en
bronze pour le rond-point du pont de Neuilly; — la
Défense de la ville de Saint-Quentin (Salon de 1882);
un bas-relief en bronze décore le socle du monument;
— Portrait du docteur Hénocque, buste (Salon de 1884).

Barozzi (Giacinto), architecte et ingénieur militaire, fils de Jacopo (1555-1581). Il proposa au grand-
duc de Toscane un projet de bombarde de son invention. Quelques années auparavant il avait soumis au
roi d'Espagne une pièce d'artillerie pesant 500 livres
qui tirait à la fois sept coups de mousquet et cent
cinq coups d'arquebuse. — Carlo Promis, *Biografie
degli ingegnieri militari* (*Miscell.*, t. XVI).

Barozzi (Jacopo), dit **le Vignole**, architecte et

sculpteur, né à Vignole dans le Modénais en 1507, mort en 1573.

Le Primatice ayant été envoyé en Italie par François Ier, pour acheter des antiques et pour prendre des moulages de monuments romains, Vignole lui donna les dessins de ceux qu'il avait relevés. Il revint avec lui à Fontainebleau, et il fut chargé par le roi de diriger la fonte des reproductions en bronze qu'il faisait exécuter d'après ces modèles. Les admirables pièces sorties de la fonderie de Fontainebleau sont en partie conservées au musée du Louvre.

« Jacques Veignolles peintre et Francisque Ribon, fondeur, pour avoir vacqué à faire des mousles de plastre et terre pour servir à jetter en fonte les anti-cailles que l'on a apportées de Rome pour le roy, à raison de 20 livres pour chacun d'eux par mois. » (1540-1550.) — De Laborde, *Comptes des bâtiments du roi*, t. Ier; Barbet de Jouy, *les Fontes du Primatice*.

Bartels (les frères), descendants du précédent; ont exécuté, en 1837, avec MAPPES, une cloche pour le dôme de Francfort-sur-le-Mein.

BARTELS de Hildesheim a fondu, en 1858, une cloche pour Lühnde. — Otte, *Glockenkunde*.

Bartels (**C. E.**), fondeur d'artillerie (xviiie siècle). L'arsenal impérial de Saint-Pétersbourg possède un canon coulé pour les possessions continentales du roi d'Angleterre, sur lequel on lit : *C. E. Bartels, Hanover 1794.* — Communication de M. le colonel N. de Brandenbourg.

Bartels (**Hans Georg**); a fondu, en 1704, une cloche pour l'église des carmes déchaussés et, en 1707, une seconde pour le dôme de Francfort — Otte, *Glockenkunde*.

Barth (**F. W.**), d'Erfurt; a coulé, en 1765, une cloche pour Gebesee et, en 1766, une autre pour Ottenhausen. — Otte, *Glockenkunde*.

Barthelemi da Costa, directeur de l'arsenal royal de Lisbonne; fut chargé de couler la statue équestre du roi Joseph, modelée par Joachim Machado (1775). — Raczinski, *Dictionnaire artistique du Portugal*.

Bartholdi (**Frédéric-Auguste**), sculpteur, élève d'Ary Scheffer, né à Colmar en 1834.

La Lyre chez les Berbères, groupe en bronze (Salon de 1857); — la Malédiction de l'Alsace, groupe en marbre et bronze (Salon de 1872); — les Loisirs de la Paix, groupe (Salon de 1873); — le général Gribeauval, statue pour l'hôtel des Invalides (Salon de 1879); Statue de Vauban (1873), pour l'hôtel des Invalides; le général Lafayette (1876), pour l'Amérique.

Le Lion de Belfort, monument commémoratif de la résistance de la ville en 1871, sculpté en demi-relief dans le roc; une répétition, représentant ce lion en ronde bosse, a été exécutée en cuivre laminé par MM. Mesureur et Monduit et érigée sur la place d'Enfer à Paris (Salon de 1880).

M. Bartholdi a modelé une figure représentant la Liberté éclairant le monde, qui doit être placée dans une île à l'entrée du port de New-York. Cette statue, la plus colossale que l'on ait encore vue, a été exécutée en lames de cuivre battu dans les ateliers de MM. Gaget et Gauthier, à Paris. La dépense entraînée par le modelage, le travail du cuivre et l'établissement du piédestal, a été payée au moyen d'une souscription publique ouverte en France et aux États-Unis. L'œuvre de M. Bartholdi a été transportée récemment en Amérique sur un vaisseau de l'État et l'on termine en ce moment l'assemblage des pièces qui la composent. Le modèle de cette statue a été offert à la France par la colonie américaine résidant à Paris et a été inauguré provisoirement en 1884 sur la place des États-Unis. Il doit être prochainement achevé en métal & placé à l'extrémité de l'île de Grenelle.

Bartholomaüs; fondit, en 1415, une cloche pour l'église de Mecklembourg et, en 1417, une autre pour l'église de Kalkhorst. — Mithoff, *Künstler und Werkmeister*.

Bartholomé, maître fondeur d'artillerie à Malaga. Voir à **Cristobal**.

Bartlet (Thomas), contre maître dans la fonderie de White Chapel, fut appelé à la diriger après la mort des fondeurs Carter. Il mourut en 1647 et fut remplacé par son fils Antony, qui laissa sa maison, en 1676, à son fils James. Ce dernier fut reçu membre de la Compagnie des fondeurs en 1677.

James a exécuté huit cloches conservées dans le comté de Surrey, notamment à Richemond. L'une d'elles, datée de 1480, porte l'inscription :

Lambert made me weak, not fit to ring,
But Bartlett amongst the rest hath made me sing.

A l'église du Christ (Southwark) : *James Bartlet me fecit 1700*. — Stahlschmidt, *Bells of Surrey*.

Bartoldus et **Johannes**, maîtres fondeurs; ont coulé, en 1403, une cloche pour l'église de Saint-Martin à Dransfeld. — Mithoff, *Künstler und Werkmeister*.

Bartolini (Lorenzo), sculpteur, né à Prato en 1777, mort en 1850. Il avait modelé, pour la place de Livourne, une statue colossale de Napoléon Ier, qui demeura longtemps dans son atelier et fut transportée en Corse.

Le musée du Louvre conserve un buste colossal de bronze représentant le même souverain, que l'on a vu autrefois placé au-dessus de la porte du Musée. Cette sculpture porte l'inscription : *Bartolini sculpsit.* — *Denon direxit.* — *Remond ex ære fudit. XVI août MDCCCV.* — *F^s Damerat scœlavit.*

Six des bas-reliefs du fût de la colonne de la Grande-Armée ont été modelés par Bartolini.

Bartolo di Niccolò, attaché aux travaux de la porte du Baptistère de Florence, commencée en 1403, sous la direction de Lorenzo Ghiberti, touchait annuellement la somme de 75 florins. — Patch, *le Porte del battistero di San Giovanni;* Florence, 1774.

Bartolomeo, maître bombardier-fondeur italien, entré au service du tzar Vassili. Il put sauver sa bombarde lors de la défaite des Russes par les Tartares devant Kasan et ramener sa pièce au camp moscovite (1504). — Herberstein, *Rerum moscoviticarum commentarii,* p. 93.

Bartolomeo da Campione, maître bombardier-fondeur à Côme en 1427. — Angelucci, *Documenti inediti.*

Bartolomeo de Brescia, maître fondeur ; exécuta, en 1566, les cloches de l'église de San Francesco nella Mirandola, à Modène. — Campori, *Gli artisti estensi.*

Bartolomeo de Crémone, maître bombardier-fondeur de l'artillerie de la République de Venise, mourut en 1487 et fut remplacé par le célèbre fondeur Sigismondo Albergeti. — Angelucci, *Documenti inediti.*

Bartolomeo de Crémone. L'une des cloches d'une église de Raguse porte l'inscription : † *M.C.C.C.LXIIII, Bartolomeus Cremonensis me fecit. — Mittheilungen, de Vienne*, 1863.

Bartolomeo de Modène, maître fondeur, coula, en 1352, une cloche du dôme de Carpi sur laquelle était gravée l'inscription : *Anno 1352. 20 novembris, Bartolomeus de Mutina fecit nobilium Militum Dnorum Galassij de Piis Mutinæ et filiorum suorum Tadei, Marsilii et Giberti.* Cette cloche, brisée en 1674, fut refondue par Berardi. — Campori, *Gli artisti estensi.*

Bartolomeo di Fruosini, orfèvre à Florence.

1457 28 febbraio « Item stantiaverunt Bartolo Fruosini aurifici ad rationem sol. 4 den. 6 pro libra pro gradibus factis de bronzo pro schala lanterne cupole, qui gradi fuerunt XXVIIII, et fuerunt ponderis librarum centum nonaginta quinque, ad rationem sol. 4, den. 6 libra, prout dictum est : sunt in totum lib. quatragintatres, solidos decemseptem, den. 'sen s. p. » — Guasti, *la Cupola di Santa Maria del Fiore*, p. 107.

Bartolomeo fut chargé, en 1467, d'exécuter la boule supportant la croix qui terminait la coupole de la même église. Il entreprit ce travail avec l'aide de Giovanni di Bartolomeo, sous la direction d'Andrea Verrocchio.

Bartolomeo di Stefano, chalderaio, à Florence, fournit 267 livres de bronze travaillé « in otto bilichi per le chasse della cholla da tira » du dôme de Santa Maria del Fiore (1421). — Guasti, *la Cupola di Santa Maria del Fiore*, p. 62.

Bartolomeo ou **Bartoluccio di Michele**, sculpteur-orfèvre de Florence; travailla avec Lorenzo Ghiberti, son beau-fils, à l'exécution des bas-reliefs des fonts baptismaux du dôme de Sienne (1417). — Il avait été désigné, en 1403, pour aider Lorenzo dans l'exécution de la porte du Baptistère de Florence. Il était payé à raison de 75 florins par an et reçut en tout une somme de 197 f. 1. 9. Plus tard ses appointements furent réduits à 50 fl. par an. La délibération relative à la commande faite à Ghiberti porte que le nom de son beau-père ne sera pas inscrit dans le marché passé avec lui, mais que cet artiste sera libre de se faire aider par Bartolomeo di Michele et par les autres sculpteurs qu'il choisira. — Milanesi, *Documenti dell' arte senese.*

Barwell (James), fondeur à Birmingham; cloche à Stewington (1872). *James Barwel founder Birmingham, 1872.* — North, *Bells of Bedfordshire.*

Bary, potier d'étain, rue de Bussi, faubourg Saint-Germain, « fabrique toutes espesces de moules de commande, et tient magazin de grandes fontaines, vaisselles plates, rondes et à contours, » etc. — *Almanach Dauphin, 1777.*

Barye (Antoine-Louis), célèbre sculpteur et fondeur-ciseleur, né à Paris en 1796, mort en 1875.

Il se destina d'abord à la gravure, entra ensuite dans l'atelier de Gros, et reçut les leçons du baron Bosio. Il prit part aux divers concours de l'École des Beaux-Arts, sans obtenir d'être envoyé à Rome, et se forma principalement en étudiant l'anatomie au Jardin des Plantes, où il fut chargé d'un cours de dessin.

Barye travailla, de 1823 à 1831, pour l'orfèvre Fauconnier et signa quelques-unes des figures d'animaux qui avaient été commandées à cette maison par la duchesse d'Angoulême.

Il envoya, au Salon de 1831 : un Saint Sébastien et un Tigre dévorant un crocodile ; à celui de 1833 : le buste du duc d'Orléans, un Cerf terrassé par deux lévriers, un Cheval renversé par un lion, Charles VI dans la forêt du Mans, Cavalier du xve siècle, Lion au serpent, Ours de Russie, Ours des Alpes, deux Ours luttant, Gazelle morte ; Salon de 1834 : Gazelle morte, Ours dans son auge (au duc d'Orléans), Éléphant (au duc de Nemours), Lion terrassant un cheval (au duc de Luynes), Panthère et Gazelle, un Ours ; Salon de 1835 : un Tigre ; Salon de 1836 : un Lion.

Mécontent du Jury, Barye s'abstint d'exposer et ne reparut plus qu'au Salon de 1851 avec le groupe d'un Centaure et d'un Lapithe, Jaguar et lièvre (modèle en plâtre réexposé en bronze en 1855. Il obtint, à cette exposition, la grande médaille d'or.

Il a exécuté la majeure partie des sculptures de la colonne de Juillet, notamment : le piédestal rectangulaire, le lion sculpté en bas-relief et les mufles de lion des tambours et du chapiteau, les têtes de coq du piédestal. M. Thiers lui commanda un aigle gigantesque destiné à servir de couronnement à l'arc de triomphe de l'Étoile ; ce projet ne fut pas adopté.

Lors de l'achèvement du Louvre, Barye fut chargé de sculpter, en pierre, quatre groupes : la Paix, la Guerre, la Force protégeant le Travail, l'Ordre comprimant les pervers. M. Barbedienne possède les modèles de ces compositions, qu'il a fait reproduire en bronze.

On voit plusieurs bronzes de Barye au musée du Luxembourg : Jaguar dévorant un lièvre (Salon de 1852), un Tigre qui marche, un Cheval arabe et plusieurs figures d'animaux en bronze, anciens modèles pour la fonte, acquis à la vente faite après la mort de Barye.

Le duc d'Orléans avait commandé à Barye un surtout composé de cinq groupes représentant : la Chasse au Tigre, à l'Élan, à l'Ours, au Taureau et au Lion. Ces pièces étaient accompagnées de quatre autres groupes représentant les combats d'un Aigle et d'un Élan, d'un Lion et d'un Sanglier, d'un Léopard et d'une Biche, d'un Buffle et d'un Serpent, fondus à cire perdue par Gonon. Ces morceaux furent en partie acquis, à la vente du duc d'Orléans, par le prince Demidoff.

Dans la même collection figurait un grand surtout exécuté sur les dessins de Chenavard, dont la pièce du milieu, en bronze doré et niellé, représentait un sujet de chasse par Barye. Les ornements et les attributs étaient modelés par Klagmann et Fratin, les candélabres par Feuchère, les figures des vasques par Pradier, et les groupes de gibier par Pascal. Un second surtout avait comme pièce centrale un autre groupe d'animaux. Le duc de Luynes et le duc de Nemours avaient également commandé à Barye des surtouts de table comprenant des groupes d'animaux. Chez le duc de Montpensier, on admire deux candélabres ornés de neuf figures dans le style de la Renaissance.

On peut ajouter à ses meilleures productions exposées aux Salons : un Éléphant monté terrassant un tigre, et le groupe de Roger et d'Angélique montant l'Hippogriffe.

Sur la terrasse des Tuileries est un lion déchirant un serpent, fondu à cire perdue par les frères Gonon, et devant le guichet du bord de l'eau, aux Tuileries, deux lions assis, exécutés en 1867.

Barye a produit également un nombre considérable de groupes représentant des combats et des jeux d'animaux, et des bronzes pour l'industrie. Il se rendit lui-même éditeur des œuvres qu'il fondait et ciselait dans

ses ateliers. Après sa mort, la propriété de ces bronzes
fut acquise presque en totalité par M. Barbedienne.
On en trouvera la liste dans la notice spéciale à cette
dernière maison.

Ceux de ces modèles qui étaient passés chez
M. Durand-Ruel ont été depuis acquis par les musées
des États-Unis et par M. Walters, de Baltimore.

Vers la fin de sa carrière, Barye fut chargé d'exécuter
une grande statue équestre représentant l'empereur
Napoléon I⁰ʳ, entouré des figures de ses quatre frères
placées aux angles du piédestal. Ce monument, commencé pour la ville d'Ajaccio, n'a pas été exposé à Paris.

Barye avait modelé, pour la voussure du guichet du
Carrousel, un grand bas-relief représentant l'empereur
Napoléon à cheval. Cette sculpture qu'il avait mal
réussie a été enlevée en 1871 et remplacée par le
groupe de M. Mercié, représentant le Génie des Arts.

Barye avait gardé, des leçons de Gros, un sentiment
très vif de la couleur. Il a exécuté une suite d'aqua-
relles d'un caractère dramatique, représentant des
combats d'animaux, que les amateurs recherchent avec
empressement. — Bellier de la Chavignerie et Auvray,
Dictionnaire des artistes; Barye, *Revue des Deux-
Mondes*, 1⁰ʳ juillet 1851; Lami, *les Sculpteurs d'animaux*; Genevoy, *Catalogue des œuvres de Barye*
(1875); de Goncourt, *Collection Sichel* (1886).

Barye (**Alfred**), fils et élève d'Antoine-Louis Barye,
né à Paris. Il a modelé des statuettes représentant des
chevaux, dont quelques-unes ont été envoyées aux
Salons annuels : Walter-Scott, cheval de selle de l'empereur (1864); Vermout, cheval de course (1865); Cheval de course monté par un jockey; Médaillon de
bronze (1866). — Bellier de la Chavignerie, *Dictionnaire*.

Batmet (Benoit); 1382, « à Benoist Batmet oublier du Roy pour un baçin d'arain et une esimouère à fromage, achetée par lui a faire gaufres XVI s. p. » — De Laborde, *Glossaire*, p. 273.

Battino Bologna, orfèvre (commencement du xviiᵉ siècle). Il fut appelé à Florence en 1601, pour donner son avis sur la réparation de la « palla » de la coupole de Santa Maria del Fiore, endommagée par la foudre, en considération de ce qu'il avait travaillé à la « palla » de la basilique de Saint-Pierre, à Rome, avec Matteo d'Agostino Manetti. — Guasti, *la Cupola di Santa Maria del Fiore*, p. 161.

Baucour. Nous ne connaissons ce fondeur-ciseleur que par une pendule finement ciselée et dorée, ayant fait partie de la collection Thomassin à Douai (1883), signée : *Baucour*, et portant sur le cadran le nom de : *Alexandre Hubert Draʒe*. (Époque de Louis XVI.)

Baude (Pierre), fondeur de l'artillerie du roi d'Angleterre Henri VIII. Une petite cloche portant l'inscription : *Pierre Baude ma faiecte + L D + 1530*, se trouve placée dans le clocher de la paroisse de Sutton Place. — Stahlschmidt, *Bells of Surrey*.

Un des débris de l'artillerie d'Henri VIII est conservé à la Tour de Londres. C'est un gros canon sur la culasse duquel est gravée la Rose surmontée de la couronne royale. Autour est écrit : *Henricus Octavus Dei gracia Anglie et Francie Rex fidei Defensor dñs Hiberniæ*. Auprès de la chambre : *Petrus Baude Gallus operis artifex*. Et sur la bouche : *Pour Defendre*. Cette pièce a souffert dans l'incendie de la Tour (1841).

Howe mentionne, en 1543, l'engagement de Baude par Henri VIII « In that year, the king employed two Italiens as his gun-founder, one Peter Baude, a Frenchman born a gun-founder or maker of great ordnance, and one other alien called Peter van Collen, both the King's feed-man. And after the Kings return from Boulogne, the said Peter Baude by himself did also make certain ordnance of cast yron of diverse sorts and forms as fawcanets, falcons, minions, sakers and other pieces. » Plusieurs ouvrages de Baude ont été détruits dans l'incendie de 1841. — John Hewitt, *Official catalogue of the Tower armories.*

Baudike (**Hans**); cloche pour l'église Notre-Dame à Juterbogk (1471). — Otte, *Glockenkunde.*

Baudouin (**J. B.**), maître fondeur; coula, en 1753, la cloche de Garchizy (Nièvre).

Baudouin (**Louis**), fondeur à Champigneuse en Lorraine, fut appelé en 1775, à Germigny (Cher), pour y refondre les cloches de l'église. — Farnier, *Notice historique sur les cloches.*

Baudry (**Alexandre**); cloche de l'église de Briis : *Lan 1758, Alexandre Baudry 1. B Simon j B Vincent fondeurs.* — De Guilhermy, *Inscriptions*, t. III.

Baulard (**Godefroy**), fondeur de la Lorraine; a coulé, en 1659, une cloche pour Uttum près d'Emden, — Otte, *Glockenkunde.*

Bautret (**P.**), fondeur et ciseleur (xviii⁰ siècle). On a vu, dans la collection Le Carpentier, un buste-médaillon de R. Voyer d'Argenson, entouré d'ornements de bronze doré, signé : *P. Bautret* ou *Bauvret.* Ce médaillon, acquis pour le musée de l'hôtel Carnavalet, a été détruit dans l'incendie de l'Hôtel de ville (1871). Il en existe des répétitions dans d'autres collections.

Bauve, maître fondeur de l'artillerie ; a exécuté, en 1653, à Narbonne, un canon portant les armes du cardinal de Richelieu, canon aujourd'hui conservé au musée d'artillerie de Paris.

Un second canon, déposé dans l'arsenal de Brest et appelé « l'Esclave », est orné, sur la culasse, d'un buste de captif à mi-corps, se détachant en haut-relief. Autour de ce médaillon on lit : *Bavve fecit 1680.* — Martin de Brettes et Correard, *les Bouches à feu.*

Bayard de la Vingtrie (Paul-Armand), né à Paris, élève de Duret et Maillet. Le Charmeur, statue en bronze, fondue par Thiébaut et placée au parc de Monceau (Salon de 1877); — portrait de M. de Brancion, buste (Salon de 1878); — portrait de Mme E. B., médaillon (Salon de 1882).

Bazille (Jean); « 1387, à Jehan Bazille, chauldronnier, demeurant à Paris, pour un bacin et une chauffette de cuyvre cycellés partout à laver mains, avec un bassin à barbier pour servir en la chambre de Madame la Royne en sa gésine 38 s. p. ». (Compte roy. de Guill. Brunel). — Gay, *Glossaire archéologique.*

Bazin, fondeur (xviiie siècle). Une cloche exposée au Musée de marine, si malencontreusement installé dans le palais du Louvre, et qui provient de l'une des deux corvettes placées sous les ordres de l'infortuné Lapérouse, porte l'inscription : *Bazin m'a fait.*

Bazin (Charles-Louis), peintre, graveur et sculpteur, élève de Girodet et de Girard, né à Paris en 1802, mort en 1859. Portrait de M. Olivier de Beauregard, buste en bronze (Salon de 1853).

Bazzi (Antonio), dit **Il Sodoma,** peintre, né à

Vercelli vers 1474, mort à Sienne en 1549. Il avait fait le modèle de deux anges destinés à être coulés en bronze pour l'une des églises de Sienne. — Milanesi, *Sulla storia dell' arte toscana*, p. 194.

Beauchesne (**Pierre**), maître fondeur employé à Fontainebleau (xvi° siècle, 1540-1550). « A Pierre Beauchesne, maistre fondeur, pour avoir vacqué ladite fonderie desdites figures antiques de Rome et à la fonte mis en œuvre de la figure de Vénus à raison de 20 fr. par mois. — De Laborde, *les Comptes des bâtiments du roi*, t. I°', p. 200.

Beaucousin (**Jehan**), tailleur de la Monnoye de Paris, reçoit « XL l. t. pour avoir faict les trousseaux pour monnoyer getons de cuyvre aux armes dudit sieur de la Hargerye et dudict Hostel-Dieu » (1558). — De Tournier et Brièle, *Inventaire des Archives de l'Assistance publique*.

Beaudouin (les frères), fondeurs à Riom; ont refondu, en 1829, la cloche de l'église de Saint-Menoux (Allier), et renouvelé la sonnerie de beaucoup d'églises dans le centre de la France.

Beaumont, maître fondeur; a coulé, en 1314, la cloche du beffroi de Caen. — Farnier, *Notice historique sur les cloches*.

Beauneveu (**André**), de Valenciennes, sculpteur et peintre (xiv° siècle). « Maistre Andrian Biaunepveu, de Valenciennes, maistre-ouvrier de tombes », reçut, en 1374, la commande d'un tombeau que Louis de Male, comte de Flandre, voulait faire élever dans l'église Notre-Dame de Courtray. Ce monument était décoré de six statuettes de cuivre doré et surmonté de la statue du comte. Il est probable qu'il ne fut jamais achevé et le duc Philippe de Bourgogne fit ériger un autre tombeau en l'honneur de son prédécesseur dans la collégiale de Saint-Pierre à Lille. (Voir à JACQUES DE GÉRINES.)

Beauneveu avait été au service du roi de France Charles V, qui lui fit exécuter, en 1364, les effigies en marbre des rois Philippe VI et Jean II, ainsi que la sienne propre et celle de la reine Jeanne de Bourgogne. Le duc Jean de Berry attira cet habile artiste à Bourges et lui confia d'importants travaux de sculpture et d'enluminure. — Pinchart, *Archives des sciences, des arts et des lettres*, t. II; Delisle, *Mélanges de Paléographie*; L. Courajod, *Une Statue de Philippe VI* (*Gazette des Beaux-Arts*, t. XXXI, mars 1885).

Beauneveu (Perrin), sculpteur du duc de Bourgogne (xiv° siècle). Perrin Bonneveu, tailleur d'ymaiges, recevait quatre gros par jour pour travailler avec Claux Sluter aux ouvrages de sculpture de la Chartreuse de Champmol. — Il exécuta les tabernacles du portail qui surmontaient les statues du duc et de ses parents et moula les anges surmontant les colonnes du maître-autel fondues en bronze par Colart de Dinant (1386-1389).

Perrin était vraisemblablement parent d'André Beauneveu, de Valenciennes, sculpteur et miniaturiste employé par le roi Charles V. — Garnier, *Inventaire des Archives départementales de la Côte-d'Or*.

Beaupré, sculpteur (commencement du xix° siècle); a modelé, sous la direction de Joseph Wilton, une statue équestre de Georges III, fondue en plomb et érigée dans Berkeley-Square, à Londres. — Fortnum, *Catalogue of bronzes of the S. K. M.*

Beauroy (**Nicolas**), maître chaudronnier et fondeur, à Paris ; reçut, en 1544, de la marguillerie de Saint-Germain-l'Auxerrois, la somme de 30 solz tournoys pour l'échange d'une petite cloche de métal à l'encontre d'une autre vieille pour servir à la dicte église ». — De Laborde, *Comptes des bâtiments du Roi*, t. II.

Beauvallet (**Pierre-Nicolas**), sculpteur et peintre, élève de Pajou ; né au Havre en 1750, mort à Paris en 1818, dans les bâtiments de la Sorbonne. Il a modelé, d'après les dessins de Zix, les trophées d'armes et les ornements de deux des faces du piédestal de la Colonne de la Grande-Armée, et six des bas-reliefs qui décorent la spirale du fût du même monument.

Becker. Plusieurs fondeurs de cloches en Allemagne ont porté ce nom. Les plus anciens remontent au xv⁰ siècle.

Heinrich Becker, bourgeois d'Halberstadt ; cloches à Badersleben (1462) et à Vogelsdorf (1467) ; à Halberstadt (Notre-Dame — 1496) ; à Ditfurth (1507).

Claus Becker, demeurant à Halle ; cloche à Klein-Quenstedt (1520).

Johann Berward Becker ; cloche pour le dôme de Hildesheim en 1682, coulée en collaboration avec Jost Hein. Lampe.

Eggert Christophe Becker ; cloche pour Harsum près Hildesheim en 1701.

Christophe Auguste Becker ; cloche à Lamspringe (1741).

Peter Becker ; diverses cloches datées de 1708 à 1742. Il mourut à cette dernière date.

Friedrich Auguste et Christian Auguste Becker fondirent, en 1742, la grosse cloche de l'église de Wernigerode.

P. A. Becker, demeurant à Hanovre ; cloches pour la région de Calenberg (1779-1788).

Carl Wilhelm Becker, de Naumbourg (1752-1763) ; a coulé des cloches pour les cercles de Weissenfels et Naumbourg.

G. C. Becker, de Halle ; cloche pour Dörste Zeitzwitz (1817).

Eduard Becker, d'Ingolstaldt, a coulé, de 1861 à 1883, une suite d'environ deux cent cinquante cloches pour diverses églises de l'Allemagne du Nord. — Otte, *Glockenkunde.*

Beckere (Pierre de), orfèvre et fondeur de métaux à Bruxelles (xv* siècle), mort en 1527. Il a exécuté, sur l'ordre de Philippe le Beau, la belle statue de cuivre doré placée sur le tombeau de Marie de Bourgogne, dans l'église Notre-Dame de Bruges. Le tombeau est de marbre noir et décoré de dix-huit écussons des provinces soumises à la Duchesse. Les côtés du sarcophage présentent les arbres généalogiques paternel et maternel comprenant soixante-deux écussons soutenus par quarante statuettes d'ange. Aux quatre angles sont les figures des évangélistes. Sur la face antérieure du monument deux anges tiennent une longue inscription funéraire. Tous ces ornements sont en cuivre émaillé. — *Bulletin de l'Académie de Bruxelles,* t. XVIII ; Pinchart, *Archives des arts et des sciences,* t. II, p. 59.

Becquet (Jehan), maître chaudronnier à Paris ; fournitures pour la cuisine de la maison du roi (1421). — Douet d'Arcq, *Comptes de l'Hôtel.*

Bécus, fondeur de cloches (xixe siècle). Cloches de Pierrecourt : *1841, Bécus et T. M. Angot frère fondeur*

à Gamaches; — à Pommereun : *J. Becus, fondeur
1833.* — Dergny, *Cloches du pays de Bray.*

Bedding (Hans); a fondu la grosse cloche de
l'église Saint-Michel, à Brunswick (1480). — Mithoff,
Künstler und Werkmeister.

Bedet (Jean), tailleur et graveur de lames funéraires en laiton, à Tournai (septembre 1485).

Il avait exécuté les sépultures en pierre de Jean de
la Cappelle et de Gilles Nettelet pour la cathédrale de
Cambrai. — Pinchart, *Artistes de Tournay;* — Houdoy,
Cathédrale de Cambray.

Bedia (Sanchez), fondeur d'artillerie en Espagne.
Il s'engagea, en 1450, à fondre une bombarde dont
l'épreuve devait être faite par dix décharges, moyennant le prix de 400 maravédis. — Communication de
M. le colonel Carrasco.

Beduwe (J.); a coulé, en 1850, une cloche pour la
cathédrale d'Aix-la-Chapelle. — Otte, *Glockenkunde.*

Beer (Jean-François), dessinateur et modeleur
en Allemagne (xviiie siècle). Le musée du Louvre conserve de cet artiste un monument commémoratif de la
paix de Teschen, formé par une figure d'aigle d'Autriche, en cuivre estampé, peint et doré. Sur les différentes parties du corps de l'aigle sont enchâssés dix
médaillons ovales peints, à miniatures représentant
tous les souverains qui ont pris part à ce traité. Au bas
est l'inscription, gravée sur le socle : *Denkmal auf
den zu Teschen geschlossenen Frieden den 12 mai
MDCCLXXIX* (souvenir de la paix de Teschen, con-
clue le 12 mai 1779). — *J. F. Beer invent. u. portraitirt
zu Francfurt a. Main.* — Barbet de Jouy, *Catalogue du
Musée des Souverains.*

Beernaert (François), maître fondeur à Bruges (xviii° siècle). — 1777. « A F^s Beernaert fondeur en cuivre pour livraison de plusieurs ornements en cuivre pour la chaire de Saint Sauveur 8 l. 18 s. 4 d. » — *Inventaire des antiquités et objets d'art de Bruges.*

Begun (Michel), maître fondeur, protestant émigré de France à Berlin; a coulé, en 1717, une cloche pour Krakow, dans le Mecklembourg, et, en 1720-1726, une autre pour Wismar. — Otte, *Glockenkunde.*

Behaim (Conrad), de Nuremberg, mort en 1590; a fondu une cloche pour l'église de Saint-Sebald. — Trautmann, *Kunst und Kunstgewerbe.*

Behaim (Sebald), fondeur de cloches et de pièces d'artillerie à Nuremberg. Il y coula une grosse bombarde dans l'arsenal de la ville, qui fut appelée : *Eule* (1534). — Otte, *Glockenkunde*; Lochner, *Neudorfer.*

Beham (Johann), sculpteur; avait modelé, en 1420, des bas-reliefs destinés à la cathédrale de Cracovie, qui furent jetés en bronze par Johann Fredenthal. — Sighart, *Artistes de la Bavière.*

Behem (Yorg); cloche pour Dalldorf, près Berlin (1583). — Otte, *Glockenkunde.*

Behenes (William), sculpteur anglais (xix° siècle). Statue de N. Havelock, à Trafalgar-square. — Fortnum, *Catalogue of the bronzes of the South Kensington Museum.*

Behme (Kunze), maître fondeur-dinandier; a fondu, en 1584, un lustre en laiton pour le chœur de l'église de Saint-André, à Brunswick. — Mithoff, *Künstler und Werkmeister.*

Behrens (Christoph), de Salzwedel; cloches pour Wittenberge (1758); pour Sargleben (1777); Nebelin (1778). — C. Behrens coula une cloche à Wittstocken en 1787. — Otte, *Glockenkunde*.

Beinroth (George), maître fondeur à Eisleben; a coulé, en 1580, une cloche pour Dornstedt, et, en 1585, une autre pour Sainte-Anne d'Eisleben. — Otte, *Glockenkunde*.

Bell (John), sculpteur anglais (xix° siècle). Il a exécuté une statue d'Ève, dont une réduction coulée en métal par la maison Elkington figure au musée de South-Kensington. — Fortnum, *Catalogue of bronzes*.

Bellamy (Jean), maître fondeur et notable de Tours en 1471; il a exécuté, en 1488, des chandeliers pour l'autel de Notre-Dame de l'église de Bueil. — Bourassé, *Notice sur l'église de Bueil*.

Bellamy (Étienne), fils du précédent, reçut du corps de la ville, en 1507, la commande d'une grosse cloche, dont le métal lui était fourni pour la tour Feu-Hugon de Tours.

Au commencement de 1508, il passa marché avec la marguillerie de Selles-sur-Cher pour l'exécution de quatre piliers de cuivre supportant des figures d'anges en cuivre tenant les instruments de la Passion, moyennant la somme de 140 l. t. — Giraudet, *Artistes tourangeaux*.

Bellemare (Noël), peintre et doreur employé aux travaux de Fontainebleau (xvi° siècle).

« 1540. A Noël Bellemare, Philippe Poirrau et Louis du Breuil, peintres et doreurs, la somme de 2,547 l. pour ouvrages de peintures, doreures et estoffures qu'ils

ont fait de neuf aux poinçons, enchurures enfeston-
neurs, clersvoyes et ès pendans de plomberie des pavillons, combles et ediffices dudit Fontainebleau.

« 1540-1550. Aux vefve et héritiers de feu Noel Bellemare maistre paintre, Philippe Porrau et Louis du
Breuil paintres pour les ouvraiges de peintures et
dorures faits aux ouvrages de plomberie faits audict
ediffice et bastiment. » — De Laborde, *Comptes des
bâtiments du roi*.

Bellezza (Giovanni), orfèvre-ciseleur à Milan
(xix° siècle); a ciselé en bronze le tabernacle et la garniture de l'autel de la chapelle de la Madone de l'Al-
bero, dans la cathédrale. — *Annali della fabbrica del
Duomo di Milano*.

Belli (Valerio), dit **Il Vicentino**, graveur en
pierres fines et médailleur, né à Vicence en 1468 (?),
mort en 1546.

Valerio a gravé un nombre considérable de médailles
principalement d'après des personnages antiques. Il a
exécuté d'importantes gravures sur cristal de roche,
dont il empruntait les dessins aux meilleurs maîtres
de son temps. On rencontre souvent des plaquettes de
bronze reproduisant ces dernières compositions et portant les initiales de Belli. Il a passé, dans la collection
Van Hoorn (vendue à Paris en 1809), une statuette
représentant le Christ enfant avec la boule du Monde
dans sa main gauche, qui portait sur la base : *Valerio
de Belli detto il Vicentino*.

Dans le musée Correr, à Venise, deux plaquettes de
bronze doré, qui représentent Jésus disputant avec les
docteurs et Pâris offrant la pomme à Vénus, sont
marquées : *Vale-Vi-fe*. — Armand, *les Médailleurs italiens*; Lazzari, *la Raccolta Correr*.

Bellini (**Jacopo di Piero**), peintre vénitien (vers 1400-1464?), père de Gentile et de Giovanni Bellini. Bien que Bellini se soit particulièrement livré à la peinture, il était compositeur et décorateur, à l'exemple des artistes de son temps et principalement de Mantegna. Il a également reproduit des sculptures antiques dont le goût était alors général. Un recueil de dessins provenant du palais Vendramini et actuellement conservé au British Museum, ainsi qu'un précieux volume d'esquisses récemment acquis pour les collections du musée du Louvre, renferment des projets de monuments funéraires surmontés de statues équestres, sur lesquels on remarque l'aigle de la maison d'Este. Il est présumable que ces compositions avaient été commandées par un prince de Ferrare. — De Tauzia, *Catalogue des dessins de la collection de la Salle*; Müntz, *Jacopo Bellini et la Renaissance dans l'Italie septentrionale (Gazette des Beaux-Arts, 1884).*

Bello (**Nicolas**), maître fondeur de Dinan; a exécuté, en 1629, pour une des églises de cette ville, des chandeliers d'élévation sur lesquels il a placé sa signature. — Pinchart, *la Dinanterie (Exposition de l'art belge ancien).*

Bellosio, bronzier, fondeur contemporain, à Milan; a envoyé des reproductions de statues à diverses expositions.

Belon (**Thomas**), maître fondeur à Paris; fit opposition, en 1753, à la succession de Pierre Magny, doreur sur métaux. — Guiffrey, *Scellés et inventaires d'artistes.*

Beman (**Martin**), fondeur (xvie siècle). L'artillerie du Landgrave de Hesse, confisquée par Charles-Quint,

après la bataille de Muhlberg, renfermait une petite
pièce de canon portant l'inscription : *Martin Beman.*
— Bibliothèque nationale : *Inventaire manuscrit de
l'artillerie de Charles-Quint.*

Benedetto di Bartolomeo da Rovezzano,
sculpteur florentin, né vers 1480, mort vers 1560.
« Adi 3 gennaio 1508 — a Michelagnolo Buonarroti
scultore, e, per decto Michelagno, a Benedetto di Bartolomeo scultore, fiorini dieci larghi in oro, a buon
conto, del David gettato per decto Michelagnolo, et
finito per detto Benedetto 10. »

En quittant Florence, Michel-Ange avait chargé
Benedetto de terminer la fonte de la statue de David,
offerte par la seigneurie à Florimont Robertet. Voir
Vasari (éd. Milanesi, t. VII), et L. Courajod, *le David
du château de Bury.*

Benedetto fut chargé, par le roi Louis XII, de
sculpter le tombeau de Louis d'Orléans et de Valentine
de Milan pour la chapelle des Célestins de Paris. —
Tschudi : *Gazette archéologique,* 1885.

On pense que cet habile décorateur fut appelé en
Angleterre par le cardinal Wolsey, qui lui fit exécuter
plusieurs médaillons de terre cuite pour la façade du
château d'Hampton-Court.

Walpole dit qu'il commença entre les années 1524
et 1529 le tombeau de ce cardinal, destiné à la chapelle de Windsor. Après la disgrâce de son ministre,
Henri VIII résolut de faire continuer ce monument
pour lui-même. Benedetto y travailla jusqu'à la mort
du roi (1549). Cette magnifique sépulture, sur laquelle
devait être placée l'effigie du monarque et qui devait
être entièrement coulée en bronze, ne fut jamais terminée. Les bronzes en furent vendus en 1646, par
ordre du Parlement, comme vieux métal. Le sarco-

7

phage finit par recevoir le corps de l'amiral Nelson, à Westminster-Abbey. Vasari raconte que le séjour prolongé de l'artiste auprès des fourneaux où s'élaboraient les bronzes du mausolée royal entraîna chez Rovezzano la perte de la vue, et qu'il y prit le germe de la maladie dont il mourut. — Robinson, *Italian sculpture of the South Kensington Museum;* Bode, *Allgemeines Künstler Lexikon;* Perkins, *les Sculpteurs italiens.*

Benincasa da Gubbio, ciseleur; a fondu le tabernacle et les deux figures d'anges du maître-autel de Santa Maria della Navicella, modelés par le sculpteur Ciro Ferri (1770). — Titi, *Pitture di Roma.*

Benninck; famille de fondeurs établie à Lubeck, a compté plusieurs membres qui se distinguèrent dans l'art de la fonte. On connaît les noms d'Albrecht, de Gerdt, d'Hermann, de Mathias et de Reinhold Benninck.

Benninck (Albrecht), maître fondeur d'artillerie, au service du roi de Suède et de la ville de Lubeck (xvii° siècle).

Albrecht, le plus célèbre de ces fondeurs, était fils d'Hermann Benninck; il mourut en 1690, et avait épousé Sophie Helms en 1671. Il devint bourgeois de Lubeck (1676) et fut inscrit comme étant né à Hambourg. Il fut chargé en 1685 de fondre des pièces d'artillerie pour le gouvernement de Lubeck. Les rois de Prusse et de Danemark l'appelèrent plusieurs fois pour travailler dans leurs arsenaux.

Les arsenaux prussiens possèdent un canon enlevé aux Suédois, sur lequel on lit : *Albrecht Benning me fec. an. 1623.* Un autre, sur la culasse duquel est figuré un joueur de mandoline avec les armes de

Brandebourg et de Poméranie, porte l'inscription : *Albert Belling me fecit Lubecæ, anno 1681.*

Une superbe pièce d'artillerie décorée de trophées, de figures de génies et de bas-reliefs représentant une flotte avec les armes de la ville de Lubeck, accompagnées de la devise : *Vigilate Deo confidentes*, est conservée à l'arsenal impérial de Vienne. Ce chef-d'œuvre de ciselure porte les inscriptions : *Iohann Eleman. Gerard. Hasselaer. Rei Armamentariæ. Præfecti. — Albert Benninck me fecit Lubecæ, anno 1669.* Ce canon, enlevé par les armées françaises sous le premier Empire, fut déposé sur l'esplanade des Invalides et rendu en 1815 ; il en existe un semblable à l'arsenal de Berlin.

Il a coulé, en 1669, la cloche de l'église Sainte-Marie de Lubeck, et, en 1673, une autre cloche pour Travemünde. Une pièce de canon, *la Pallas*, avec le nom de Friedrich Wilhelm, 1679, est dans l'arsenal de Berlin ; à Saint-Éloi de Lubeck, est une cloche fondue en 1682 ; Il exécuta, en 1685, un mortier pour la ville ; en 1687 et en 1691, plusieurs autres mortiers aux armes de Lubeck. D'autres canons coulés par Albrecht pour le Danemark portent la même date de 1687. — Voir Martin de Brettes et Correard, *Bouches à feu ;* Otte, *Glockenkunde ;* Wendelin Boeheim, *Die Sammlung im K. K. Artillerie. Arsenale.*

Benninck (Gerdt), maître fondeur d'artillerie, à Dantzig (xviie siècle); exécuta, en 1617, un canon nommé : *Saturne.* — Otte, *Glockenkunde.*

Benninck (Hermann), maître fondeur d'artillerie, à Hambourg (xviie siècle). On voit dans l'arsenal de Berlin un canon fondu pour le roi de Suède Charles X, sur lequel est l'inscription : *Auspice dño regnante*

Carolo. Sued. Got. Vand. rege, mandante Carolo Gus-
tavo Wrangelio comite senatorio exercitum regni impe-
ratore gubernato reg. Pomeraniæ; — me fudit Her-
man Benninck Hambourg āo MDCLXVI.

Hermann a fondu également une cloche pour l'église
de Wendorf, près de Wismar, en 1654, et en 1667 une
autre pour Niedermarschacht.

L'arsenal de Woolwich possède un canon richement
ciselé, aux anses formées par des marsouins avec sept
écussons dont un de la ville de Hambourg et deux
autres des familles de Langebeck et de Sprekelsen. Il
porte les inscriptions : *Temporibus dominorum Garlefi*
Langebeck et Johannis a Spreckelsen. — Hermann
Benninck me fecit anno 1662. — Voir Martin de
Brettes et Correard, *Bouches à feu; —* Otte, *Glocken-*
kunde; — Catalogue of the Museum of artillery, Wool-
wich.

Benningk (Mathias), fondeur à Lubeck ; acquit
en 1561, après la mort du fondeur de canons et de
cloches Middeldorp, les ustensiles de ce dernier.
Mathias eut un fils nommé Reinhold, également fondeur à Lubeck. — Mithoff, *Künstler und Werkmeister.*

Benoist (Antoine), sculpteur en cire et médailleur,
né à Joigny en 1632, mort à Paris en 1717. Il avait obtenu le titre de sculpteur en cire du roi, et fut autorisé
à montrer dans les foires ses figures appelées « cercles ».
Le plus remarquable de ses portraits en cire est dans
la chambre du roi, à Versailles ; M. Aloyss Heiss en
possède une répétition en bronze. A l'exposition rétrospective de Milan figurait une médaille de Louis XIV,
gravée par Benoist et datée de 1704.

Alexandre Lenoir avait recueilli, dans le musée des
Monuments Français, le médaillon en bronze de

Louis XIV, provenant de l'Académie des Belles-Lettres, par « Benoit artiste très peu connu ». Nous ne savons ce que cette œuvre est devenue. — Jal, *Dictionnaire critique de biographie;* — E. Soulié, *Documents sur Antoine Benoist;* — Chabouillet, *Médaillons d'Antoine Benoist conservés au Cabinet des antiques (Nouvelles Archives de l'art français).*

Benoit le Saintier, maître fondeur d'origine française, établi à Londres et sheriff de la Cité en 1216. Il est appelé concurremment *Benedictus campanarius*, et *Beneyt le Seynter campanarius*, dans deux listes manuscrites des sheriffs de Londres. — Stahlschmidt, *London bells.*

Benoit (Nicolas). « A Nicolas Benoit pour refaire la verge de la grosse serpentine de couvre et pour un anel pour soustein. » (1469.) — Comptes de la ville d'Épinal. Commun. de M. L. Larchey.

Benozzo di Lese Gozzoli, peintre et sculpteur, élève de Fra Giovanni da Fiesole, né à Florence en 1420, mort en 1498.

Le 24 juin 1443, Benozzo Gozzoli s'engagea à travailler avec Lorenzo Ghiberti aux portes du Baptistère de Florence, pour une période de trois années pendant lesquelles il devait recevoir successivement 60, 70 et 80 florins de gages annuels.

Il signait ses tableaux : *Benotius florentinus, Benotius de Florentia* et *Benotius Lesi;* — Milanesi, *il Buonarroti*, 1884.

Bento (Alfonso), fondeur de l'artillerie portugaise (xviii⁰ siècle). Le roi dom Luis Iᵉʳ de Portugal avait envoyé à l'exposition de l'Histoire du travail(1867) une pièce d'artillerie en bronze aux armes de Portugal,

sur la culasse de laquelle on lisait : *Bento. Affonso . fr*
me fe{ . 1750. — Manoel comes de Carvalho e Silva.
— Tenente general de artr do Reno.*

Benzi (Massimiliano Soldani), modeleur et
fondeur, né à Florence en 1658, mort à Montevarchi
en 1740.

Le palais de Windsor possède quatre grands bas-
reliefs représentant les Saisons, signés : *Maximilianus*
Soldani Ben{i nobilis florentinus fac. anno 1715. Le
musée du Bargello a recueilli de lui deux autres bas-
reliefs : Sainte Thérèse recevant les stigmates et Saint
François sauvant un moribond. Les bas-reliefs de
bronze du maître-autel de l'église de Sainte-Marie
de Carignan, à Gênes, sont de Massimiliano Soldani;
ils sont accompagnés de bustes, d'écussons, d'aigles
et de figures d'enfants précieusement ciselés. Il a égale-
lement terminé deux anges de bronze pour la chapelle
de Saint-Ignace à Sant' Ambrogio, dans la même ville.

Soldani a exécuté de nombreux ouvrages pour le
château de Blenheim, appartenant au duc de Marlborough, dont on trouve l'indication dans la description
de cette résidence. Parmi les statues conservées à
Blenheim nous citerons, dans le vestibule, les reproductions de la Vénus de Médicis et du Faune dansant,
de la collection du duc de Toscane, fontes d'une belle
exécution par Maximilien Soldani Benzi, à Florence,
en 1711. Dans les jardins : le Rotateur agenouillé,
aiguisant l'instrument du supplice de Marsyas; les
Athlètes romains; dans les bains de Diane, Hippolyte
offrant des fleurs à Diane, bas-relief rond, et plusieurs
autres réductions placées dans les appartements.

Soldani aimait à répéter des groupes représentant
des sujets d'enlèvement, tels qu'Apollon et Daphné;
Énée emportant Anchise, Romulus enlevant Hersilie.

Le musée national de Munich possède un médaillon commémoratif de l'élection de Charles III, entouré d'attributs allégoriques, modelé par *Soldani Benzi de Florence en 1708.* — Galetti, *Museo nazionale di Firenze;* — Fortnum, *Introduction au Catalogue des bronzes du South Kensington Museum;* — Varni, *Ricordi di alcuni fonditori.*

Ber (**François-Antoine**), sculpteur, élève de David d'Angers, né à Paris en 1796, mort aveugle à Bicêtre, vers 1866. Il a modelé un nombre considérable de médaillons fondus en bronze, d'après divers personnages, qu'il a envoyés aux Salons annuels depuis 1833 jusqu'en 1852. Ses ouvrages rappellent le style des portraits dus à David d'Angers.

Bérage (**François**) et **Barbaroux** (**Joseph**), maîtres fondeurs français; s'engagèrent, en 1635, à exécuter deux chandeliers de laiton, hauts de 1^m,56 et pesant quatre quintaux, pour la confrérie du Corpus Domini de la cathédrale de Toulon. — Ginoux, *Orfèvrerie et fonderie d'art à Toulon* (*Mémoire lu à la Sorbonne,* 1885).

Berardi (**Giovanni Andrea**), **di Ceresole**; a refondu en 1674 deux des cloches du campanile du dôme de Carpi, dont l'une avait été antérieurement coulée par Bartolomeo de Modène. — Campori, *Gli artisti estensi.*

Berardin (**Pierre**), fondeur d'artillerie de Bourg en Bresse; vendit, en 1448, six coulevrines au duc de Savoie. Il avait fabriqué, en 1444, deux coulevrines de quatre pieds de longueur, pour le château de Mirabel (Archives de Savoie). — Angelucci, *Documenti inediti.*

Bercan (Antoine de), commissaire des fontes de l'artillerie française, à Strasbourg. L'arsenal impérial de Vienne possède plusieurs bouches à feu, fondues par lui. La plus ancienne a été exécutée à Brisach en 1691. Les autres, coulées à Strasbourg de 1714 à 1735, portent le nom de *Antoine de Bercan* (Berquen) *comiss̄re des fontes de l'artill^e. Strasbourg.* — Communication de M. Boehcim, conservateur de la collection d'armures au musée du Belvédère.

Berchinet, ciseleur et graveur en médailles (xviie siècle). Dans la collection Soret figurait un grand médaillon rond représentant le buste en haut-relief de Louis XIV, par *Berchinet ;* — au revers, une plaque de cuivre gravé portant les LL couronnées de Louis XIV et la devise : *Regia Munificentia.* Bordure en cuivre doré.

Un médaillon de bronze, faisant partie des collections du musée du Louvre, représente le roi Louis XIV, dont le buste repose sur un piédouche. Il est accompagné de la légende :

Si iay peint en profil l'jnvincible Louis
C'est q. de front les yeux en seraient éblouis.
Berchinet 1672.

— Clément de Ris, *Notice des objets de bronze.*

Berckhof (Lucas) ; a fondu avec Jan Block, en 1532, une cloche pour Abbenrode. — Otte, *Glockenkunde.*

Berenger de Falize, directeur de la fonderie royale de Douai (xviie siècle), auteur de la dynastie des Berenger qui se succéda longtemps dans cet arsenal.

Berenger de Falize fut appelé à diriger la fonderie

de Douai après Balthazar Keller, en 1694; on trouve
dans l'inventaire de l'artillerie de la ville d'Ath (1716)
publié par M. Pinchart (*Archives des Arts et des
Lettres*, t. II) l'indication de nombreuses pièces d'artillerie exécutées par lui de 1696 à 1703.

On peut établir la filiation des différents membres de
cette famille de fondeurs d'après les documents du
Dépôt de la guerre.

Berenger de Falize fut remplacé en 1722, dans la
direction de la fonderie de Douai, par son fils Nicolas-
Jean qui resta en service jusqu'à l'année 1739. Nicolas
céda ses fonctions à Simon Berenger dit de Donicourt,
qui les exerça de 1739 à 1757; Jean-François le remplaça en 1757 et fut relevé de son titre de directeur
en 1793, mais les commissaires républicains, ayant
besoin de ses services, le rappelèrent deux ans plus
tard et il resta dans la fonderie jusqu'en 1801. Jean
Laurent son fils, auteur d'un traité manuscrit sur la
fonte des bouches à feu (1806), obtint alors le même
poste et le conserva jusqu'en 1822. Il fut à ce moment
obligé de résigner ses fonctions par suite de sa mauvaise santé, puis, froissé de la destitution de son père
(qui avait sans doute obtenu de le remplacer?) il
accepta les offres du gouvernement anglais et dirigea
les travaux de l'arsenal de Woolwich pendant plusieurs
années.

Jean-François Berenger est considéré comme l'un
des meilleurs fondeurs d'artillerie qui aient travaillé
en France.

On voit au musée d'artillerie de Paris un canon contemporain de l'entrée en fonctions de Bérenger comme
directeur de la fonderie de Douai; il porte l'inscription : *Berenger de Falize fecit Douai 1694.*

Le musée de la porte de Hal, à Bruxelles, possède
un canon aux armes de France avec la devise *Nec*

pluribus impar et l'indication de Louis-Charles de Bourbon, comte d'Eu, duc d'Aumale, grand maître de l'artillerie, qui porte l'inscription : *Berenger Donicourt fecit Duaci 3o janvier 1745;* une pièce semblable du musée d'artillerie de Paris offre la même signature et la date 1750.

D'autres pièces sont seulement marquées comme fondues par *Berenger en 1733.*

Enfin le dernier membre de la famille Berenger, qui s'était perpétuée pendant plus d'un siècle dans la fonderie de Douai, a laissé sur plusieurs canons du musée d'artillerie l'inscription : *J. F. Berenger le 14 septembre 1811, Douai.* — Archives du dépôt d'artillerie.

Berger (Ferdinand); a fondu, en 1721, une cloche pour l'église de Poligny (Jura). — Farnier, *Notice historique sur les cloches.*

Berger (Martin), de Dresde; cloches pour Saint-Laurent de Dippoldiswalde et pour Sadisdorf, en 1637, et pour Fischbach en 1644. — Berger (Wendelin), de Weimar; cloche pour Stödten (1652). — Berger (Hieronimus), d'Iéna; cloche pour Saint-Jacques de Saubach. — Berger (Johann), de Weimar; cloche, (1660), à Wiehe. — Berger (J. H. et H. S.); cloche, (1668), à Wiehe. — Otte, *Glockenkunde.*

Bergeret (Pierre-Nolasque), peintre, élève de Vincent et de David, né à Bordeaux en 1782, mort à Paris en 1863.

Il fut chargé par Vivant-Denon, directeur des musées, de dessiner les sujets des bas-reliefs de la Colonne de la Grande-Armée, qui furent ensuite modelés par divers sculpteurs (1806). — Bergeret, *Lettres d'un artiste.*

Bernard, fondeur-ciseleur pour l'horlogerie, rue de la Verrerie. — *Tablettes royales de renommée,* 1771.

Bernard, le fontainier; fut chargé de fabriquer, moyennant 66 francs, une croix de cuivre surmontée d'un ange avec un panonceau aux armes du duc de Bourgogne, pour le crépon de la chapelle des Chartreux, à Champmol (1386-1389). — Garnier, *Inventaire des archives départementales de la Côte-d'Or.*

Bernard (André et **Antoine)**, maîtres fondeurs (commencement du xviii° siècle). « 1706 Andreæ et Anthonio Bernard fusoribus pro refusione majoris campanæ, pro depositione et repositione dictæ ı^m viii^c l.;
« Pro bis mille libris metalli v l. xx s.; ı ı^m xxiiii l.
« 1713 N. Bernard campanarum fusori pro fusura campanæ dictæ Mariæ   xxiiii l. »
— Houdoy, *Histoire artistique de la cathédrale de Cambray.*

Bernard (Antoine-Louis), sculpteur, élève de Dürer et de Klagmann, né à Paris en 1821 : Napolitain jouant avec une écrevisse, statue en bronze (Salon de 1848); Bustes anonymes en bronze (Salons de 1859 et de 1865).

Bernard (Claude), fondeur parisien (xviie siècle ?). L'Hôtel-Dieu de Troyes conserve un grand mortier, signé : *Claude Bernard maître fondeur à Paris.*

Bernard (Guillaume), sergent et canonnier de la ville de Dijon; reçut une allocation de 40 sous pour remplacer la robe de livrée qu'il portait avant sa nomination de sergent (1521). Quelques années après il fut chargé de conduire l'artillerie de la ville sur les remparts, lorsqu'on eut reçu la nouvelle de la captivité de

François Ier. — Garnier, *Inventaire des archives municipales de Dijon.*

Bernardelli (Pascale), maître fondeur (xviiie siècle). Il fut chargé, en 1716, de refaire une des cloches de l'église des Augustins, à Anagni. On y lit : † *Campanam hanc a. D. MXXXVI. F. Nicolas Beraventano priore primo constitutam. F. Josefi Giovanelli Anagnini.*

† *Moderni prioris vigilantiam a fractura restituit A.D.MDCCXVI. Jo bapt. A. Basso in epatu sedente coitas Anagnæ sc. XV.*

† *Rogavit vox domini, clamat pius adsit, abest procellæ Pasqualis de Bernardellis C. Agonis. F.* — Mgr Barbier de Montault, *Cloches de Rome.*

Bernardino d'Antonio de Milan; a jeté en fonte les trois statues de bronze modelées par Rustici (Giovanni Francesco) pour la façade du Baptistère de Florence. Ces figures, commandées en 1506, ont été coulées en 1511 par Bernardino, qui, suivant Vasari, a dû s'y reprendre plusieurs fois, avant de produire ces admirables pièces de fonte.

Bernardino était « maestro di getti e fonditore di artigliere » de la République de Florence, de 1497 à 1512. Il fut chargé, en 1507, de couler en bronze la statue colossale du pape Jules II, modelée en terre par Michel-Ange, pour la ville de Bologne, ainsi qu'il ressort d'une lettre du sculpteur conservée dans le Museo Buonarroti, à Florence. La fonte de ce grand ouvrage pesant 17,000 livres ne réussit pas très bien, et Bernardino hâta son départ de Bologne. La statue de Michel-Ange avait été commandée pour remplacer une première effigie en stuc du souverain pontife, qui avait été placée, en 1506, au-dessus de la porte de l'église de San Petronio, à Bologne. La tête seule de l'œuvre de Buonarroti avait été épargnée lors de la destruction de la statue et elle resta assez longtemps conservée au palais public de Bologne. — Angelucci, *Documenti inediti;* — Alessandro Franchi, *les Statues du Baptistère de Florence (l'Art,* 1879, t. XIX).

Bernardo de Parma, maître fondeur à Gênes (1542); fournit une partie du métal de bronze destiné à la refonte de la cloche du palais municipal. — Varni, *Ricordi di alcuni fonditori.*

Bernardo di Piero; a travaillé à l'exécution de la porte du Baptistère de Florence, commencée en 1403, sous la direction de Lorenzo Ghiberti, aux gages de 26 florins. — Patch, *le Porte del battistero di San Giovanni,* Florence, 1774.

Bernardo Vecchietti, architecte, dirigea l'exécution de la statue équestre de Cosme Ier de Médicis, modelée par Jean Bologne, et fondue par Giovanni Albergeti. — Del Badia, *Della statua equestre di Cosimo a Firenʒe.*

Bernardon, canonnier - fondeur à Saint - Malo (xve siècle). Il avait exécuté une coulevrine du poids de III^{m.} l., avec sa boîte de fonte, qui était déposée dans la maison de l'évêque, à Saint-Malo. — Arthur de la Borderie, *Inventaire de l'artillerie de Bretagne en 1495.*

Bernini (Giovanni Lorenzo), dit **le Bernin**, célèbre sculpteur et architecte, né à Naples en 1598, mort en 1680.

Ce grand décorateur a donné les dessins et fait les modèles des principaux monuments élevés à Rome pendant le XVIIe siècle. La basilique Vaticane lui doit :

Le maître-autel et le baldaquin de la confession, dont les colonnes et les figures ont été modelées par François Du Quesnoi et fondues par Gregorio de Rossi et Ambrogio Lucenti. Ce travail, pour lequel on a employé une partie des bronzes du Panthéon d'Agrippa, exigea 186,392 livres de métal et coûta la somme de 535,000 francs pour la fonte, la dorure et la main-d'œuvre.

Le monument funéraire du pape Urbain VIII, comprenant la statue du pontife et deux figures d'anges, érigé dans la chapelle du Saint-Sacrement. Les modèles en stuc de ces deux dernières sculptures étaient dans l'église San Galla.

L'œuvre colossale de la chaire de Saint-Pierre, qui occupe le fond de la tribune principale de l'église. Les figures des quatre Pères de l'Église soutenant le monument dans lequel est placé le siège de l'apôtre et la gloire qui sert de couronnement ont été dessinées et modelées par Bernini et fondues par Giovanni Pescina, par ordre d'Alexandre VII. Le poids total du bronze entré dans cette gigantesque construction est de 219,060 livres et la dépense s'éleva à 378,000 livres.

Le retable et le tabernacle de la chapelle du Saint-Sacrement, enrichis de figures d'anges et d'ornements en pierres dures, faits sur l'ordre de Clément X.

Le buste du pape Urbain VIII a été fondu par Laurenziano, pour l'hôpital des Pèlerins dal Monte. Le crucifix de bronze, haut de 5 pieds qui est placé, dans une des chapelles de l'Escurial.

Le Bernin a composé un chef-d'œuvre de goût : la fontaine de la place Barberini. Il a dirigé la construction de la décoration théâtrale de la place Navone, celle de la colonnade de la place Saint-Pierre et du pont Saint-Ange.

Appelé en France par Louis XIV, il y sculpta le buste en marbre de ce monarque, dont il a été jeté plusieurs reproductions en bronze.

Le tabernacle de l'église des Carmélites de Lyon, orné des figures du Christ ressuscité entre deux anges, d'un bas-relief représentant les pèlerins d'Emmaüs et des quatre évangélistes placés sur les côtés, avec des figures d'anges portant des encensoirs, avait été exécuté sur les dessins de Bernini. Le monument tout entier était de cuivre doré au feu avec des colonnes de jaspe. — *Description de Lyon*, 1761.

Bernini avait copié, pour le roi Charles Ier d'Angleterre, le Gladiateur de la villa Borghèse. Ce bronze appartint ensuite à Robert Walpole, à Houghton. — Millin, *les Beaux-Arts en Angleterre par Dolloway*, t. II, p. 146; — Robinson, *Italian sculpture of the middle age and periode of the revival of art, South-Kensington Museum*; —Titi, *Pitture di Roma*.

Bernward, évêque d'Hildesheim, habile fondeur (x-xie siècle). Les portes de la cathédrale portent une inscription établissant qu'elles ont été fondues par lui en 1015. Il érigea, en 1022, une colonne de bronze haute de 5 mètres, que l'on voit encore sur la place de l'église. Elle est décorée des sujets de la vie du Christ se déroulant en spirale, comme ceux de la colonne Trajane. Un troisième travail conservé à Hildesheim est également sorti de la fonderie dirigée par Bernward; ce sont deux candélabres sur lesquels on lit l'inscription : *Bernardus . presul . candelabrum . hoc . puerum . suum.primo.hujus.artis.flore . non . auro . non . argento . et . tamen . ut . cernis . conflare . jubebat.* qui indique la collaboration d'un élève du saint évêque. Il a exécuté également d'assez nombreuses pièces d'orfèvrerie qui portent sa signature. Bernward mourut en 1023.

— Labarte, *les Arts industriels;* — Mithoff, *Künstler und Werkmeister.*

Berruer (**Pierre**), sculpteur du roi, né à Paris en 1734, mort aux Galeries du Louvre en 1797. Il a fait de nombreuses esquisses pour la décoration des monuments de la capitale. Esquisse en terre cuite d'un lutrin d'église (Salon de 1787). Il avait sculpté et modelé pour l'hôtel de Nivernais (dans la rue de Tournon) quatre bas-reliefs des Saisons pour les vantaux des portes; les aigles des voussures et les torchères des angles du salon. Cauvet avait également pris part à la décoration de cet hôtel. — Thiery, *Guide de l'amateur à Paris.*

Berrurier (**Toussaint**), maître doreur, fut condamné pour avoir chez lui des outils de fondeur et des pièces de fonte (7 décembre 1742). — *Statuts et privilèges des maîtres fondeurs.*

D'après les *Tablettes royales de Renommée* (1771), Berrurier, fondeur et acheveur, habitait près la porte Saint-Denis.

Bersaucourt, épinglier; a exécuté d'importants ouvrages de fil de laiton, pour le château de Versailles (xvii° siècle). — Guiffrey, *Comptes des bâtiments.*

Bertaux (Mme Léon, née Héléna Hébert), sculpteur contemporain, élève de son père et de Dumont, née à Paris en 1825. Les Trois Vertus théologales, bénitier en bronze pour l'église de Saint-Gratien (Salon de 1859); l'Hiver, bas-relief; la Charité, groupe pour un tronc d'église (Salon de 1861); l'Assomption de la Vierge, bas-relief; Nymphe et deux Enfants, couronnement d'une fontaine pour Amiens, d'après une composition de Léon Herbet (Salon de 1863); fontaine monumentale pour la ville d'Amiens (1864).

Berthaud (Vincent-Camille), maître fondeur de Lyon (1698-1758); a coulé une partie des médailles modelées par les fondeurs-graveurs Mouterde. — Natalis Rondot, *les Mouterde.*

Berthelot (Guillaume), sculpteur ordinaire de la reine Marie de Médicis, mort à Paris en 1648.

Il travailla longtemps à Rome, où il était venu faire ses études, et, quand il fut de retour à Paris, il fut employé par la reine Marie de Médicis, par le duc d'Épernon et par le cardinal de Richelieu. Ses principaux ouvrages de métal sont : à Rome, la statue de la Vierge en bronze doré qui surmonte la colonne de marbre blanc placée devant la basilique de Sainte-Marie-Majeure érigée sur le dessin de Carlo Maderno); les modèles des deux grands anges et d'une statue de l'apôtre saint Paul pour l'autel de la chapelle de San Paolo, dans la même église; une statue en bronze de Narcisse pour la villa Borghèse.

On lui a attribué longtemps une statue de la Renommée provenant du tombeau du duc d'Épernon à Cadillac, que l'on sait aujourd'hui avoir été modelée par Pierre Biard.

Berthelot sculpta en marbre plusieurs ouvrages importants pour la décoration du château de Richelieu et pour la chapelle de la Sorbonne. — Jal, *Dictionnaire critique de biographie;* — Braquehaye, *Statue de la Renommée provenant du mausolée du duc d'Épernon* (*Mémoire lu à la Sorbonne,* 1876); — *Journal des Arts,* 18 janvier 1886.

Berthet (Paul), sculpteur contemporain. — M. Auguste Noel, médaillon (Salon de 1882); M. Guibourgé, médaillon (Salon de 1883); Rude, modèle en plâtre de la statue destinée à la ville de Dijon (Salon de 1884.)

Berthier, maître fondeur à Dijon (xviii° siècle). Il eut souvent maille à partir avec les différentes communautés de métiers, notamment en 1738, à la suite de son refus de soumettre à leur visite deux cloches qu'il avait fondues pour l'église de Plombières.

Berthier vendit à la ville de Dijon (1732) une pièce de canon pesant 744 livres à raison de 21 sols la livre, et reçut, pour paiement d'une partie de cette somme, une petite pièce crevée pesant 100 livres. — Garnier, *Inventaire des Archives municipales de Dijon.*

Berthold de Duderstadt; a signé : *M^{er} Bertholdus von Duderstadt, 1399*, une cloche de l'église de Bernshausen. — Mithoff, *Künstler und Werkmeister.*

Berthold (Heinrich), d'Halberstadt; coula, en 1615, une cloche pour l'église d'Aschersleben. — Otte, *Glockenkunde.*

Berthou (Henry), canonnier de la ville de Quimper en 1594, aux appointements de 7 livres par mois, soit 84 livres par an. — Faty, *Comptes des Miseurs de Quimper.*

Berti (Carlo Francesco); fondeur italien (xviii° siècle). Un beau canon, précieusement ciselé et déposé dans l'arsenal de Tunis, porte l'inscription : *Carolus Fran. Berti fecit A. D. MDCCXI*, sans rien qui indique la ville où il a été coulé. Sur le corps de la pièce est disposé un buste de roi soutenu par deux anges ailés; au-dessus, est un cartouche porté par deux génies, dans lequel on lit : *Hostem repellas longius.* — Angelucci, *Una Missione a Tunisi.*

Bertoldo di Giovanni, sculpteur florentin, élève de Donatello. Il fut nommé conservateur des collections artistiques des Médicis. Il avait modelé, à Padoue, pour Alexandre Capella, un groupe représentant Bellérophon arrêtant Pégase, qui fut fondu par son élève Adriano. Ce groupe, décrit par l'Anonyme de Morelli, a été retrouvé par M. Courajod parmi les bronzes du cabinet des antiques de Vienne. — *Notizia d'opere di disegno*, éd. Frizzoni, Bologne, 1884, p. 89; — C. de Fabriczy, dans le *Courrier de l'Art*, 21 août 1885.

Bertoldo a exécuté de nombreux ouvrages d'après les esquisses de son maître Donatello, parmi lesquels on cite les pupitres de San Lorenzo, à Florence.

Bertolino da Firenze; fondit en bronze, vers 1645, les candélabres portant les emblèmes des quatre Évangélistes, modelés par Giuliano Finelli pour l'église des Saints-Apôtres, à Naples. — Campori, *Artisti di Carrara*.

Bertos, fondeur-ciseleur (xviiie siècle). Zani cite deux artistes de ce nom : Girolamo Bertos, sculpteur, et Francesco Bertos, qui vivait à Venise en 1710. La collection Rusca de Florence, vendue en 1884, renfermait trois groupes mythologiques composés de nombreuses figures nues et semblant voltiger dans l'air, qui portaient la signature : *Bertos invent. et : sculpsit.* — Fortnum, *Catalogue of bronzes;* Catalogue de la collection Rusca (1884).

Bertran (Guillaume). « 1469. A Guillaume Bertran poislier demourant à Amboise, pour une poisle d'airain tenant environ 2 seillées et une chaise percée pour servir à estuver led. sgr par dessoubz durant sa maladie, 32 s. 6 d. » (Comp. roy. d'Alexandre.) — Gay, *Glossaire archéologique.*

Bertrand, maître fondeur en cuivre, porté sur les états des travaux du Petit-Trianon sous Louis XVI. — L'*Almanach Dauphin* (1777) indique Bertrand, rue de la Ferronnerie, comme tenant fabrique et magazin considérable de dorure et argenture en tout genre. — Desjardins, *le Petit-Trianon.*

Bertrand, de Verdun, fondeur; a travaillé, sous les ordres de Colard de Dinant, à la fonte des ornements de la chapelle des Chartreux, près Dijon (1390). — Voir à **Colard.**

Bertrand (Achille-Edmond), galvanoplaste, à Paris (contemporain); a envoyé, aux diverses expositions de l'Union centrale des arts appliqués à l'industrie, des pendules, des buires, des coffrets, des miroirs et des cadres.

Bertrand (Philippe), sculpteur, né à Paris vers 1661, mort en 1734. Le *Livre commode des adresses*, par Pradel, indique qu'il demeurait rue Michel-le-Comte. Bertrand a modelé plusieurs compositions destinées à la fonte en divers métaux. C'étaient : à la Samaritaine du Pont-Neuf, la figure assise du Christ en plomb doré; pour sa réception à l'Académie, un groupe de trois figures représentant l'Enlèvement d'Hélène (musée du Louvre); un groupe allégorique composé de trois femmes assises tenant des médailles tournantes, sur lesquelles sont rappelés le vœu de Louis XIII à la Vierge et son accomplissement par Louis XIV, protecteur de la Religion; ce bronze est signé : *Ph. Bertrand sculpteur du Roi.* Une longue inscription gravée sur le socle porte que ce projet avait été offert à l'Académie par l'abbé du Jarry. Il est actuellement chez sir Richard Wallace.

Bertrand avait modelé le grand ostensoir-soleil, des-

siné par Robert de Cotte et fondu par Ballin, qui avait
été offert à Notre-Dame de Paris par le chanoine de la
Porte.

On voyait dans cette même église, les deux figures
de la Justice et de la Force, bas-relief de bronze
doré modelé par lui pour l'une des arcades du sanctuaire. — Thiery, *Guide de l'amateur à Paris;* —
Mariette, *Abecedario*, t. Ier, p. 131).

Bertuccio, orfèvre et fondeur vénitien (xive siècle).
L'une des portes extérieures de la basilique de Saint-
Marc est revêtue d'ornements en forme d'écailles de
poisson et de têtes de lion servant d'anneaux; elle
porte l'inscription : *MCCC Magister Bertuccius aurifex
venetus me fecit.* — Selvatico et Lazari, *Guida di
Venezia.*

Besche (Abraham de). « Le sieur Besche, suédois,
est chargé de la fonte des canons de fer en Bourgogne. »
— Instructions de Colbert à son fils sur le fait de la
marine (1671). — Champollion-Figeac, *Documents inédits.*

Besche vint établir, en 1668, sa fonderie à Drambon
et reçut du roi le titre de marquis de Drambon. Il
mourut peu d'années après et son usine fut fermée. —
Garnier, *Inventaire des Archives de la Côte-d'Or.*

1668, 17 avril « au s^r de Besche gentilhomme suédois que S. M. a fait venir en France pour y établir la
fonte des canons de fer et la manufacture de l'acier et
du fil de lotton, pour ses appointements depuis le
22 novembre 1666, jusqu'au 21 décembre 1667, à raison de 3,000 l. et 600 l. pour deux vallets » — J. Guiffrey, *Comptes des bâtiments.*

Besson (Guillaume), fondeur de cloches à Angers

(xix⁰ siècle); a renouvelé, en 1858, la sonnerie de l'é-
glise de Camelin (Oise) et y a placé la légende : *Fon-*
derie de Guillaume Besson à Angers. — *Notice sur les*
cloches du doyenné de Blerancourt.

Besson (le frère Hugues). On voyait, dans le cabinet de M. de Grouvelle, une clochette dont l'inscription
gravée en beaux caractères datant du xiv⁰ siècle portait :
† *FRERE HVGVES BESSON MA FAICTE.* —
Annales archéologiques, t. XVIII, p. 145.

Beten (**Hans**), le Jeune (xvi⁰ siècle); paraît être le
fils ou le frère cadet de Martin Beten.

Dans un recueil manuscrit de dessins représentant
l'artillerie de l'empereur Charles-Quint, on trouve un
petit fauconneau cannelé avec l'inscription : *Anᵒ dᵐⁱ*
MVᶜ viij Gir (?) won Heefert heis ich, Jung Hans gos
mich. — Une seconde inscription, reproduite dans le
même ouvrage, donne le nom véritable de ce fondeur.
Elle est placée sur une superbe pièce représentant la
figure en pied du landgrave Philippe : *Der Mache*
Frede heis ich der Junge Hans Beten gos mich V. D.
M. I. E., 1536. — Bibliothèque nationale : *Inven-*
taire manuscrit de l'artillerie de Charles-Quint.

Beten (**Martin**), maître fondeur de l'artillerie ducale de la maison de Hesse. On trouve dans l'inventaire de l'artillerie de Charles-Quint le dessin d'un
certain nombre de pièces exécutées pour le landgrave
de Hesse et prises à la bataille de Mühlberg : 1⁰ Sur
une bombarde se voit dans un cartouche l'inscription :
Der Stewaert bin ich benant (?) de bosen bosin wer ich
bekant. — *Martin Beten goss mich 1540 ;* — 2⁰ Une
coulevrine porte la devise saxonne *V. D. M. I. E. 1547*
Martin Beten ; — 3⁰ *Der Byntflere Ley ich Martin Beute*

gos mich 1535; — 4° Coulevrine aux armoiries de Hesse: *MDXXXV, di weiss Ros heis ich, Martein Bete gos mich;* — 5° Grand et beau canon orné d'une figure de patriarche et des armoiries du landgrave : *Abraham pater guege heis ich — Martin Beten gos mich M V^c XXVIII jar;* — 6° Canon aux armes de Hesse : *Der ballofund (?) fossen heis ich, Martein Bette gos mich 1525;* — 7° Une grosse pièce sans ornements : *Martin Betten 1538* (c'est peut-être la véritable orthographe de son nom ?). — Bibliothèque nationale : *Inventaire manuscrit de l'artillerie de Charles-Quint.*

Bethold de Erlingen, maître bombardier de Metz (1473). — Larchey, *Maîtres bombardiers de Metz.*

Bett (Thomas), maître fondeur de cloches; succéda, en 1520, à Thomas Newcombe, dans la direction de la fonderie de Leicester. — North, *Bells of Bedforshire.*

Beurdeley, père et fils; ont établi à Paris une importante manufacture de meubles artistiques et de grandes pièces décoratives; elle est actuellement dirigée par M. Alfred Beurdeley qui a succédé à son père en 1875.

Cette maison a reproduit la majeure partie des beaux meubles qui appartiennent au mobilier national ou qui sont conservés dans les palais nationaux et dans le musée du Louvre. En dehors de ces pièces qui sont revêtues d'appliques en cuivre précieusement ciselées, MM. Beurdeley ont exécuté, d'après leurs dessins, pour MM. de Rothschild, et dans plusieurs grands hôtels parisiens, des ensembles artistiques. M. le baron de Hirsch leur a commandé une grande cheminée ornée de mufles de lion en bronze dans le style de la Renaissance. Pour M. le baron de Gunzbourg, ils ont composé des torchères formées par des groupes d'enfants en marbre blanc, soutenant des girandoles disposées en berceau. Il est sorti des ateliers de MM. Beurdeley des grands vases en porcelaine de la Chine ou en matières dures, montés en cuivre doré, dans le caractère des époques de Louis XIV, de Louis XV et de Louis XVI, dont quelques-uns ont été vendus comme étant des pièces anciennes. Tous les cuivres ciselés par cette maison sont poinçonnés des deux lettres : *B Y*. — Renseignements fournis par M. Alfred Beurdeley.

Bevilacqua (Giovanni), da San Severino, ingénieur militaire au service du pape Martin V; est appelé dans un document en date du 3o novembre 1428 : *Magister Bevilacqua bombarderius*. — Müntz, *les Arts à la cour des papes*.

Bewer (Caspar), maître fondeur de Sondershausen; cloche pour le cercle de Sangershausen (1637). — Otte, *Glockenkunde*.

Beylard (Louis-Charles), sculpteur contemporain, né à Bordeaux, élève de Perraud et d'A. Dumont. — Méléagre, statue de bronze, au musée de Troyes (Salon de 1877).

Biaggio (Buzio di) (XIII⁰ siècle). — Voir à **Buzio di Biaggio**.

Bianco (Biaggio), appartenant probablement à la famille des fondeurs génois du nom de Bianco; a laissé, dans l'arsenal de Vienne, un canon signée : *Biaggio Bianco fece a Pavia l'anno 1808*. — Communication de M. Courajod.

Bianco (Francesco), ingénieur militaire et maître

des bombardes de la ville de Gênes (xv⁰ siècle). — Il
avait d'abord servi dans le Milanais et chez le duc de
Toscane, et désirait rentrer au service du duc de
Milan. Une lettre adressée à ce prince en 1465, par le
capitaine du fort del Castelletto à Gênes, fait connaître
qne Bianco était le fondeur des bombardes appelées :
la Corona, la Bissona et *la Liona,* et qu'il offrait de
faire le pendant d'une bombarde, « *la Ciambellina* »,
qui armait le fort de Gênes, ainsi que d'autres canons
d'une nouvelle invention. Dans son traité d'architecture, Filarete parle de la bombarde *la Liona,* fondue
en 1460 pour le duc de Milan. (Cod. Salluz., 1. XVI).
— Varni, *Ricordi di alcuni fonditori.*

Bianco (Giambattista), fondeur de l'artillerie de
Gênes et sculpteur, petit-fils du célèbre architecte
Bartolomeo di Como (xvii⁰ siècle).

Il exécuta des œuvres nombreuses sculptées en marbre
et destinées à l'étranger, principalement à la France.

Le Sénat de Gênes lui commanda un groupe de
bronze représentant la Vierge avec l'Enfant Jésus entourée d'anges, qui est placé sur le maître-autel de la
cathédrale. Sur les gradins de l'autel, se déroule
une vue de la ville de Gênes qui avait proclamé la
Vierge souveraine de la République. Cette sculpture
fut inaugurée en 1652 ; elle avait été commencée
l'année précédente et Bianco reçut la somme de
36,167 liv. 28 s. pour son travail.

Bianco a ciselé, pour le même monument, les candélabres et le crucifix du maître-autel (1652), en exécution d'un legs fait par le chanoine Christophano Tri-
cardi ; il reçut 2,136 liv. pour son paiement. Il fit six
autres candélabres et un crucifix pour l'église de Notre-
Dame de Remedio, dont le dessin paraît avoir été
donné par Taddeo Carlone.

A ces occupations, Bianco joignait celle de fondeur de l'artillerie de la République génoise. On a retrouvé un document daté de 1655, portant : « che detto Gio. Batta ha obligato del suo credito per cautione del metallo et altro consignato e da consignarseli per fondere pezzi d'artiglieria, come per detto obligo fatto à 8 novembre 1655 infilato in fogliazzo delle cauzioni ».

Giacomo-Antonio Bianco, probablement fils du précédent, était au service des ducs de Savoie (xviii° siècle); il a exécuté pour ces princes des pièces d'artillerie dont plusieurs sont conservées dans l'arsenal de Tunis. Elles sont décorées des armes royales de Savoie et du grand maître de l'artillerie sarde, avec l'inscription : « Ultima Ratio Regum », et le nom du fondeur. M. Courajod nous a signalé un canon de l'arsenal de Vienne portant l'inscription : *Giacomo Antonio Bianco F. anno 1780.* — Varni, *Ricordi di alcuni fonditori;* Angelucci, *Missione a Tunisi.*

Biard (Pierre), architecte et sculpteur du roi, demeurant rue de la Cerisaie, dans la paroisse Saint-Paul, à Paris (1559-1609). — Il était fils de Noël Biard, sculpteur en bois et menuisier, qui travailla à Fontainebleau sous le règne de Charles IX.

Il vint à Bordeaux, en 1597, passer marché pour le monument funéraire de François de Foix Candalle, évêque d'Aire, érigé dans la chapelle des Augustins de Bordeaux. Cette sépulture comprenait quatre grandes figures de la Prudence, de la Tempérance et de la Justice en cuivre jaune, ainsi que des armoiries et des ornements également en métal, accompagnant l'effigie mortuaire du prélat et sa statue agenouillée sculptées en marbre blanc. Le travail devait être fait à Paris et transporté à Bordeaux, pour la somme totale de cinq mille écus.

Pierre Biard s'engagea la même année à exécuter le tombeau du duc d'Épernon dans la chapelle Saint-Blaise de l'église de Cadillac. Ce monument, dont les dispositions rappelaient le tombeau des Montmorency sculpté par Barthélemy Pricur, se composait d'une colonnade demi-circulaire supportant une corniche sur laquelle étaient placées de chaque côté les statues age-nouillées en marbre du duc et de la duchesse d'Éper-non; sur le sommet, était une figure de bronze repré-sentant la Renommée. Au premier plan, sur un sarcophage, étaient couchées les effigies mortuaires des deux seigneurs, également en marbre blanc. Le prix convenu était de 4,000 écus, y compris les frais du transport des marbres et des bronzes.

La Renommée de Cadillac, seul reste subsistant de ce dernier mausolée, est aujourd'hui au musée du Louvre. On en connaît une répétition provenant du château de Richelieu dans le Poitou. M. Alfred Communay a retrouvé récemment les deux marchés origi-naux passés avec Biart pour l'exécution de ces tom-beaux. — *Journal des Arts* (19 janvier 1886); Gonse, (*Gazette des Beaux-Arts*, février 1886).

Biard (**Pierre**), le jeune, sculpteur et graveur, né à Paris en 1592, mort en 1661. Il était le fils de Pierre Biard.

La *Gazette de France* rapporte que Biard avait jeté en fonte une figure de douze pieds de haut, représen-tant Galatée ayant sous ses pieds un monstre marin de huit pieds de long, le premier ouvrage de cette gran-deur qui ait été fait en France (27 septembre 1639).

Le cardinal de Richelieu le chargea, en 1638, de modeler et de fondre la statue du roi Louis XIII, devant être placée sur le cheval de bronze exécuté par Daniel de Volterre (Ricciarelli), pour le monument

équestre du roi Henri II. Ce cheval envoyé en France
était resté depuis longtemps sans destination et le cardinal avait formé le projet d'en faire le motif principal de la décoration de la nouvelle place Royale. La
statue de Louis XIII, inaugurée en 1639, fut détruite
sous la Révolution et remplacée depuis par une
seconde statue de marbre par Cortot. Une partie des
ornements du piédestal était due à l'ornemaniste La
Salle. Dans ses *Antiquités de Paris*, Sauval dit que le
mérite de la figure de Biard était très inférieur à celui
du cheval exécuté par Ricciarelli. — Jal, *Dictionnaire critique de biographie*; Montaiglon, *Histoire des
statues équestres de Paris* (*les Beaux-Arts*, 1860-1861).

Bidau de la Gorga, bombardier de la ville de
Bordeaux; fut chargé, en 1406, de fabriquer plusieurs
canons pour la ville. Il recevait une partie de ses **gages**
en nature. — Archives municipales de Bordeaux : *Registre de la Jurade.*

Bidault (Pierre), maître-fondeur à Poitiers (xvi° siècle).

« A Pierre Bidault fondeur demeurant en la ville
de Poitiers la somme de 92 l. 17 s. t. a luy ordonnée
par ledit s^r de la Foucauldière pour avoir fondu le
nombre et quantité de cent grenades pour servir au
siège de lad. ville de Luzignan et pour avoir fourny le
métail nécessaire à cause que celuy que l'on avoit envoyé querir en la ville de Tours n'est venu assez tôt
pour faire lesd. grenades ». — Bibliothèque du Dépôt
de la guerre : *Comptes manuscrits de l'artillerie
royale* (1574).

Bidet (Jean), maître fondeur à Tournay (xvi° siècle).

« A Jean Bidet m^d de cuivre à Tournay pour 1 lame
de cuivre attachée contre le mur du chœur ». Comptes
de la sépulture d'Antoine de Nobescourt (1566).
— Houdoy, *Histoire artistique de la cathédrale de
Cambray*.

Bidou (Martin et Louis), maîtres fondeurs; ont
coulé la cloche des heures pour l'horloge de la cathédrale d'Orléans (1661). Martin mourut le 1er juillet 1661
et fut enterré en l'église Saint-Benoit.

Ces deux fondeurs appartenaient à une famille nom.
breuse qui exerça la même profession pendant plus
d'un siècle. — Farnier, *Notice historique sur les cloches*;
— Herluison, *Artistes orléanais*.

Nous avons rencontré, au musée archéologique de
Châteaudun, une cloche ayant servi à sonner les quarts
d'heure à l'horloge de cette ville, qui porte l'inscription : *Martin Bidou m'a fait 1647*.

Bieler (Johann-Nicolaus), fondeur d'artillerie à
Hambourg; a exécuté, en 1765, une bouche à feu con-
servée à l'arsenal impérial de Saint-Pétersbourg. —
Communication de M. le colonel N. de Brandenbourg.

Bielfeld (Friedrich); cloche pour l'église d'Iber
(Hanovre), en 1592. — Otte, *Glockenkunde*.

Bienner ou **Biener (Georg)**, fondeur de Dresde; a
exécuté en 1596, avec HANS BILGER, une cloche pour
Weesenstein, près de Pirna. — Otte, *Glockenkunde*.

Biffi (Andrea), sculpteur-fondeur lombard, élève
de Francesco Brambilla (commencement du XVIIe siècle).

Il a aidé son maître dans l'exécution des figures et
des ornements destinés aux pupitres de la cathédrale

de Milan et fondu les figures d'enfants du tabernacle du maître-autel, modelées par Brambilla.

Il modela deux figures de Vertus cardinales pour le tombeau de Charles Borromée (1602) et le buste du même saint placé au-dessus de son épitaphe (1603). Ces sculptures furent coulées en bronze. Il donna également les modèles du reliquaire d'argent pour le tombeau du même saint (1617).

Il termina les deux grandes figures d'anges placées sur le maître-autel, qui avaient été commencées par Brambilla, et qui furent fondues par G. B. Busca. — *Annali della fabbrica del duomo di Milano*

Bilger (**Hans**). (xvi* siècle). Voir à **Bienner** (**Georg**).

Billard (**Colin l'Anglais,** dit), artilleur du roi, au château de Rouen en 1408, aux gages de 3 s. t. par jour. — Monteil, *Histoire des Français.*

Billault (**Florentin**), maître potier d'étain à Tours (xvi° siècle).

« 1571. — A Florentin Billault m° pinthier audict Tours, la somme de quatorze livres, dix huict solz, six deniers t., qui deuc luy estoit pour vingt quatre livres, trois quarterons d'estain par lui fourny et employé, oultre et pardessus sept flascons vielz à luy baillez, pour satisfaire à faire douze flacons neufs pour servir à ladicte ville. — Grandmaison, *les Arts en Touraine.*

Billig ou **Billich**; famille de fondeurs établie en Saxe pendant les xvii° et xviii° siècles.

Billig (**David**), né à Beelitz; exécuta, en 1722, une cloche pour Wulfersdorf et une seconde pour Beelitz en 1733.

Billig (Georg), de Kemberg; a coulé, en 1660, une cloche pour Notre-Dame de Juterbogk et, en 1664, pour Saint-Jacques de la même ville; en 1678, pour l'église de Schalach et, en 1680, pour Gomnick, etc.

Billon (Jacques), fondeur, à Rouen, fut chargé en 1509 de la fonte d'une statue de saint Georges, modelée par Jean de Bourq. — Deville, *Comptes de Gaillon.*

Binet (Jean). — Voir à **Lefort (Jean)**.

Bingant (Maurice), maître fondeur à Paris; (xviiᵉ siècle). La veuve Marie Demonchy légua, en 1687, une somme pour la refonte d'une cloche de l'église Saint-Nicolas-des-Champs. — De Guilhermy, *Inscriptions du diocèse de Paris*, t. Iᵉʳ.

Bingen (Pierre), fondeur à cire perdue, né à Amfen, 1842, rue des Plantes, 74. Il est chargé d'exécuter le monument d'Eugène Delacroix, par M. Dalou, qui doit être placé dans le Jardin du Luxembourg. Ce fondeur doit également couler le monument colossal que M. Dalou termine pour la place des Nations. Il a coulé en bronze le monument de Blanqui, par Dalou (cimetière Montmartre), et le buste de Gambetta, par Falguière; les bustes de Gambetta et de Franz Hals, par Carrier-Belleuse; de Legrand, par Cordonnier; statuette de Gambetta, par Dampt; bustes de M. Ferry, par Cordier, et de M. Proust, par Rodin; tête de femme, par Falguière; plusieurs bustes, par Barrias; baron A. de Rothschild, par Beer; Hattat et Vacquerie, par Dalou; Judith, statue par Lombard; Salomé, par Pépin (pour l'État); Got, dans l'*Ami Fritz* et la statue du docteur Marmottan, par de Vasselot; le monument de Fermat pour Beaumont, par Falguière; deux médaillons de M. Ratier, par M. Frémiet; médaillons par Ringel. — Renseignements donnés par M. Bingen.

Bini (Giuseppe), sculpteur milanais; a exécuté la statue colossale de la Vierge qui est placée au sommet du campanile de la cathédrale (1770). — *Annali della fabbrica del Duomo di Milano.*

Bione, fondeur à Palerme (xi° siècle); on lisait sur la cloche du dôme, brisée en 1557 : *Anno ab incarnatione millesimo centesimo trigesimo sexto Ind. X, fusa Panormi. Rogerius Siciliæ Italiæque rex magni comitis Rogerii filius me dextra Bionis fundi ac D. Mariæ dicari jussit.* — Di Marzo, *Belle arti.*

Bird (Francis), sculpteur (1667-1731); a exécuté la statue de bronze représentant Henri VI placée à Eton-College. — Fortnum, *Catalogue of bronzes.*

Bird ou **Brid (John)**, maître-chaudronnier à Londres, exécuteur testamentaire du fondeur de cloches Robert Burton (1518). — Stahlschmidt, *London bells founders.*

Bird (William). On lui attribue la fonte de plusieurs cloches qui portent une marque de fondeur accompagnée de la lettre W et d'une figure d'oiseau (xvi° siècle). — North, *Bells of Bedforshire.*

Bisenberger (Georges), maitre fondeur; vendit, en 1488, à la ville d'Obernai, deux cloches exécutées par lui. — Gérard, *Artistes de l'Alsace.*

Bissen (Wilhelm), sculpteur, né à Schlesvig en 1798, mort en 1868, élève de Thorwaldsen.

Statue de Gutenberg, modelée à Rome en 1833-1834 d'après les dessins de Thorwaldsen et érigée à Mayence

en 1837. Sur le piédestal, sont encastrés deux bas-
reliefs représentant l'Invention des caractères mobiles
et celle de la presse ; la Victoire conduisant un quadrige, pour la façade du musée Thorwaldsen, à Copenhague (1841) ; Esculape, Minerve et Némésis, pour la
façade du palais de Christianborg ; le Soldat citoyen,
monument érigé à Fredericia (en Jutland) en souvenir
du 6 juillet 1849 ; Moïse, statue colossale pour le portail de Notre-Dame, à Copenhague (1853) ; la statue du
poète tragique Œhlenschlæger, érigée sur la place
Sainte-Anne, à Copenhague (1855) ; la statue du roi
Frederick VI dans le parc de Fredericksberg ; le comte
Wilhelm de Moltke, statue pour le domaine de Bre-
gentved ; celle de Tycho-Brahé, à Copenhague (1858) ;
celle de Tordenskjold, offerte par M. Preggeard à la
ville de Copenhague ; le Lion colossal de Flensbourg,
sur le piédestal duquel sont les médaillons des généraux Helgesen et Schleppegel, Brogh et Lœssœ (1859) ;
la statue de Frederick VII, pour Odensée, dans l'île de
Fionie ; la statue équestre colossale de Frederick VII,
laissée inachevée par Bissen et terminée par son fils,
pour la ville de Copenhague ; le comte Bille Brahe,
buste colossal en bronze. — Plon, *le Sculpteur danois
Wilhelm Bissen.*

Bisson (Étionne), fondeur à Troyes, coula, en
1686, les cloches de Saint-Mards-en-Othe. — Fichot,
Statistique de l'Aube.

Blacard (Rufin), maître fondeur (xiie siècle). Un
coq de cuivre appartenant à M. Floh, de Crefeld, porte
l'inscription : *Anno Dni MCLV Cesaris Fred[e] anno IIII
in honore D. S. Andreae, Blacard Rufus me operavit.*
— De Linas, *Exposition de Dusseldorf, 1880 (Revue
de l'art chrétien).*

Bladelin (Pierre), fils d'un teinturier de Bruges qui avait amassé une fortune considérable. Il fit construire le château et la ville de Midlebourg et y attira, après la prise et la ruine de Dinant, un nombre considérable de batteurs en cuivre, qui y établirent des ateliers très prospères. Bladelin obtint, pour la nouvelle colonie, les mêmes privilèges dont avait joui autrefois la ville de Dinant. L'activité industrielle de Midlebourg prit fin en 1488, lorsque la ville fut détruite par les Brugeois révoltés. — Weale, *Guide à Bruges*.

Blanchard (Jean et Étienne), sculpteurs; exécutèrent, en 1665, deux figures de plomb pour la maison de la pompe du Pont-Neuf. Cet édifice fut plus tard remplacé par un pavillon, construit en 1712 sur les dessins de Robert de Cotte. Bousseau avait sculpté une partie des ornements de cette maison : peut-être les modèles de ces statues étaient-ils de lui, et les Blanchard n'étaient-ils que les traducteurs en métal?

Les sieurs Blanchard reçurent, en 1672, la somme de 480 francs pour douze petits dauphins faits par eux pour une fontaine du labyrinthe, à Versailles. — Guiffrey, *Comptes des bâtiments du roi;* — Germain Brice, *Description de Paris*.

Blanchard (Sébastien et François), maîtres fondeurs de Chaumont en Bassigny; fondirent à Troyes, de 1573 à 1577, la grosse cloche appelée « Brayhault », pour la cathédrale, et deux cloches pour l'église de Sainte-Madeleine. — Assier, *la Champagne inconnue*.

Blanchot (François), fondeur à Troyes. Une inscription gravée sur la base du clocher de Saint-André-lez-Troyes conserve le souvenir des cloches fondues par lui pour cette église : *Lan cinq c̄es cinquante sept le samedy XV jour de may, les cloches de leglise de seant fūrt fodues par m° Frāçois Blāchot fodeur dem à Troyes.* — Fichot, *Statistique de l'Aube*, t. I.

Blansko (fonderie de). C'est de cette usine, appartenant au comte de Salm, qu'est sortie la colonne érigée à la Vierge, sur les anciens glacis de Vienne, et servant de limite à la seigneurie des Écossais (xviii° siècle). — Schmidt, *Vienne et son état actuel*.

Blasio, famille de fondeurs établis en Italie depuis le xvi° siècle, et qui semblent d'origine française. Leur nom était vraisemblablement Blaise, qui fut plus tard italianisé. L'un d'eux reçut, en 1599, du sénat de Modène, l'ordre de graver, sur la cloche du conseil communal, l'inscription : *Senatus Mutinensis sumptu. Anno Domini 1599. Magnificus (magister ?) Blasius fecit.*

La commune avait déjà commandé une cloche en 1579, mais la fonte n'ayant pas été réussie, il fallut la recommencer l'année suivante. On s'adressa à deux fondeurs français se trouvant alors de passage à Modène, qui exécutèrent le travail à la satisfaction de la ville. Cette seconde cloche était ornée des figures de la Vierge, du Crucifix et des armes de la ville, et on y lisait : *Senatus Mutinæ sumptibus anno Domini 1580.*

On trouve les Blasii établis à Rome au xviii° siècle et exerçant la profession de fondeurs de cloches. Ils y ont renouvelé deux des anciennes cloches offertes à la cathédrale d'Anagni par le pape Boniface VIII. Sur l'une est l'inscription : *Opus Francisci et Dominici filii de Blasiis fonditorum romanorum.* La seconde conserve l'inscription primitive qui figurait sur la pièce du xiii° siècle qu'elle a remplacée. On y lit à la suite :

Opus Petri de Blasiis. Roma. A. D. MDCCLV. Sur la cloche de l'église San Silvestro, à Rome, est gravée la légende : *In honorem B. M. V. de Monte Carmelo et San Marno rifusa A. D. MDCCLXXVI. Opus Francisci de Blasiis fond. Romæ.* — Campori, *Gli artisti estensi;* — Barbier de Montault et Didron, *Annales archéologiques.*

Blavier (Émile-Victor), sculpteur, élève de Toussaint, de Calmels et de Mæunch (xixᵉ siècle). La Devineresse, groupe en bronze; — portrait de M. Tournachon, buste en bronze. (Salon de 1857.) Le Départ et le Retour, deux statuettes en bronze. (Collection San Donato, 1870.)

Blener (Hans). Cloche à Steindorf, près Althegnenberg, en 1467. — Otte, *Glockenkunde.*

Blews (W. et fils), fondeurs de Birmingham (xixᵉ siècle). Cloches de Saint-Michel à Betchworth. — *W. Blews and sons founders Birmingham, 1876.* — Stahlschmidt, *Bells of Surrey.*

Blithe (Peter de), maître fondeur établi à Londres (1335-1353). Les rôles de la bourgeoisie de la Cité de Londres mentionnent aussi, en 1356, Robert de Blithe, brazier (maître chaudronnier). — Stahlschmidt, *London bells founders.*

Block (Jan), maître fondeur (xviᵉ siècle). — Voir à **Berckhof (Lucas)**.

Blœser (Gustav), sculpteur (xixᵉ siècle). Statue équestre de Frédéric-Guillaume IV, pour le pont de Cologne; de Frédéric-Guillaume IV, au château de Hohenzollern; du bourgmestre Franke, à Magdebourg.

Blome ou **Blume** (**Arndt**); fondit, en 1524, une cloche pour l'église de Linde. — Mithoff, *Künstler und Werkmeister;* — Otte, *Glockenkunde.*

Blome ou **Blume** (**Hans**); a fondu diverses cloches en 1439 pour l'église Saint-Martin d'Halberstadt; en 1448, pour Saint-Martin de Heiligenstadt, et, en 1454, pour le dôme d'Halberstadt : *Me fecit Hans Blome hic pendeo to dem dome, non campanari nec campana vocitari, sed debeo horas per me discutere cunctas, 1470.* — Trautmann, *Kunst;* — Otte, *Glockenkunde.*

Blondeau, maître fondeur à Dijon, chargé de faire les moules de deux canons qu'il devait livrer au gouverneur du château, reçut défense de terminer ces moules sans un ordre exprès du roi (1652). — *Inventaire des Archives communales de Dijon.*

Blondel (**Regnier**), maître fondeur bombardier à Arras (XVIᵉ siècle). Au musée de la porte de Hal, à Bruxelles, existe un canon portant l'inscription : *Me fecit Atrebatij Regnierus Blondel, 1558; —* Mortier de pharmacie signé : *Regnier Blondel m'a faict, 1887.* (Coll. J A et J... 1886.)

Blondel passa marché, en 1575, avec les échevins de la ville de Lille, pour la fonte de neuf cloches formant l'octave harmonique. — Bérard, *Dictionnaire.*

Blondet, maître fondeur; livra, en 1667, vingt contre-cœurs de cheminées pour les Tuileries; c'étaient vraisemblablement des reproductions d'un modèle fait par Philippe Caffieri. — Guiffrey, *Comptes des bâtiments du roi.*

Bloquelet (**Jehan**), fit, en 1429, plusieurs fournitures d'artillerie à la ville de Cambrai. — *Comptes de la ville* (communication de M. L. Larchey).

Blot et **Drouard**, fabricants de bronzes (imitation), à Paris (époque contemporaine). Ils ont envoyé à diverses expositions des cartels exécutés sur les dessins des frères Robert; un Coq de bruyère d'après Comolera; des sujets de chasse par Pfeiffer; Ronde italienne d'après Carrier-Belleuse; l'Été et l'Hiver, Psyché, Hébé d'après Dumaige; une Amazone, les Augures d'après Guillemin; vases et buires de Duponchel; lampadaires et guéridons de Levillain. Les collaborateurs de cette maison récompensés à l'exposition de Vienne (1873) sont MM. Armand Petit, Duponchel, Guillemin, Nainer.

Boc (**Nicolas**), de Brunswick. Cloche pour Dorna, près Mulhausen (1471). — Otte, *Glockenkunde*.

Bocaro (**Manuel Tavares**), fondeur de l'artillerie portugaise, à Macao. La Tour de Londres conserve deux bouches à feu conquises sur les Chinois, qui proviennent des Indes portugaises. Elles offrent les armoiries de ce pays avec une croix et l'inscription placée dans un cartouche : *Da cidade de nome de Deos da China (Macao) Manoel Tavares Bocaro afes aº, 1627; — S. Tilafoco; — S. Lovreco.*
Deux pièces semblables avec la même signature et les noms : S. Antonio et S. Miguel, sont à l'arsenal de Woolwich. Sur une troisième pièce, *Per or de do capita o ceral de Macao Manoel Tavares Bocaro afes, 1651.* — John Hewitt, *Catalogue of the Tower armories ; — Catalogue of Museum of artillery Woolwich.*

Bocaro (**Pedro Diaz**), fondeur de l'artillerie portugaise. Le musée de la Tour de Londres possède un

canon pris à Hyderabad en 1843 et offert par la
Compagnie des Indes, qui avait été primitivement
exécuté pour les provinces de l'Inde soumises au Portugal. On y lit : *Da cidade de Chavi P° Diaz Bocaro
me fez 1594.* Sur le fût de la pièce sont les figures en
relief de la Vierge, de saint Pierre et de saint Paul. —
John Hewitt, *Catalogue of the Tower armories.*

Bodeker (Jost), fondeur à Havelberg; cloches pour
Pessin et pour Retzow (1599). — Otte, *Glockenkunde.*

Bodenehr (Gabriel), mécanicien et fondeur à
Augsbourg (1673-1765). Il imagina un chariot se diri-
geant au moyen d'une manivelle et supportant une
pièce d'artillerie avec les hommes qui la servaient.
Il a publié une gravure représentant cet engin. —
Anzeiger des Germanischen Museums, 1883.

Bodo; a coulé, vers 1216, deux cloches pour l'église
de Herringen et une autre pour Deutz-Cologne. Il a
inscrit sur l'une : *S. A. † Sanctus Victor † Bodo nos
fundebat.* Sur la seconde, est la même légende accompagnée de la date *1216.* — Mithoff, *Künstler und
Werkmeister;* — Otte, *Glockenkunde;* — *Anzeiger des
German. Museums* (1864).

Bodri (Jean). Cloche de Montreuil-sous-Bois :
1603, Sancte Petre ora pro nobis. Joannes Bodri
(Beaudry?) *me fecit.* — De Guilhermy, *Inscriptions du
diocèse de Paris,* t. III.

Bodts (Nicolas). La collection du baron de Theïs,
vendue en 1874, renfermait un bas-relief rectangulaire,
représentant Vénus, Adonis et les Amours, sur le
champ duquel on lisait : *N. Bodts* (xviiᵉ siècle).

Bogdane, maître fondeur de l'artillerie russe (xviᵉ siècle). Il a fondu, en 1566, pour Iwan Wassiliewitch, un canon conservé à l'arsenal de Saint-Pétersbourg. — Marion de Brettes et Correard, *Bouches à feu.*

Bogdanof. A été chargé, en 1819, de diriger les travaux de fonte de la grosse cloche de Moscou, pesant 115,000 livres et haute de 20 pieds, qui est placée dans le beffroi de Saint-Yvan, au Kremlin. Cette cloche est ornée des figures en relief du Christ, de la Vierge, de saint Jean et, plus bas, de celles de l'empereur Alexandre, de l'impératrice et des grands-ducs Constantin, Nicolas et Michel. — *Magasin pittoresque*, t. III.

Böhm (**Johann**), maître fondeur; a travaillé à Naumburg au xviiiᵒ siècle. — Otte, *Glockenkunde.*

Boichot (**Guillaume**), sculpteur, né à Châlon-sur-Saône en 1735, élève de l'école de Dijon, mort en 1814.
Il a modelé quatre sujets des bas-reliefs en spirale de la colonne de la Grande-Armée (1806). Il avait fait plusieurs esquisses de figures pour la décoration du Panthéon (1795). — Bellier de la Chavignerie, *Dictionnaire des artistes.*

Boileau, rue Saint-Honoré, potier d'étain du roi. — *Almanach Dauphin*, 1777.

Boiset (**Jean**), fondeur à Arras (xvᵉ siècle). — Voir à **Magret Dimanche**.

Boitet (**Isidore-Romain**), sculpteur à Paris (1812-1861), élève de David d'Angers et de Pradier. Œuvres principales : l'Enfant Jésus, buste en bronze (Salon de 1844); fontaine de la rue de Turenne, modèle d'une figure d'enfant coulée en zinc (1846); Jeune Fille jouant avec des colombes, statuette appartenant à la maison

Février (Salon de 1848; le Printemps, statue (Salon de
1852); buste du général Petit, au musée de Versailles
(Salon de 1853). Une répétition en bronze de ce buste
a été placée sur le tombeau du général, au cimetière
Montmartre. — Bellier de la Chavignerie, *Dictionnaire*.

Boizot (Louis-Simon), sculpteur attaché à la manufacture de Sèvres, élève de Michel-Ange Slodtz, né à
Paris en 1743, mort en 1809. Il était fils d'Antoine
Boizot, dessinateur de la manufacture des Gobelins.
Buste de Joseph Vernet, bronze (Salon de 1783). Boizot
a travaillé pour l'industrie et modelé quantité de morceaux destinés à être exécutés en bronze. Le plus connu
est la pendule offerte au duc de Mortemart (?) par la ville
de Lyon, sur laquelle est un groupe représentant la
jonction du Rhône et de la Saône. Cet ouvrage, ciselé
par Gouthière, porte l'inscription : *Boizot fils sculpsit.*
— *Exécuté par Gouthiere cizeleur et doreur du Roy à
Paris, quay Pelletier à la Boucle d'or 1771.*
Il avait exécuté, pour l'ancienne église de Saint-
Sulpice, « une cuve baptismale en bleu turquin, de
5 pieds de diamètre, supportée par quatre consoles
ornées de bronzes ; le dessus de la cuve est orné de
deux coquilles liées par des guirlandes au socle de
bronze qui sert de base à un vase de bronze vert contenant le sel et le saint-chrème. Deux enfants placés
auprès du vase tiennent, l'un une guirlande, et l'autre
un plateau pour recevoir les vases. Toute la décoration
est de Boizot, sculpteur du roi. » — Thiery de la Chapelle, *Guide de l'amateur*.
Il fut chargé, en 1807, de décorer la colonne érigée
sur la place du Châtelet. Ce monument est surmonté
d'une statue de la Victoire en plomb doré ; il était
accompagné de quatre statues allégoriques en pierre et
de quatre cornes d'abondance terminées par des dau-

phins de bronze. Ces derniers ornements sont aujourd'hui disparus.

Dix-huit sujets de la spirale de la colonne de la Grande-Armée ont été modelés par lui. — Voir à **Delaistre**. — *Inventaire des richesses d'art de la France ; Paris, édifices civils.*

Bolbyser (**Henrich**), fondeur en cuivre rouge ; a coulé, en 1502, des pièces d'artillerie pour la ville de Breslau. — *Anzeiger du Musée germ. de Nuremberg*, 1883.

Boldu (**Giovanni**), peintre et médailleur vénitien (xv° siècle). Ses médailles sont signées : *Opus. Ioannis. Boldu. pictoris* (1457 à 1466). Il a également ciselé des plaquettes de bronze. — Armand, *les Médailleurs italiens.*

Bolgi (**Andrea**), sculpteur, né à Carrare en 1605 ; étudia dans l'atelier de Pietro Tacca, où il apprit à tailler le marbre et à fondre le bronze. Il concourut à l'exécution des quatre esclaves de bronze qui décorent le piédestal de la statue placée sur le môle de Livourne. Il alla ensuite à Rome et se mit sous la direction du Bernin, qui l'attacha à la décoration de Saint-Pierre du Vatican. Ayant excité la jalousie des autres sculpteurs qui travaillaient dans cette basilique, il accepta les propositions qui lui étaient faites pour l'exécution de divers monuments érigés à Naples, et il mourut dans cette ville en 1656. — Campori, *Artisti di Carrara.*

Bollée (**J. B.**), maître fondeur, et son confrère **Petitfour** ont coulé la cloche de Saint-Gratien (Seine-et-Oise) et l'ont datée de 1783. Bollée et Dubois (C.)

ont fondu, en 1762, la grosse cloche d'Avranches. La cloche de l'église Saint-Benoit-sur-Seine (Aube) porte l'inscription : *Anno Dni 1779... I. D. Bollée, I. F. Michaud et C. Petitfour nos fecerunt.* — De Guilhermy, *Inscriptions du diocèse de Paris;* — Fichot, *Statistique de l'Aube.*

La fonderie Bollée a produit des pièces nombreuses de fonte pour les clochers d'église depuis le xvi° siècle. E. Bollée, représentant actuel de cette maison, a composé des carillons pour diverses églises, notamment à Notre-Dame de Châlons-sur-Marne, à Saint-Jacques de Châtellerault, à Bordeaux. Il a exposé, en 1878, un carillon destiné à la cathédrale de Perpignan, qui est composé de quarante-deux cloches. — Farnier, *Notice historique sur les cloches.*

Bologne (Jean), sculpteur, né à Douai (1529), mort à Florence (1618). Il passa la majeure partie de sa vie à Florence et devint le plus célèbre représentant de la sculpture italienne dans la seconde moitié du xvi° siècle. Bien qu'il ait souvent travaillé le marbre, son talent, plein de verve et de facilité, s'accommodait mieux de la fonte en bronze. De là provient le nombre prodigieux des compositions modelées par lui, dont nous citerons seulement les principales.

Un de ses premiers ouvrages fut un groupe de deux Enfants pêcheurs jouant à l'hameçon, exécuté en 1559 pour le casino des Médicis, à San Marco.

Il fut appelé ensuite à Bologne et y modela une fontaine monumentale, qu'il avait tout d'abord destinée à l'une des places de Florence. Le marché pour l'exécution fut passé en 1560; le travail dura trois années et entraîna une dépense totale de 15,000 écus d'or. Cette fontaine, dont le dessin est dû à Pietro Laureti, comprend un soubassement aux angles duquel sont placées quatre figures de sirènes ; sur la corniche du socle, sont quatre figures d'Enfants jouant avec des dauphins et séparées par des têtes représentant les vents. Au sommet, se dresse la figure colossale de Neptune avec le trident. Une esquisse en bronze de cet monument existe au musée national de Bologne. La fonte, qui est excellente, fut confiée à Zanobi Portigiani.

Pendant son séjour dans cette dernière ville, il envoya deux petits Dieux termes de bronze au duc François de Médicis. Il avait fait, vers 1574, pour le jardin des Acciajuoli, à Florence, cette statue de Mercure volant, si légère de mouvement, qui, après avoir décoré les jardins de la villa Médicis, à Rome, est maintenant à Florence dans le musée national du Bargello. On en connaît plusieurs répétitions contemporaines, fondues sans doute sous les yeux du maître ; il en existe une au musée du Louvre, qui figurait depuis longtemps dans les jardins du palais de Compiègne.

Le piédestal du beau groupe en marbre de la Loggia, représentant l'enlèvement d'une Sabine, est décoré d'un bas-relief de bronze retraçant un épisode du rapt des compagnons de Romulus. Le musée national de Naples en possède l'esquisse première ; une reproduction du même modèle, attribuée au maître, est également au musée du Bargello. Robert Walpole en possédait, à Houghton, une répétition qui lui avait été donnée par Horace Mann.

On voit, dans le vestibule d'entrée du palais des Uffizi, une statue de Mars de deux mètres de hauteur, qui n'est pas classée parmi les bonnes œuvres de Bologne.

Il exécuta, en 1594, sous la direction de Bernardo Vecchietti, la statue équestre de Cosme Ier, érigée sur la place de la Seigneurie et fondue par Albergeti, Les bas-reliefs du piédestal représentant : la Seigneurie

appelant Cosme au gouvernement; le Couronnement
de Cosme Ier; l'Entrée triomphale du grand-duc à
Florence, et une inscription commémorative. Ce souverain lui avait commandé une seconde statue équestre
en l'honneur de Ferdinand de Médicis, mais Bologne
mourut avant son achèvement, et Pietro Tacca la
termina en suivant l'esquisse originale du maître.

Il plaça, sous l'obélisque de la place de Santa Maria
Novella, quatre tortues en bronze servant de supports,
et il termina, en 1602, la belle statue de saint Luc
pour l'oratoire d'Or San Michele, statue qui fut fondue
par Albergeti.

La décoration de la chapelle des Salviati, à San
Marco de Florence, lui fut confiée par le grand-duc.
Les ornements principaux qu'il fit entrer dans cet
ensemble sont : la statue couchée de saint Antonin,
fondue par Dominico Portigiani; un ange de bronze
surmontant le fronton; deux petits anges placés au-
dessus de l'autel, et six bas-reliefs de bronze encastrés
dans le piédestal des statues de saints exécutées en
marbre. Deux candélabres d'un beau travail complè-
tent l'aspect de cette chapelle. Tous ces ornements
sont exécutés par Portigiani; sur l'une des statues, on
lit l'inscription : *Opus Johannis Bolognæ Belgæ.*

Il fut chargé également de la décoration de la chapelle del Soccorso à l'Annunziata, où il fut inhumé. Il
y plaça sur l'autel un admirable crucifix, et six bas-
reliefs de bronze encastrés dans les piédestaux des
statues de marbre représentant des saints.

La chapelle des Médicis, à San Lorenzo, possède de
lui un petit crucifix de bronze. Dans la grande chapelle de la même église est une statue en pied de
bronze doré, terminée par Pietro Tacca et représentant
Ferdinand Ier.

Pour Castello, il modela une Baigneuse devant surmonter une fontaine publique et deux oiseaux destinés à la grotte de l'orangerie de la villa.

Le travail le plus important qu'il ait accompli lui fut commandé pour la cathédrale de Pise, dont les trois portes de la façade principale avaient été détruites par un incendie. De ces trois portes, celle du centre avait été fondue en 1180 par Bonano, de Pise; la seconde avait été donnée par Godefroy de Bouillon et représentait des sujets de la vie du Christ, avec des figures rehaussées d'argent; la dernière avait été rapportée, en 1114, de Majorque.

Bologne représenta, dans les huit panneaux de la Porte centrale, les épisodes de la vie de la Vierge; les bas-reliefs de la porte de gauche retracent la vie de Jésus-Christ, et ceux de l'ouverture de gauche, la Passion de Jésus-Christ. Ces vingt-quatre tableaux forment, par leur ensemble, l'un des monuments de bronze les plus importants du xvi° siècle; ils sont encadrés de guirlandes de fleurs, de fruits et de feuillages et de têtes de jeunes femmes avec les armes des Médicis à ia partie supérieure. Bologne eut recours aux creusets de Portigiani pour l'exécution de cette œuvre; les cires des bas-reliefs furent retouchées par Gregorio Pagani.

Pour l'intérieur de la même cathédrale, il produisit, avec une ardeur infatigable, deux statuettes de Jésus et de saint Jean, un crucifix de bronze placé sur le maître-autel et deux anges porte-lumières.

La famille Grimaldi, de Gênes, lui avait demandé, en 1575, pour sa chapelle, un crucifix, aujourd'hui perdu, avec six statues représentant la Justice, la Charité, la Tempérance, la Foi et l'Espérance, et enfin, sept bas-reliefs dont les sujets étaient empruntés aux scènes de la Passion et six petits anges couchés. Depuis la démolition de la chapelle Grimaldi, ces sculptures sont placées dans la chapelle de l'Université de Gênes.

Des souverains étrangers, attirés par sa renommée, lui fournirent de nouvelles occasions de manifester son talent. Le roi d'Espagne, Philippe III, reçut une fontaine surmontée d'un superbe groupe de Samson combattant un Philistin, qui fut donné plus tard au duc de Lerme, et ensuite au duc de Marlborough, qui le fit placer à Blenheim-Palace. Le grand-duc lui commanda une statue équestre de Philippe III, dont l'exécution, interrompue par sa mort, fut confiée à Pietro Tacca et terminée en 1616.

Le roi de France Henri IV lui avait demandé, en 1604, sa statue équestre, qui eut le même sort, et qui fut exécutée par Tacca pour le Pont-Neuf, à Paris. Elle a été détruite en 1792.

En 1598, le cardinal de Séville reçut, du grand-duc, une statue destinée à être placée sur son tombeau, et un crucifix de bronze, dont on ne retrouve plus la trace. Ce dernier ouvrage était une répétition du Christ qui se voit sur le maître-autel de la cathédrale de Pise. Après les crucifix de la chapelle del Soccorso, de Pise, de l'église San Lorenzo, Jean Bologne en produisit plusieurs autres, parmi lesquels sont ceux de la villa del Riposo, répétition du crucifix de San Lorenzo, de l'Impruneta, du séminaire de Castello, de Colle in val d'Elsa, et enfin ceux du duc de Bavière et de Dresde. L'Argenteria du palais Pitti possède un Calvaire dont les deux exemplaires sont en or et en bronze, et la comtesse de Lemos, sœur du duc de Lerme, reçut, en 1613, un crucifix et quatre Évangélistes fondus sur les modèles du sculpteur.

On a vu pendant longtemps, au château de Meudon, une grande statue d'Esculape assis, qui était attribuée à Bologne et qui a disparu pendant la période révolutionnaire.

Une des œuvres les plus colossales que la sculpture

ait réalisées décore la villa de Pratolino, près de Florence. C'est une figure de Jupiter Pluvius, placée sur une des collines détachées des Apennins. L'exécution de cette statue gigantesque absorba longtemps l'atelier nombreux que dirigeait Jean Bologne. Malgré la fragilité de la matière dont il est composé, ce géant impressionne vivement par la grandeur de sa conception.

Bologne a modelé peu de portraits. On lui a attribué le buste du musée du Louvre portant son nom, et qui a été exécuté par Pietro Tacca dans les dernières années de la vie du grand artiste. Un autre existe dans la casa Buonarroti, à Florence. On croit retrouver sa main dans six petits bustes d'empereurs romains de la villa de Poggio Imperiale, près de Florence.

La série des groupes et des statuettes exécutés par lui ou d'après ses compositions est immense. On ne pourrait la dresser sans entreprendre un catalogue interminable, dont la plupart des pièces soulèveraient des difficultés d'attribution. Nous nous contenterons de mentionner un grand groupe de Déjanire commencé en 1590 et coulé seulement après sa mort; il en **existe** une belle réduction à Saint-Pétersbourg, et d'autres, moins voisines du maître, dans diverses collections, notamment à Dresde.

Six statuettes du musée du Bargello représentant : Vulcain (cette figure est attribuée à Vincenzo de Rossi); Vénus, Cupidon, Apollon et Vénus; une Vénus accroupie s'essuyant, marquée du monogramme I. B. F., et une autre sortant du bain, pièces dont il existe des exemplaires exquis; la Géométrie; Hercule gladiateur; une Vénus-Uranie de bronze doré, au palais de Vienne, porte l'inscription : *Gio. Bolonge.*

M. Viardot signale une belle figure de Faune, conservée au musée de l'Ermitage.

L'église de Colle in Val d'Elsa possède un beau lutrin de bronze haut de près de trois mètres, représentant un palmier avec des figures et des ornements.

On lui attribue trois figures de singes supportant une vasque de fontaine dans le jardin Boboli, à Florence.

Le cabinet des Gemmes, aux Uffizi, conserve des statuettes et des bas-reliefs en or et en argent qui semblent avoir servi de modèles aux bronzes reproduisant les compositions de Bologne, que l'on rencontre si fréquemment dans les grandes collections depuis le xvii° siècle. On y voit aussi une suite de bas-reliefs représentant les travaux du duc François I*, qui devaient être placés sur un stipo d'ébène d'une richesse incomparable. Les épreuves en or se voient près des modèles en cire et en bronze.

Le sculpteur se plaisait à la reproduction des oiseaux; le musée du Bargello en a recueilli plusieurs d'une belle exécution, de même que le Louvre et quelques autres collections publiques. — De Reiffenberg, *Mémoires sur les artistes des Pays-Bas;* — Desjardins, *Jean Bologne;* — L. Courajod, *les Collections du cardinal de Richelieu;* — L. Courajod, *le Buste de Jean Bologne au musée du Louvre.*

Bolognoni (Giovanni Battista), sculpteur (1740); a laissé un buste en bronze du pape Benoit XIV sur l'une des portes de l'un des édifices de Bologne. — Fortnum, *Catalogue des bronzes du South Kensington Museum.*

Bonaccino (Antonio), sculpteur et graveur en médailles, à Venise (xvii° siècle). Au musée Correr, existe un médaillon de bronze ciselé représentant la lutte entre les Castellani et les Nicolotti de Venise, signé *Anto. Bonacino feci. MDCLXXXIII.* — Lazari, *Catalogo della Racolta Correr.*

Bonamici (**Bartolomeo**), maître fondeur d'artillerie à Massa en 1563. — Campori, *Artisti di Carrara.*

Bonamico de Pise, maître fondeur ; a jeté en bronze (1329) plusieurs sculptures modelées par Andrea Pisano. — Semper, *Donatello.*

Bonano de Pise, sculpteur - fondeur - ciseleur (xiiᵉ siècle). Il a exécuté, en 1186, les magnifiques portes de bronze ornées de bas-reliefs représentant des sujets de l'Ancien et du Nouveau Testament, de l'entrée principale de la cathédrale de Monreale, près de Palerme. Elles portent l'inscription : *Anno domini 1186 indictione III : Bonanus civis pisanus me fecit.*

Il avait enrichi les panneaux de la Porta Maggiore de la cathédrale de Pise, de bas-reliefs empruntés à la vie de la Vierge et incrustés d'argent. L'œuvre de Bonano fut détruite par le feu et remplacée par Jean Bologne, ainsi que les deux autres portes contemporaines. On y lisait : *An. MCLXXX Ego Bonannus Pisanus. mea. arte. Hanc. portam. uno. anno. perfeci. tempore. Benedicti. operarii.* Bonano exécuta, l'année suivante (1181), les portes de l'église de Saint-Martin de Lucques. — Mortillaro, *Guida di Palerma ; Bulletin monumental,* année 1843.

Bonavere, maître fondeur de Pise (xiiiᵉ siècle). Son nom se trouvait gravé sur une cloche de l'église San Matteo (à Pise ?) : *Magistro Bonavere MCCLXXXII.* — Morrena, *Pisa illustrata.*

Bonbon (**César**) et **Rosier** (**Jean**), maîtres fondeurs, ont coulé, en 1693, la cloche de la *Retraite,* pour la cathédrale de Strasbourg. Ils ont également exécuté beaucoup de sonneries pour les églises de l'Alsace. — Farnier, *Notice historique sur les cloches.*

Bonheur (**Isidore**), sculpteur et peintre, élève de Raymond Bonheur, né à Bordeaux en 1827. M. Bonheur a modelé plusieurs groupes d'animaux qui ont été coulés en bronze : un Cheval; Gazelles, groupe (Salon de 1853); Zèbre attaqué par une panthère (Salon de 1855); un Taureau et un Ours (Salon de 1857); Chien et brebis (Salon de 1859); Étalon anglais (Salon de 1863); Taureau, figure en bronze (Exposition de Bordeaux, 1858), au musée de cette ville; un Jockey (Salon de 1864); deux Taureaux destinés au palais du sultan, à Constantinople (modèles au Salon de 1865); un Postillon, groupe (Salon de 1866); Dromadaire (Salon de 1868); deux figures de lion pour un des guichets du nouvel Hôtel de ville, sur la place Lobau, fondues par Thiébaut. — Bellier de la Chavignerie, *Dictionnaire.*

Bonheur (Mlle **Rosa**), peintre, élève de Raymond Bonheur et de L. Cogniet, née à Bordeaux en 1822. Mlle Bonheur a modelé plusieurs figures d'animaux qui ont été traduites en bronze : un Bœuf; un Taureau; une Brebis (Salon de 1848).

Bonjour (**Jean**), ouvrier de cuivre à Dijon, (xve siècle). Guy Gélinier lui marchanda, en 1430, la façon de six pieds et demi de lames de laiton d'un demi-pied de large, à 9 blancs la livre, pour une plaque funéraire qu'il fit graver pour Guillaume Morey. (Voir à Morey.) — Garnier, *Inventaire des Archives de la Côte-d'Or.*

Bonnard (**Henry**), fondeur, d'origine française, a créé une maison importante à New-York (États-Unis), (xix⁰ siècle). Il est chargé actuellement d'exécuter la décoration de la sépulture de la famille Van der Bilt. — *Journal des Débats*, 20 décembre 1885.

Bonnassieux (Jean), né à Pannissières (Loire), en 1810, élève de A. Dumont. Statue de Las Cases pour la ville de Lavaur; deux bas-reliefs ornent le piédestal; le modèle est au musée d'Angers (Salon de 1864). Statue de la Vierge, haute de 16 mètres, érigée en 1860 sur la colline du Mont-Corneille dominant la ville du Puy. Le métal, pesant 150,000 kilogrammes, fut fourni par le Gouvernement, qui concéda une partie des bouches à feu provenant de la guerre de Crimée. La fonte fut opérée par M. Prenat, de Givors, qui s'adjoignit MM. Fournier. M. Bonnassieux fut choisi pour ce travail à la suite d'un concours ouvert en 1853. — Francisque Mandet, *Histoire du Velay*, t. VI.

Bonnebroque (Pierre); vendit, en 1427, à la ville de Douai, un canon de cuivre mis en l'artillerie de la ville, VI l. XVIIj s. — *Comptes des dépenses de la ville* (communication de M. Larchey).

Bonnière, maître fondeur à Paris; reçut défense de travailler sans la surveillance des jurés fondeurs (3 septembre 1756); il s'était associé avec l'ébéniste Marchand et lui fournissait les cuivres dorés nécessaires à l'ornementation de ses meubles. — *Statuts des ciseleurs-doreurs.*

Bonny (Jehan de), ymaginier (xvi⁰ siècle). Il a travaillé pour la cathédrale de Rouen et pour le château de Gaillon.

« A Jean Bonny pour avoir fait un saint Jean pour asseoir au pavillon du château, XII l. » (Cette statue fut fondue en cuivre par Jean Hellot, de Rouen, 1508.)

« A Hans de Bony, ymaginier, pour avoir fait ung monstre, une Mélusine et des anges de bois, XXVIII l. » (1508.)

« A Jehan de Bonny pour XV têtes de serf de bois, XVIII l. »

« A Jehan de Bony pour avoir fait la façon du saint Georges qui sera assiz sur la grant viz, par quictance du XX° avril V° neuf XX liv. » (Ce saint Georges fut fondu en cuivre par Nicolas Mauger, aidé par Jacques Billon et ensuite par Jean Helot.) — Deville, *Comptes des dépenses du château de Gaillon.*

Bonsergent, maître doreur (xvii° siècle); exécuta, avec Pierre Noël, la dorure des enfants et des ornements de bronze placés sur les sphinx de marbre de Lérambert, dans les jardins de Versailles. — Guiffrey, *Comptes des bâtiments royaux.*

Bonsignore, sculpteur (xv° siècle); a modelé les quatre figures placées sur le portique de la cathédrale de Ferrare, jetées en bronze par Baroncelli. — 1454. « M^ro Bonsignore per tirare in ovra quattro figure di metallo. » — Citadella, *Notizie ferraresi.*

Bontemps (**Pierre**), « maître sculpteur, bourgeois de Paris, l'un des meilleurs artistes français du xvi° siècle.

« A Pierre Bontemps imager pour avoir vacqué à réparer la cire de l'une des pièces d'un des costés du pied dextre de la figure du Tibre prêt à jetter en cuivre à la fonte et besongner aux reparemens de la figure du Laocon et l'un des bras de la figure d'Apollo, à raison de 20 l. par mois.

Autre paiement fait à Bontemps pour la réparation de la figure de Laocoon et de ses deux enfants :

« A Pierre Bontemps imager pour avoir vacqué tant

un reparement de la figure du Laocon en cuivre que a mousler en cire les mousles pour jeter et fonder en cuivre les deux longues pièces de basse-taille pour servir aux deux costés de revestement et ornement de la figure du Tybre à raison de 20 l. par mois.

« A Pierre Bontemps pour avoir vacqué à rabiller la figure de Vulcan faitte pour sonner les heures dudit grand horloge, que a la façon et reparement du mousle de cire pour l'un des bras de la figure d'Apollo, à raison de 20 l. par mois. » — De Laborde, *Comptes des bâtiments du roi, 1540-1550.*

Bontemps avait fait marché avec Philibert Delorme, en 1552, pour la sculpture du tombeau du roi François Ier, dont il devait fournir tous les modèles en terre. — De Laborde, *Comptes des bâtiments du roi.*

Bon Valet, canonnier demeurant à Dijon (1471); reçut 37 fr. 11 gros pour deux serpentines de fer garnies chacune d'une chambre de cuivre. — *Inventaire des archives municipales de Dijon.*

Bonvicino; a modelé, en 1601, deux figures de lions destinées à la décoration de la Sedia de Saint-Pierre du Vatican et fondues par Gregorio de Rossi. — Bertolotti, *Artisti modenesi.*

Boquet (Simon-Louis), sculpteur, né à Paris en 1750, agréé à l'Académie en 1786. Il fut nommé dessinateur des Menus-Plaisirs. Le Cabinet des estampes conserve un recueil de dessins contenant des costumes faits pour la reine et pour la cour. D'autres ont été commandés pour l'Opéra. A la suite se trouvent plusieurs projets de torchères soutenues par des figures d'enfants, pour la galerie de Versailles, des modèles de pendules-cartels, exécutés en bronze, et des projets

de sofas, de banquettes et de canapés pour le duc
d'Aumont.

Boquet exposa aux Salons divers projets ou esquisses
de monuments : (1798) une figure de bacchante destinée
à décorer une pendule; (1799) des projets de monument et de tombeau; (1812) projet de fontaine pour
la cour du Carrousel.

Il a modelé six sujets des bas-reliefs composant la
spirale de la colonne de la Grande-Armée (1806).

Borchart von Stenhem; cloche de Northeim,
fondue en 1445 avec Mathias de Northeim. — Mithoff,
Künstler.

Borcherdes (Hans); a fondu, vers 1500, une cloche
à Langenholzen. — Mithoff, *Künstler und Werkmeister*.

Bordoni (François), sculpteur et fondeur florentin
(xviiᵉ siècle), élève de Jean Bologne et de Pietro Tacca;
il épousa la fille de Pierre de Francheville et suivit
son beau-père à Paris, quand celui-ci vint terminer la
statue de Henri IV. Il fut nommé sculpteur ordinaire du
roi, acheva les quatre statues d'esclaves imaginées par
Francheville pour orner le piédestal et grava, sur chacune d'elles, une inscription qui se répète sans chan-
gement important : *A Petro Francavilla camarcensi
inventum et inceptum. Franc. autem Bordoni florent.
eius gener perfecit Lutetiæ an. Domini MDCXVIII.*
Ces quatre statues ont survécu à la destruction du
monument et sont conservées au musée du Louvre.
Bordoni avait exécuté également deux des bas-reliefs de
bronze qui décoraient le piédestal de la statue équestre
de Henri IV.

Il eut un fils, Pietro Bordoni, dont le nom fut fran-
cisé en celui de Bourdon, qui devint premier sculpteur

et valet de chambre du roi et obtint un logement dans le palais des Tuileries. — Jal, *Dictionnaire critique.*

Bordoni a fait un nombre considérable de réductions d'après les compositions de Jean Bologne. — Baldinucci, *Vite di Pietro Tacca e di Francavilla.* — *Catalogue du musée du Louvre (sculptures du Moyen-Age et de la Renaissance).*

Borghino (Evangelista), maître fondeur d'artillerie, né à Gênes, engagé au service de la République de Lucques (1620). Il était petit-fils de Vincenzo Gioardo, l'un des meilleurs bombardiers du xvii° siècle, qui dirigeait l'arsenal de Lucques. Son nom est inscrit sur une pièce d'artillerie conservée à l'arsenal de Tunis : *Evan. Borghinus Genuensis nepos Giovardi f. A. D.* MDCXX. — Angelucci, *Una Missione a Tunisi.*

Borgognoni (Annibale di Pietro), de Trente, célèbre fondeur de l'artillerie des ducs Hercule II et Alphonse II de Ferrare. Il resta à leur service de 1539 à 1567. Un bombardier, nommé Aloïso Borgognone, est mentionné dans les archives de Ferrare, sans que l'on sache s'il était parent d'Annibale. Ce fondeur fut fréquemment appelé par divers princes de l'Italie et de l'étranger pour couler d'admirables canons qui n'existent plus actuellement, et qui pouvaient lutter avec les fontes vénitiennes des Albergeti. L'artillerie d'Alphonse II était citée comme la plus belle de l'Europe. Ce canonnier est qualifié, dans un acte contemporain, de Burgundionus vel de Burgundia; il est aussi appelé Annibale Alemanno. Annibale et son frère Odorico obtinrent, en 1556 et 1558, des lettres de bourgeoisie à Ferrare.

M. Angelucci a publié un curieux inventaire de l'artillerie du duc Hercule II, dans lequel sont décrites un

grand nombre de belles pièces fondues par Annibale.
La plus remarquable était *la Regina,* double cou-
levrine aux armes ducales, datée de 1556; une repro-
duction gravée en existe au musée d'artillerie de Turin.
On y lit les inscriptions : *Annibal Borgognone; —
Her. II. Ferr. Mut. Reg. IIII. Carnut Dux. I. MDLVI.*

Un second canon, conservé au même musée, est
orné de feuilles d'acanthe ciselées; il porte les armes
des ducs d'Urbin, au-dessous desquelles on lit : *GV.
VB. II. VRB. DVX. IIII. MDLXV.* Sur la culasse,
est la signature du fondeur : *Annibal Borgognon f.*

En 1567, des gentilshommes d'Urbin étant venus
visiter l'arsenal de Ferrare, Borgognone, voulant leur
montrer une pièce, y introduisit une lumière qui
enflamma la charge et tua plusieurs personnes, parmi
lesquelles son aide Camillo Urbino. Lui-même fut
blessé grièvement.

Un autre fondeur nommé Domenico Borgognoni,
vivait à Modène en 1568 et Zani cite un fondeur de
canons, Alfonso Borgegnoni, habitant Ferrare en 1570
et mort en 1595.

Annibale fut appelé, en 1544, à Sienne, pour y couler
l'artillerie de la ville et celle du roi de France Henri II,
alliés du duc de Ferrare contre les Médicis et Charles-
Quint. Les dessins qu'il avait faits pour ces canons
furent envoyés en France comme modèles. — Angelucci,
Documenti inediti; — Cittadella, *Notizie relative a
Ferrara.*

Borguerinx (Lambert), maître fondeur, canonnier
du roi d'Espagne dans les Flandres (xviie siècle). On
trouve, dans l'inventaire de l'artillerie de la ville d'Ath
(1713), la mention de plusieurs canons de bronze aux
armes d'Espagne, des comtes de Monterey et de Salazar, fondus à Bruxelles en 1672 par ce directeur de la

fonderie royale. — Pinchart, *Archives des arts, lettres, etc.*, t. II.

Bornstedt (les), fondeurs à Magdebourg.

Clawes Bornstedt ou Bannestet, de Magdebourg, a coulé une cloche pour Calbe, dans l'Altmark (xv* siècle).

Hermann Bornstedt; (1475) lustre pour Sainte-Marie de Perleberg; (1489) cuve baptismale pour l'église de Saint-Jean, à Werben. — Otte, *Glockenkunde*.

Borny, maître fondeur et ciseleur de la Picardie (xvi* siècle); travaillait, en 1595, à la cathédrale d'Amiens. — Bérard, *Dictionnaire des artistes français*.

Borreman (Jean), sculpteur; fit, en 1509, les modèles en bois de plusieurs statues destinées à être coulées en cuivre pour l'ornementation de la cour des Bailles au palais de Bruxelles. Ces modèles comprenaient deux statues et quatre figures, d'un butor, d'un aigle, d'un lion et d'une licorne. Ils furent fondus par Renier van Thienen. — Pinchart, *Archives des arts, des lettres, etc.*, t. I⁻ᵉʳ.

Borrini (Giovanni Battista), bombardier de Ferrare; écrivait, en 1619, au duc de Mantoue et lui proposait un procédé nouveau pour la fonte de l'artillerie. — Bertolotti, *Artisti in relazione coi Gonzaga*.

Borstelmann ou **Porstelmann**; famille de fondeurs ayant travaillé à Magdebourg et à Brunswick pendant les xvie et xvii* siècles.

Heinrich Borstelmann, de Magdebourg; cloche pour Bötzow (1530).

Heinrich Porstelmann, de Brunswick; coulait, en
1546, une cloche à Calbe, dans l'Altmark.

Heinrich Borstelmann, établi à Magdebourg, exécuta,
de 1588 à 1620, des cloches pour les églises d'Aschersleben, de Calbe, de Mansfeld et de Wernigerode.
— Otte, *Glockenkunde*.

Boschetti (les frères), fondeurs contemporains, à
Rome; ils ont exécuté plusieurs reproductions de statues et notamment celle de Mercure par Jean Bologne,
et de Jules César du musée du Vatican.

Boschi (Giuseppe), fondeur-ciseleur (xviie siècle);
a placé son nom sur quelques réductions d'après l'antique. M. Jamarin possède un buste de Faune, d'après
l'antique avec l'inscription : *Ioseph Boschi fecit Romæ
1610.* — Fortnum, *Catalogue of bronzes of the South
Kensington Museum*.

Boselli (Pietro), sculpteur vénitien; a modelé les
statues de grandeur naturelle représentant les princes
de Saxe : Henri le Pieux, Auguste Ier, Christian Ier,
Anne, Catherine et Jean-Georges, mort en 1656, qui
décorent le monument funéraire de la maison de Saxe,
dans l'église de Fribourg, et sont accompagnées des
figures de la Justice et de la Charité. Au-dessous de
chacune des effigies, sont encastrées des plaques de
bronze avec les noms des membres de la famille royale
de 1541 à 1617. Cet important ensemble a été coulé
en bronze par Wolf Hilger. — Fortnum, *Catalogue of
bronzes of the South Kensington Museum*.

Boseti (?), orfèvre ou fondeur en étain; Italie
(xive siècle).

Le musée de Cluny et le musée civique de Bologne
possèdent deux exemplaires d'une salière d'étain dé-

corée de bas-reliefs représentant la Salutation angélique et la Crucifixion, qui portent la signature :
† *Bosetus. me. fecit* : † : accompagnée de deux inscriptions latines expliquant les deux sujets religieux.

Il semble vraisemblable que le mot Bosetus est la
traduction latine du nom italien : Boseti ? — Du Som-
merard, *Catalogue du musée de l'hôtel de Cluny ;* — *Catalogo del museo di Bologna ;* — de Guilhermy et R.
de Lasteyrie, *Inscriptions du diocèse de Paris,* t. V.

Bosi (**Niccolò** et **Antonio**), maîtres fondeurs ; ont
coulé plusieurs cloches à Plaisance, tantôt séparément
et tantôt réunis. Les premiers ouvrages que ces deux
frères aient datés remontent à l'année 1520, et on voit
les mêmes noms se succéder jusqu'en 1631, ce qui indique que leurs descendants avaient conservé la direction de leur fonderie. — Ambiverli, *Artisti piacentini.*

Bosio (**François**), sculpteur, né à Monaco (1769),
élève de Pajou, mort en 1815.

Il fut chargé de modeler neuf des bas-reliefs de la
spirale du fût de la colonne de la Grande-Armée.

Parmi ses ouvrages destinés à la fonte nous citerons
le groupe d'Hercule combattant Achéloüs, coulé,
en 1814, par Carbonneaux et qui est placé dans le jardin des Tuileries.

Le quadrige de l'arc de triomphe du Carrousel,
fondu par Crozatier en 1815 ; ce groupe, représentant
le triomphe de la Paix, était destiné à remplacer la
figure de Napoléon Ier et les chevaux de Saint-Marc rendus à Venise en 1815. La statue équestre de Louis XIV,
érigée sur la place des Victoires, a été fondue par Car-
bonneau ; dans le piédestal sont encastrés deux grands
bas-reliefs de bronze.

Bosio a exposé, au Salon de 1824, une statue en

marbre représentant Henri IV jeune, d'après un portrait appartenant à Alfred de Vigny, dont une épreuve en bronze argenté existait à l'Hôtel de Ville de Paris avant 1871 ; la reproduction en argent actuellement conservée au musée du Louvre porte l'inscription : *Bosio premier sculpteur du Roi. — Soyer ciseleur. — Fondu en 1824 par Odiot, orfèvre.* Autre répétition en bronze chez le prince Demidoff (1870).

Le musée d'Orléans possède deux bustes en bronze de Henri IV et de Marie de Médicis (h. $0^m,28$), par Bosio. Une autre statue en bronze d'Henri IV enfant a figuré au Salon de 1843.

Bosio a également exécuté la statue de Napoléon Ier qui surmonte la colonne érigée à Boulogne-sur-Mer. Nous citons d'après les catalogues de vente de plusieurs collections des bronzes coulés d'après divers marbres de Bosio : Narcisse couché (baron d'Ivry, 1841); buste du duc de Berry (Pourtalès, 1865); Buste du roi Jérôme et de la reine de Westphalie, pendules (San Donato, 1880). — Clarac, *Description des antiques.*

Bossetier (Jean-Olivier) refit, en 1624, le tabernacle de La Haye-aux-Bons-Hommes près Angers, « lequel y a augmenté et faict une arcade au devant, portant faces de chérubins, portée sur deulx colonnes, une petite croix au dessus et deulx poumettes aux coustetz, le tout de cuivre doré ». — Journal de Louvet: *Revue d'Anjou, 1856.*

Bötger (Andreas); cloche à Udra (1520). — Otte, *Glockenkunde.*

Both (Thomas), maître fondeur d'artillerie à Utrecht (xvie siècle). On lui paya en 1570 « les moullaige, fondaige, fachon et mainœuvre d'ung demy canon thirant xxiiij libvres de fer, renvoyé et mis en

provision en la ville d'Arnhem en Geldres, au lieu
d'un aultre esventé quy en avoit esté ramené et de iiij
demyes-culeuvrines de cuyvre thirans V libvres de fer
remises au château de Vredenbourg, au lieu de semblables iiij demyes-culeuvrines que l'on avoit thiré et
envoyé en provision au chasteau de Gennemuyden qu'il
avoit nouvellement fondues. »

Le comte d'Arenberg lui commanda, en 1588, de
fondre quatre coulevrines pour Leeuwaerden et de
refondre huit vieilles pièces qui se trouvaient dans ce
château. — Pinchart, *Archives des arts, des lettres, etc.*
t. III.

Botte (**François**), orfèvre brugeois (xviii° siècle).

« 1777 à l'orfèvre François Botte qui a bosselé en
général tous les ouvrages en cuivre et pour la dorure
de ces mêmes ouvrages en cuivre, pour livraison de
tous les vis et pour avoir ajusté tous les ouvrages en
cuivre à la chaire (de Saint-Sauveur), 754 l. 16 s. 4 s. ».
— *Inventaire des antiquités et objets d'art des églises
de Bruges.*

Botté, maître fondeur à Troyes. « A Botté et con-
sorts, fondeurs de cloches, 671 liv. pour solde de leur
marché pour fonte des nouvelles cloches. » (1784.)
Comptes du chapitre de la cathédrale. — *Inventaire des
Archives départementales de l'Aube.*

Bottiglieri (**Matteo**), sculpteur et modeleur napolitain (xviii° siècle). Il a travaillé avec Francesco
Pagano à la statue de bronze doré représentant la
Vierge immaculée, placée sur l'obélisque érigé à Naples
en 1748 par les pères Jésuites; le monument a été
dessiné par l'architecte Giuseppe Genuino. — Stanislas
d'Aloë, *Naples et ses monuments.*

Bouchard (Étienne, Pierre et **Guillaume),**
maîtres fondeurs sainctiers et bombardiers, à Tours.

Étienne passa marché avec la ville (1417-1418) pour
la fourniture de deux bombardes garnies de trois
bouestes ou chambres, suivant le modèle qui lui avait
été fourni, moyennant le prix de 32 l. t. Au mois de
février 1429, Étienne reçut le paiement de la fonte d'un
gros canon de cuivre. Il exécuta pour la ville, en 1435,
neuf grosses coulevrines garnies chacune d'un moufle
et d'une grosse arbalète de fer, moyennant 33 l. t.

Il convint, le 22 juillet 1438, de faire une douzaine de
coulevrines dont quatre seront de vingt livres, quatre
de seize livres et quatre de douze livres, et sur chacune
devait être inscrit : *Tours,* afin qu'on sût qu'elles
appartenaient à cette ville.

On trouve le nom d'Étienne Bouchard dans les
comptes municipaux en 1450 et 1451; il fut appelé à
Orléans en 1453 pour aider René Boyvin à fondre le
bourdon du beffroi d'Orléans. A peine mise en place,
cette cloche se brisa et Boyvin dut la refondre, aidé
cette fois par Guillaume Bouchard. Elle existe encore
et, parmi les ornements et les inscriptions qui y sont
gravés, on distingue une tige de lis sortant d'un cœur
aux armes d'Orléans avec la légende : *Hoc vernant
lilia corde.*

Deux anciennes cloches commandées par Guy de Baïf,
abbé de Saint-Aubin, d'Angers, portaient l'inscription
suivante qui nous a été conservée par Gaignières :

> *Gabriel suy, et si me fit*
> *L'abbé Guyon faire tout neuf*
> *Quand la Pucelle Anglois conquit*
> *L'an mil quatre cent vingt neuf*
> *Pierre Bouchard et Estienne son frère*
> *M'ont de leurs mains fait en cette manière.*

Étienne Bouchard avait coulé, en 1433, les deux gros saincts (cloches) de l'église de Tours. — Célestin Port, *les Artistes angevins* ; — De Buzonnière, *Histoire archéologique d'Orléans* ; — *Inventaire des Archives communales de Tours (comptes des dépenses)* ; — Marchegay, *Revue des Sociétés savantes*, VII S¹ᵉ, t. Iᵉʳ (1880) ; — Dʳ Giraudet, *Artistes tourangeaux*.

Bouchart (**Naudin**), maître-fondeur de cloches et d'artillerie à Orléans, appelé aussi Fèvre, fut chargé de fabriquer la majeure partie des canons et des bombardes qui servirent à la défense d'Orléans contre les Anglais.

1417, à Naudin Bouchart, pour une grande bombarde de cuivre appelée *la Longue* à 2 chambres pesant 373 l. à 8 l. le cent. 29 l. 16 s. 10 d.

Pour quatre grosses bombardes de cuivre chacune à deux chambres, pesant le tout 1067 l. à 8 l. le cent. 85 l. 7 s. 10 d.

Pour douze petites bombardes à 6 l. pièce chacune. 72 l.

Pendant le siège il coula à ses frais un grand canon de plus longue portée qui fut placé sur le pont et qu'il vendit à la ville en 1435, pour le poids du cuivre.

Il avait coulé quatre cloches d'alarme placées sur différents points de l'enceinte et destinées à correspondre avec le beffroi. Sa fonderie était établie dans la tour de Saint-Samson, transformée pendant le siège en arsenal. — *Comptes des dépenses de la ville (Archives communales)* ; — De Buzonnière, *Histoire arch. d'Orléans* ; — Vergniaud-Romagnesi, *Siège d'Orléans*.

Mars 1419, Éloi de la Chassagne est chargé d'ouvrier le campanier près Saint-Antoine sur le pont, pour asseoir une cloche fondue par Naudin Bouchard sainctier. (Comptes de la ville d'Orléans.) — De Laborde, *les Ducs de Bourgogne*, t. III.

Boucharadon (**Edme**), né à Chaumont en 1698, mort à Paris en 1762, élève de Guillaume Coustou.

Cet artiste, qui a laissé à Paris son chef-d'œuvre, la fontaine de la rue de Grenelle (1740), a modelé beaucoup de morceaux qui ont été coulés en bronze.

Il fut chargé de l'exécution de la statue équestre de Louis XV, devant être placée sur la place du même nom et qui fut fondue en 1760 par Gor et inaugurée en 1763, après la mort de Bouchardon. Le roi était vêtu à la romaine et couronné de lauriers. Aux quatre angles du piédestal on voyait les figures en pied de la Force, de la Paix, de la Prudence et de la Justice, qui avaient été modelées par Pigalle selon le vœu du sculpteur mourant. Les deux faces latérales montraient deux longs bas-reliefs rectangulaires, dont l'un représentait le roi dans un quadrige couronné par la Victoire, et le second, le roi accordant au peuple les bienfaits de la paix. Ces bas-reliefs étaient accompagnés d'ornements, de trophées et de mufles de lion jetés en bronze. Sur les deux petits côtés étaient les armes du roi et celles de la ville. La statue de Louis XV fut renversée en 1792 et, pendant plusieurs années, le piédestal resta vide ; puis il fut détruit à son tour et il ne subsiste plus du monument que la maquette originale en cire, qui appartient au musée de Besançon, et une petite réduction en bronze conservée dans la chambre de Louis XV, à Versailles. La dépense pour la fonte et l'exécution s'était élevée à la somme de 945,000 livres. — Laffolie, *Mémoires pour la statue de Henri IV.*

Il y a au château de Sans-Souci un beau buste de bronze de Charles XII de Suède, par Edme Bouchardon. — Osterreich, *Description de Sans-Souci.*

Un groupe de plomb du bassin de Neptune, à Versailles, représentant Protée appuyé sur une licorne

marine au milieu de rochers et de roseaux, est signé :
Edmundus Bouchardon faciebat A° D¹ 1739. — Il a
fait également les deux groupes de dragons conduits
par des amours placés de chaque côté de ce bassin.

Pour l'autel de la chapelle Saint-Charles dans la chapelle de Versailles, il fit un bas-relief de bronze doré
représentant la Peste de Milan (Salon de 1739).

Pour l'église de Saint-Sulpice, à Paris, il modela deux
anges agenouillés et placés sur le maître-autel, qui
furent fondus en bronze doré. La niche de l'autel de
la chapelle de la Vierge, dans la même église, était
occupée primitivement par une statue de la Vierge de
grandeur naturelle, fondue en argent par l'orfèvre de
Villers, sur le modèle de Bouchardon; elle fut ensuite
mise en sûreté dans la sacristie de l'église et disparut
en 1792. — Mariette, *Description des travaux qui ont
précédé et accompagné la fonte de la statue du roi;*
— Thiéry, *Guide de l'amateur à Paris;* — E. Soulié,
Catalogue du musée de Versailles.

Bouchardon (Jacques-Philippe), sculpteur, frère
d'Edme Bouchardon, né à Chaumont en 1711, mort à
Stockholm vers 1745.

Il fut appelé en Suède en 1735 pour prendre part
aux travaux que la cour faisait exécuter. Il y modela
les médaillons de plomb représentant les rois de Suède
depuis Gustave Wasa jusqu'à Charles XI, qui ornent
l'une des façades du palais royal, ainsi que les bas-
reliefs de la chaire de la chapelle du même château.
Il avait commencé un bas-relief pour le devant de
l'autel de la chapelle royale, représentant le Christ aux
Oliviers, qui fut terminé après sa mort par Sergell. —
Dussieux, *les Artistes français à l'étranger;* — Molberh,
Lettres de Suède.

Boucher (François), peintre et modeleur.

Nous ne citons le nom de ce célèbre peintre-décorateur que parce qu'il avait fourni des modèles à l'industrie et fait spécialement des dessins pour des montures de vases. Il existe probablement dans nos collections des pièces modelées par Boucher, dont l'origine première est aujourd'hui oubliée. Au château de Sans-Souci, on conserve plusieurs vases qui proviennent de la vente de la marquise de Pompadour et que l'on sait avoir été modelés par cet artiste. Ce sont cinq vases de bronze doré, cinq vases d'agate avec monture de cuivre doré, trois autres vases d'agate, trois vases de porphyre vert d'Égypte et deux vases de cristal de roche, tous décorés de montures finement ciselées. Ces morceaux avaient été acquis par le grand Frédéric. — Osterreich, *les Châteaux de Potsdam et de Sans-Souci.*

Boucher (Guillaume), maître fondeur de Rouen (xvie siècle). Il commença en 1524-1528, avec l'aide de Benoit Huart, la belle clôture de cuivre de la cathédrale de Rouen, augmentée par eux en 1542 et terminée en 1731. — Deville, *Comptes des dépenses de Gaillon* et *Tombeaux de la cathédrale de Rouen.*

Boucheron (Siméon-Joseph). Commencement du xixe siècle. Dessinateur engagé au service des rois de Savoie et professeur à l'Académie de Turin; il possédait une collection choisie de tableaux anciens. Il a coulé en bronze les vases qui décorent la fontaine du jardin royal, à Turin. Cette fontaine a été construite pour Charles-Emmanuel III, sur les dessins du comte Borgaro. Les statues de nymphes et de tritons accompagnant ces vases sont l'ouvrage de Martinez. — Reycend, *Description de Turin.*

Bouchet, horloger du roi, rue Meslée, à la manufacture de bronzes; avait exposé une pendule astronomique au Salon de correspondance, en 1779. — Pahin de la Blancherie, *Nouvelles des sciences, des lettres et des arts.*

Boudet (**Nicolas**), maître fondeur, rue de la Heaumerie; fit opposition à la succession de Charles-André Boulle, pour le paiement d'une somme de 122 livres (1745). — Guiffrey, *Scellés et inventaires d'artistes.*

Boudin fils, « doreur, rue Guérin-Boisseau vis-à-vis Saint Martin des Champs, à la Croix d'argent; fait et vend toutes sortes d'ouvrages de dorure en or de feuille et en or moulu, tant pour les équipages que pour les meubles; savoir pommes, charnières, fiches et loquets pour les berlines et toutes sortes de clous : pour la chambre; savoir, bras, grilles, flambeaux dorez d'or moulu et argentez et toutes sortes de clous dorez à l'usage de Messieurs les Tapissiers, et bossettes et harnois de brides et pour les harnois de carrosses : le tout à juste prix, à Paris. » (xviii° siècle.) — Adresse communiquée par M. le baron Pichon.

Boudret, maître doreur et argenteur; reçut de la ville de Lyon, en 1768, une somme de 1,220 livres pour soixante et une douzaines de miroirs en cuivre argenté et brillant qu'il a faits de l'ordre du consulat, pour les réverbères qui ont été placés dans cette ville. — *Inventaire des archives municipales de Lyon.*

Bouillerot (**Joseph**), orfèvre et fondeur en cuivre (xviii° siècle). Nous avons rencontré dans la collection de M. le baron Alfred de Rothschild, à Londres, une petite pendule de marbre blanc en forme de colonne tronquée, reposant sur une base qui supporte des figures d'enfants et des trophées. Le fût de la colonne est occupé par les figures du Temps et de l'Amour qui entourent le cadran. Au-dessus est un vase de bronze doré. Cette pendule est signée : *Inventé par M. Joseph Bouillerot orfèvre à Paris.*

Bouisson (**Étienne**), maître chaudronnier de Montpellier, réfugié à Berlin (fin du xviie siècle); a exécuté plusieurs ouvrages pour la décoration du palais royal de cette ville. — Erman et Reclam, *Mémoires pour servir à l'histoire des Réfugiés.*

Boulangé, « maître et marchand doreur-argenteur, au Saint-Esprit couronné, au milieu de la rue de la Verrerie, fait et vend toutes sortes d'ouvrages dorées et d'argent aché : savoir, garnitures de feu, flambeaux, surtous et toutes autres sortes d'ouvrages : fait et vend aussi les lanternes de reflexion, lesquelles il a inventé, qui éclaire de tous les côtez et d'un calibre plus beau, corecte et meilleure que toutes celles qui ont déjà parut; même approuvé par Messieurs de l'Académie, et qui sont très commodes pour les seigneurs qui vont de nuit, il a facilité la clarté des côtez pour ceux qui viennent à la rencontre des voitures, où sont posez lesdites lanternes et le tout inventé de son propre génie : il s'attache à s'attirer l'approbation des seigneurs et il espère que le public luy fera la grâce de le venir voir. Et afin que ces lanternes, qu'il fait de différentes façons, ne soient point coppiées et que l'on en puisse faire une grande différence, ils seront marquées de deux poinçons, l'un des deux premières lettres de son nom et l'autre de son enseigne : il satisfera sur le tout d'une composition très-honète. Il fait aussi les lanternes de postillon. » (xviiie siècle). — Adresse communiquée par M. le baron Pichon.

Boulanger (**N.**), fondeur de cloches en 1728. Voir à **Alexis Durand**.

Boulanger (**Pierre**), marchand forain, condamné par sentence du Châtelet, en date du 4 avril 1690, à une amende et à la saisie, pour avoir vendu des fontaines à vin en cuivre. Voir à **Lemoine** (**Gilles**). — *Statuts et privilèges des maîtres fondeurs.*

Boulée (**Jean**), fondeur de laiton à Tournai (juillet 1453). — Pinchart, *Artistes de Tournai.*

Boulle (**André-Charles**), sculpteur-ébéniste et graveur, né en 1642, aux galeries du Louvre, mort en 1730. Il obtint le titre d'ébéniste du roi et reçut, en 1672, le logement occupé avant lui par l'ébéniste Jean Macé. Il est qualifié, dans les lettres patentes de ce brevet, d'ébéniste, faiseur de marqueterie, doreur et ciseleur. Il était également dessinateur de chiffres et graveur ordinaire des sceaux du roi.

C'est dans l'atelier d'André-Charles Boulle et sur ses esquisses qu'ont été exécutés les ornements de bronze d'une allure si noble et si expressive qui sont placés sur ses meubles. Il semble avoir emprunté rarement le secours des ciseleurs travaillant dans la maison des Gobelins pour les résidences, bien que certains bas-reliefs de ses piédestaux puissent être attribués à Dominico Cucci. Boulle reproduisit à différentes reprises les statues de Coyzevox, de Girardon, de Coustou et de Desjardins, représentant le roi Louis XIV, pour en faire le sujet principal de ses compositions. Cet ébéniste suivait, pour l'exécution des, commandes destinées à l'ameublement royal, la direction artistique de Le Brun, mais les motifs de sa fabrication courante sont empruntés le plus souvent à Berain. Boulle publia une suite de huit dessins pour meubles, ouvrages de bronze et de marqueterie.

En dehors du mobilier produit par André-Charles Boulle dont l'activité industrielle était infatigable, il fondait et ciselait des feux de cheminée, des lustres, des flambeaux, des cartels, des torchères, des miroirs et même des réductions de statues antiques. Ces pièces, dont la composition est toujours élégante, sont très recherchées par les amateurs et se rencontrent difficilement. La bibliothèque Mazarine est ornée de quatre lustres qui proviennent très probablement de l'atelier de Boulle, et M. le marquis de Vogué possède des candélabres et des pièces de bronze du même style qui ont appartenu à M. de Machault. Le musée de Nancy possède un obélisque commémoratif en l'honneur du prince de Vaudémont, dont les bas-reliefs sont peut-être de Boulle, qui a incrusté de marqueterie tout le reste du meuble. L'inventaire des pertes subies par Charles-André lors de l'incendie de son cabinet (1720) mentionne des ornements nombreux de cuivre, ciselés par cet artiste et destinés à servir d'appliques sur les meubles qui lui étaient commandés.

Les dernières années de Boulle se passèrent dans la gêne. Il avait dépensé les sommes considérables qu'il gagnait, à acquérir des dessins et des œuvres d'art, et il se vit à plusieurs reprises menacé de la contrainte par corps pour le paiement de ses dettes.

Il laissa en mourant quatre fils : Jean-Philippe, Charles-Joseph, André-Charles et Pierre-Benoît, qui tous furent ébénistes et ciseleurs, mais dont les œuvres ont été jugées par les auteurs contemporains inférieures à celles de leur père.—Chennevières et de Montaiglon, *Archives de l'Art français*, t. IV; — Asselineau, *André Boulle, ébéniste de Louis XIV*; — de Champeaux, *le Meuble*, t. II, p. 60; — J. Guiffrey, *Scellés et inventaires d'artistes*; — Jal, *Dictionnaire*.

Boullet (**Andrin**), maître fondeur (xvi° siècle). Sur une cloche de l'église de Blangy (Seine-et-Oise) on lit : *Je fus nomée Catherine et fus faite pour l'église Notre Dame de Blangy l'an mil V^e II par Andrin Boullet.* — Dergny, *les Cloches des églises du pays de Bray*.

Boulliet (Jacques-Antoine), sculpteur, élève de Briard et de Beauvallet, né à Paris (xixe siècle). A modelé cinq sujets des bas-reliefs en spirale de la colonne de la Grande-Armée (1806).

Boulory (Denis), fondeur et horloger à Troyes (xvie siècle). Sur l'horloge de Rigny-le-Feron, on lit : *Cest horloge. fut faict. mil. V. cens. et. trente. par. Denis. Boulory. de Troy.* — Fichot, *Statistique de l'Aube*, t. Ier.

Bouquero, chef d'escadron d'artillerie, directeur de la fonderie de canons de Douai à l'époque de la Révolution. Il adressa au gouvernement, en l'an VIII, un mémoire sur l'avantage qu'il y aurait à confier les arsenaux de Douai et de Strasbourg à la régie militaire. Ce projet fut adopté. Au musée de la porte de Hal à Bruxelles et au musée d'artillerie de Paris, on conserve des obusiers et des modèles de mortier où sont gravés : *L'an IIIe de la République Française, à Douai, Bouquero, 9 vendemiaire;* d'autres pièces sont datées de l'an XI. Il existe des pièces semblables à l'arsenal impérial de Vienne.

Dans le mémoire qu'il adressait au gouvernement, Bouquero dit qu'avant la Révolution il portait le nom de Bourbon. (Archives du Dépôt de la guerre.)

Bouquero fut aussi nommé directeur de l'arsenal de Turin. Il y fit couler un canon qui se trouve actuellement à l'arsenal de Woolwich. Il se nomme : *l'Abregé* et on y lit : *Turin. par Bouquero chef de b^{on} d'art^{rie} le 13 br^{re} an XII Rép^{ne}.* — *Catalogue du musée d'artil-*

lerie à Paris; — Catalogue du Musée d'antiquités de la porte de Hal, à Bruxelles; — Catalogue of the Museum of artillery at Woolwich.

Bourbet (Perrin), maître fondeur (fin du xv° siècle); reçut 8 francs et 18 gros pour trois pièces de mesures à liquides, mesures à vin, mesures à huile, mesures à vinaigre, etc., plus une paire de poids aux armes de la ville de Dijon. — *Inventaire des Archives municipales de Dijon.*

Bourbet (Pierre), ouvrier de cuivre à Dijon; déclare avoir reçu des confrères de la confrérie de Saint-Hippolyte de Brion-sur-Ource, la somme de 100 sols pour faire « en bonne matière jaulne l'ymaige de saint Hippolyte, en laquelle aura quatre chevaulx en cuivre deux devans qui tireront ledit ymaige par les mains à trais qui y seront et deux ès pieds semblablement » (1424). — Garnier, *Inventaire des Archives départementales de la Côte-d'Or.*

Bourdin (Thomas), sculpteur, né à Orléans, vers la fin du xv° siècle, et frère de Michel Bourdin, sculpteur, né dans la même ville vers 1580. Thomas mourut en 1637; il eut la gloire de concourir à l'exécution d'une partie des bas-reliefs de la clôture du chœur de la cathédrale de Chartres. Il avait modelé l'un des bas-reliefs de bronze qui décoraient le piédestal de la statue équestre sur le Pont-Neuf. — Sauval, *Antiquités de Paris.*

Bourdon de Bruyne, orfèvre à Gand; a exposé à Malines (1864), des objets d'église en style du moyen âge.

Boureffe, ciseleur-fondeur à Paris (xviii° siècle); a

travaillé pour les maisons royales sous le règne de Louis XVI. Les objets qui lui avaient été commandés pour cette destination sont décrits dans les mémoires présentés au Garde-meuble par le sculpteur Pitoin. — Williamson, *les Meubles d'art du mobilier national.*

Bourg (**Ernest**), fondeur d'artillerie à l'époque de la Révolution. L'arsenal impérial de Vienne conserve une pièce de canon signée : *Bourg Ernest, Valence, an 4 de la Rép^{me}.* — Communication de M. Vendelin Boeheim, conservateur de la collection d'armures au musée du Belvédère.

Bourgeois, capitaine des gens d'armes de la compaignie de M. le Connestable; recut, de la ville de Reims, 13 l. 4 s. pour huit coulevrines d'airain et un crapaud de fer (1434). — *Archives communales de Reims,* communication de M. L. Larchey.

Bourgeois (**Gilet**), bombardier; est chargé par la ville de Poitiers de visiter et de mettre en état son artillerie (1421). — *Inventaire des Archives communales de Poitiers.*

Bourlet (**Jacques**), frère convers de l'abbaye de Saint-Germain-des-Prés. Il a exécuté plusieurs sculptures pour la décoration de l'église abbatiale de sa maison. Jacques Bourlet était né à Mons, en 1663, et mourut en 1740.

Il avait dessiné, en 1706, la croix et les flambeaux du maître-autel de l'abbaye de Saint-Germain-des-Prés, qui furent fondus par Leclair. Piganiol de la Force, qui donne ce détail, ajoute plus loin que Bourlet avait sculpté en marbre la statue de Sainte Marguerite, et modelé la croix de métal doré qui est sur le maître-autel et les figures qui l'accompagnent, ce qui conduit à supposer que les deux figures d'anges soutenant la châsse de Saint Germain et les trois figures d'anges de la suspension du Saint-Sacrement, au baldaquin, étaient de son invention et avaient été fondues par Leclair. — Piganiol de la Force, *Description de Paris*, t. VIII; — Reiffenberg, *Mémoires sur les artistes des Pays-Bas.*

Bourlet (Jean); a coulé en 1693 une cloche pour le dôme de Cologne, dont l'inscription se termine ainsi : *Fusa a MCCCCVIII, disrupta procurante Henrico Mering pbro canonico magistro fabricæ per Joannem Bourlet refusa A. MDCLXXXXIII. — Joseph Clemens archiep : Col : S. R. j. pn : El : Vtr : Bar. Dux Metallum supplevit.* Il fut aidé dans ce travail par son confrère Peter Michelin.

On connaît également quelques cloches exécutées par Bourlet, pour Mechernich (1696); pour Randerath (1680); pour Geilenkirchen (1682); pour Münstereifel (1686); pour Hehlrath (1687). — Merlo, *Nachrichten;* — Otte, *Glockenkunde.*

Bousseau (Jacques), sculpteur, élève de N. Coustou, né en 1681, à Chavagnac, en Poitou, mort en 1740, en Espagne.

Il fut nommé, en 1737, premier sculpteur de Philippe V après le départ de René Frémin et acheva les ouvrages commencés par cet artiste, à Saint-Ildefonse et au palais royal de Madrid. Pour les figures en plomb dont il avait décoré la maison de la pompe du Pont-Neuf, à Paris, voir à **Blanchart** (Jean et Étienne).

Boutard (Jehan), maître poêlier à Tours; reçut 198ˡ 19ˢ 7ᵈ pour la fourniture de poêles d'airain et d'acier, de chaudrons, de chandeliers, etc., faite au château d'Amboise, pendant les années 1493-1496. — Grandmaison, *les Arts en Touraine.*

Boutard (**Loys**), poeslier; avait fourni trois grandes poesles d'airain pour mettre en l'un des chariotz du roy — m. 6 l. t. — deux chaudrons contenant sept seilles pour chauffer l'eau pour le baigner, 7 l. — une bassinoelle, 3o s. t. — et deux bassins pour servir au retraict dudit seigneur, 5o s. t. (1480). — Douet d'Arcq, *Comptes de l'Hôtel*.

Bouvier (**Jean**); avait coulé, en 1435, une cloche pour la paroisse d'Aigle. — Otte, *Glockenkunde*.

Bouvier (**Nicolas**); aidé par François et Nicolas Rossi, a fondu en 1789, six cloches pour la cathédrale de Carpentras. — Farnier, *Notice historique sur les cloches*.

Bowen (**William**), fondeur de l'artillerie anglaise à Woolwich.

Il existe à la Tour de Londres deux canons datant du règne de Georges II, fondus à Woolwich et portant les armoiries de lord Ligonnier, maître général de l'artillerie, avec l'inscription : *W. Bowen fecit 1762 W. Collins sculp.* La ciselure de l'un de ces canons est inachevée et les ornements n'en sont indiqués que par un seul trait.

L'arsenal de Woolwich possède plusieurs autres spécimens des fontes de Bowen; l'un, aux armes de la famille de Shannon, avec la signature : *Bowen fecit 1742;* un second, avec le chiffre de Georges II, et la devise du duc de Marlborough : *W. Bowen fecit 1756,* et enfin, un mortier aux armes de Georges III : *W. Bowen fecit 1760.* — John Hewitt, *Catalogue of the Museum of artillery. Woolwich.*

Bowler (**Richard**); a fondu plusieurs cloches pour East Bergholt (Suffolk) et pour le comté d'Essex, qui portent, avec son nom, une marque aux initiales :

R. H. Ces lettres semblent indiquer la collaboration du fondeur *Richard Holdfeld* (commencement du xvii° siècle). — North, *Bells of Bedfordshire.*

Boyer, bronzier français établi à Saint-Pétersbourg (xix° siècle). Garniture de cheminée en malachite et marbre blanc, avec ornements de bronze doré. La pendule, surmontée du buste de M. de Montferrand, est accompagnée des génies de la sculpture et de l'architecture, avec les attributs allégoriques relatifs aux grands travaux exécutés à Saint-Pétersbourg par M. de Montferrand. Les candélabres sont formés par des génies ailés supportant les lumières; sur les pieds sont des enfants tenant les emblèmes des sciences et des arts.

Une réduction en bronze du monument équestre élevé en l'honneur de l'empereur Nicolas, inaugurée en 1859. Les angles du piédestal sont occupés par quatre statues drapées à l'antique et représentant l'impératrice et ses trois filles; sur les quatre faces sont des bas-reliefs empruntés aux principaux événements de son règne. Il n'existe que deux exemplaires de ce monument.

Une réduction de la colonne Alexandrine, en granit et en bronze, érigée à Saint-Pétersbourg en 1834, sous la direction de M. de Montferrand. — Collection de Mme de Montferrand (Paris, vente du 29 avril 1868).

Boyvin (Robin), fondeur à Moulins. Le 22 septembre 1453, les procureurs de la ville d'Orléans firent venir le nommé Robin Boyvin, saintier de Moulins, pour fondre la grosse cloche du beffroi. A peine installé, ce bourdon se brisa et Boyvin dut le refondre avec l'aide d'Étienne Bouchard de Tours. Louis Carel, maistre faiseur de mouvements d'horloge, fut chargé de faire le mécanisme de cette horloge. Il fut envoyé à Chartres avec Jean Mennin, faiseur de mouvemens d'orloige demourant à Nevers, pour veoir les mouvemens de l'horloge de cette ville.

Pierre Perret et Jh. Yrland paintres recurent xvi escus d'or pour avoir paint les deux cadrans des deux coustés de la tour de la dite ville, valant ensemble pour tous XVII livres XII sous p. — De Laborde, *les Ducs de Bourgogne*, t. III.

Bra (**Théophile-François-Marcel**), sculpteur, né à Douai (1797), élève de Bridan fils et de Stouf; mort en 1863.

1824, statues en pied du duc d'Angoulème et du duc de Berry (bronze), pour la ville de Lille.

La Ville de Lille, statue colossale de bronze érigée sur la place d'Armes en souvenir du siège de 1792.

Le général Négrier, statue sur la promenade de l'Esplanade, à Lille, élevée sur un piédestal orné de bas-reliefs.

Médaillon en bronze de M. Méchin, préfet du Nord, au Palais de Justice.

Médaillon de Vincent Leleux, au musée de Lille.

Bra a modelé un assez grand nombre de médaillons représentant des portraits; la majeure partie des originaux en plâtre est au musée de Douai.

De Clarac, *Description du Musée des antiques;* — Ed. Reynart, *Catalogue du Musée de peinture et sculpture de Lille.*

Bracci (**Pietro**), sculpteur romain (xviii° siècle); a modelé le buste du pape Benoît XIV, fondu en bronze pour l'hospice des Pèlerins à la Trinité; quatre figures d'enfants pour le maître-autel de Sainte-Marie-Majeure, fondues et dorées par Torrigiani.

La statue assise du pape Clément XII a été jetée en

bronze par Francesco Giardoni sur son modèle et placée dans le palais des Conservateurs, au Capitole. — Titi, *Pitture di Roma*.

Brachmann (Barth.); cloche pour l'église de Saint-Jean à Barby (1560). — Otte, *Glockenkunde*.

Bracho (Alessandro), orfèvre romain appelé en Espagne; exécuta les ornements en bronze doré de la chapelle de la Vierge del Sagrario, dans la cathédrale de Tolède, sur les dessins de J. B. Monegro (1616). — Bermudez, *Diccionario historico*.

Brackenhoff (F. Gottlieb), de Halberstadt; cloche pour Veckenstedt (1798). — Otte, *Glockenkunde*.

Bracker (Austin), fondeur de cloches. Il apposait sur ses ouvrages une marque composée d'une rose entourée de rayons, devise du roi Édouard VI, avec les armes d'Angleterre. Il paraît avoir succédé à Henry Jorden dont il employa les caractères pour marquer ses travaux de fonderie, et travaillait en 1556. — North, *Bells of Bedforshire*.

Brambilla (Francesco), sculpteur et modeleur à Milan (xvie siècle).

C'est de son atelier que sont sortis les quatre candélabres et les deux obélisques modelés par Annibale Fontana, et placés sur la balustrade qui sépare le chœur du sanctuaire dans la Chartreuse de Pavie.

Brambilla a coulé d'après ses propres esquisses les quatre petites portes que l'on voit sur les façades du tabernacle du maître-autel de la même église.

Il a exécuté, avec son élève Andrea Biffi, les figures des Évangélistes et les attributs qui décorent les pupitres du chœur du dôme de Milan. Cet important ouvrage, coulé en bronze par Giovanni Busca et doré, est signé : *Franciscus Brambilla formavit*. Le tabernacle placé sur le maître-autel est aussi son ouvrage, ainsi que le modèle des figures d'anges fondues par Biffi. Sur cet autel est disposé un second tabernacle dû à Girolamo Lombardi. — Durelli, *la Certosa di Pavia; — Descrizione del Duomo di Milano*.

Brancourt, maître doreur (xviii° siècle). D'après les *Comptes des Bâtiments*, il a exécuté en 1772 des travaux pour les appartements de Mme du Barry, à Versailles.

Brasseur (André), potier d'étain à Issoudun (xvi° siècle). M. Ulrich Richard-Desaix a bien voulu relever pour nous les inscriptions gravées sur une petite couleuvrine conservée au musée d'Issoudun : *André Brasseux poter deten. Affette Sette piesse sy. Simon Dufour solliciteur* (1568). *A Yssoudun ie fu fette pour tenir aux ennemis teste.*

Brateau (Jules-Paul), sculpteur contemporain, né à Bourges, élève de Bourdoncle; a exposé à plusieurs Salons des bas-reliefs travaillés au repoussé et des vases en étain habilement ciselé dans le style du xvi° siècle.

Brauhof (Johann-Heinrich), de Nordhausen, cloches pour Ilfeld (1736) et pour plusieurs églises des cercles de Mülhausen et de Langensalza (1739-1754); pour l'église de Saint-Martin de Grossengottern (1789). — Otte, *Glockenkunde*.

Braun (Balthasar); cloche à Oberdola (1803). — Otte, *Glockenkunde*.

Braun (J. B.); plusieurs cloches pour le cercle de

Sangerhausen (1816 à 1818); à Kurezleben (1819); à Langula (1827); etc. — Otte, *Glockenkunde*.

Braun (J. P.), fondeur à Mülhausen; cloche à Alterstedt (1801). — Otte, *Glockenkunde*.

Brazier (Richard), maître fondeur de cloches à Norwich, mort en 1513. — Fortnum, *Catalogue of bronzes of South Kensington Museum*.

Bregenz (J.). Sur un petit modèle de canon du musée d'artillerie à Paris, on lit l'inscription : *I Bregenz IV 1721*, qui indique peut-être que cette pièce a appartenu à la ville de Bregenz (Suisse)? La volée porte un écu armorié composé d'une clef et d'une épée.

Breitinger (Jacob), de Nordhausen; cloches pour Rottleberode (1663) et pour Gefell (1666). — Otte, *Glockenkunde*.

Brenet (Nicolas-Guy-Antoine), ciseleur et graveur en médailles, élève de Girodet et de Gatteaux, né à Paris, mort en 1846.

Il a fait des réductions au vingt-quatrième de la colonne de la Grande-Armée érigée sur la place Vendôme (Salon de 1854). Une de ces réductions faisait partie du musée napoléonien de San Martino, dans l'île d'Elbe. — *Catalogue du musée napoléonien de San Martino*.

Brentel (G.). Le musée de Sigmaringen possède un vase de cuivre portant l'inscription : *G. Brentel. P. L. F. 1611*. — Von Lehner, *Hohenzollern'sches Museum*.

Bresciano (Prospero), sculpteur et fondeur italien (XVIIe siècle).

Il a modelé et fondu les quatre figures de lion en bronze doré qui soutiennent l'obélisque de la place de Saint-Pierre, au Vatican. — Titi, *Pitture di Roma.*

Breton (François), maître fondeur; a exécuté, en 1633, les cloches de Seryn-Valois (Oise). — Farnier, *Notice historique sur les cloches.*

Breton (Jean), attaché à la maison du roi en qualité de fondeur (1674-1679); touchait 60 livres par mois. — J. Guiffrey, *Comptes des bâtiments.*

Brevtelt (Johann), maître fondeur de l'artillerie polonaise. On lit sur un canon aux armes du royaume de Pologne : *anno 1636. Johannes Brevtelt me fecit.* Deux canons identiques, datés de 1633 et de 1638, sont au Musée d'artillerie de Saint-Pétersbourg. — Marion de Brettes et Corréard, *les Bouches à feu;* — Communication de M. le colonel N. de Brandenbourg.

Brezin (Michel), ciseleur-fondeur parisien, mort en 1828.

Il légua une somme de 4,000,000 de francs à la ville de Paris pour la construction, à Garches, d'une maison de retraite destinée aux ouvriers fondeurs-ciseleurs. Il fut le maître de Crozatier. Brezin avait exécuté des canons, à l'époque de la Révolution, pour la défense du pays. Une de ces pièces, conservée à l'arsenal impérial de Vienne, est signée : *Brezin Paris an 2ᵉᵐᵉ de la Rep.* Un modèle de mortier du même musée porte l'inscription : *Fᵗ pʳ Brezin, Paris.* — *Douay, 1812.* — Communication de M. Vendelin Bœheim, conservateur de la collection d'armures d'Ambras, au musée du Belvédère.

Briant (John), fondeur à Hertford et ensuite à

Saint-Neots; cloches pour Eaton Bray (1790) et pour Meppershall (1816). Cloches à Ampthill : *Iohn Briant Hertford fecit 1811;* à Risely : *Robert Taylor et J. Briant Saint-Neots fecerunt 1816.* John Briant mourut en 1829, âgé de quatre-vingt-un ans. — North, *Bells of Bedfordshire.*

Bricard (**Étienne**), maître fondeur à Paris; fut condamné, le 26 avril 1675, à souffrir les visites des jurés de la communauté des maîtres fondeurs. — *Statuts des maîtres fondeurs.*

Bricquey (**Barthélemy**), maître fondeur établi à Neustadt-Prague; a exécuté une suite de cloches pour les églises de cette ville, entre les années 1494 et 1559. Nous reproduisons l'une des inscriptions qu'il y a gravées et dont le texte se ressemble, à l'exception des dates : *Qui me fecit x magister x Bartholomeus x nomen x habet x in x nova x civitate x Pragensi x anno x domini x millesimo x CCCCC x nono x hoc.*

Barthélemy eut un petit-fils nommé Bricquey, ce qui indique que lui-même portait ce nom et qu'il était français d'origine. Ce fait est constaté par une inscription gravée sur l'une des cloches de l'horloge de Neudstadt : *Anno 1559 hæc campana fulmine resoluta sumptibus senatus populique novæ urbi Pragensis in communem usum publici horologii reparata in divino auxilio per Briccium ejusdem civitatis patricium anno 1563.*

> *Æs igno æthereo periit quod Bartholomei*
> *Hoc melius reparat Briccius ecce nepos.*

Ce dernier maître exécuta un nombre considérable de cloches pour la ville de Prague, dont les dates s'étendent de 1544 à 1596. Sur toutes, il a inscrit :

Briccius Pragensis cum auxilio divino. Quelques-unes de ces légendes sont en langue tchèque. Sur une autre, il a joint à son nom celui de la ville de Cympergk, où il avait probablement pris naissance : *Briccius a Cympergk fundendi doctus in arte Campanam hanc fecit curia læta tibi. 1584.*

Un troisième fondeur de cloches à Prague, Barthélemy de Cymberg, a exécuté, en 1601, une cloche qu'il a signée : *Bartolomiege Zwonàre ʒ Cymbertu.*

Beno de Cymberg a placé, en 1581, une cloche au Batoniser-Thor. — Dlabacz, *Dictionnaire des artistes de la Bohême.*

Bricquey (Johann et Stephan), maîtres fondeurs établis à Neudstadt-Prague, coulèrent, en 1681, une cloche, sur laquelle ils inscrivirent : *Stephanus Pricquey civis Clatoviensis et Johannes Pricquey civis neoboleslaviensis germani fratres, ambo campanarum fusores hanc campanam fuserunt in regia civitate neoboleslaviensi.*

Parfois, les frères Bricquey rappelaient mieux l'origine française de leur nom. Sur une autre cloche de Neudstadt, on lit : *Joannes Bricquey fusor campanarum et civis neo-Pragæ fecit J. B. 1690.*

Une des cloches de l'église Notre-Dame de Klattau porte une signature chronométrique d'Étienne : *Campana hæc eX pIo ærario proDIgIosæ beataeqVe VIrgInIs MarIae CLattoVIensIs fVsa est a Stephano Pricquey cive Clattoviensi. anno 1690.* — Dlabacz, *Dictionnaire des artistes de la Bohême.*

Bridan (Pierre-Charles), sculpteur, né à Paris en 1764, mort en 1849; élève de son père Bridan (Charles-Antoine), sculpteur du roi (1730-1805).

La belle exposition du Saint-Sacrement de l'ancienne

abbaye du Port-Royal avait été exécutée en bronze sur les dessins de M. Vieilh, architecte, et modelée par Bridan (Charles-Antoine?), sculpteur du roi. — Thiery, *Guide de l'amateur dans Paris.*

Pierre-Charles modela douze bas-reliefs pour le fût de la colonne de la Grande-Armée (1806).

Bridan avait exécuté en plâtre le modèle de l'éléphant, haut de 40 pieds, qui devait décorer la fontaine de la place de la Bastille, dessinée par l'architecte Alavoine (1813-1814), monument qui ne fut jamais coulé en bronze et qui fut remplacé par la colonne de Juillet. Le modèle en fut exposé par lui au Salon de 1815. Le soubassement était orné de dix-huit bas-reliefs, modelés par les sculpteurs : Gérard, Laitié, Stubinitzki, Caldelari, Gaulle, Guichard, Lorta, Moitte, Milhomme, Pujol, Romagnesi, Vallois, Mlle Charpentier, Fortin, David et Caillouette, qui furent exposés aux Salons de 1817, 1819 et 1822. — *Inventaire des richesses d'art de la France. Paris, édifices publics.*

Bridier (**Marc de**), orfèvre-émailleur de l'école de Limoges, gardien du trésor de l'abbaye de Saint-Martial. Dans un inventaire de ce trésor, dressé en 1494, on lit : « Item dans la chapelle de saincte Valerie, la chapelle de Monsieur sainct Nice de leton doré et esmaglié avec figures anchiennes et d'un costé sont les vers :

> *Me fabre fecit frater Marcus de Briderio*
> *Anno milleno bis centum bis octuageno.* »

Texier, *Essai sur les argentiers ;* Émeric David, *Histoire de la sculpture française*, notes, p. 304.

Briey (**Louis**), maître plombier à Nancy (xviiie siècle), auquel on doit une partie de la plomberie des édifices érigés par le roi Stanislas. Il fut suppléé, après sa mort, par sa veuve, qui était associée avec le plombier François. « La v° Louis Briey et François, reçurent 5,062ᴸ 8ˢ 11ᵈ pour leurs ouvrages en plomb du piédestal de la statue du roi Louis XV. » — X..., *Recueil des établissements et fondations du roi Stanislas*, 1762.

Brigucci (**Vincenzo**), de Sienne, directeur de la fonderie de Florence; exécuta une coulevrine pesant 18,000 livres, qui servit au siège de la ville (1530). — Gargiolli, *Description de Florence*, t. I.

Brimbal (**Pierre du,** dit **Chevrier**), imagier et sculpteur du roi (xvi° siècle). M. le baron Girardot a publié un document tiré des Archives du Cher et relatif à la sépulture de Jean Pot, seigneur de Chamault et d'Ysabeau de Saffrey, sa femme, à la suite duquel est un post-scriptum donnant l'indication de trois artistes pour exécuter cette œuvre, et notamment de : Mᵣᵉ Pierre du Brimbal dict Chevrier ymaigier du Roy demourant en la rue Sainct Denys devant les Trois Pucelles oultre la rue aux Ours. Du Brimbal était fils de Jean Chevrier, maçon-sculpteur à Tours 1493). — *Archives de l'art français*, t. Iᵉʳ, p. 133.

Pierre de Brimbal est porté dans les états de paiement de François Iᵉʳ pour la somme de 50 escuz d'or, en récompense de la peine qu'il a eue et aura à faire pour tailler une histoire de marbre en laquelle il y aura plusieurs personnages qu'il a commencée depuis plus d'un an par le commandement du Roi. — De Fréville, *Nouvelles Archives de l'art français*, t. III, p. 365.

Lors de l'entrée de Charles-Quint à Paris, en 1539, le roi François Iᵉʳ conseilla à la municipalité d'offrir à l'empereur une grande statue d'Hercule en argent doré : « Et pour faire ledict pourtraict, auroit ordonné à mondict seigneur de Boissy de faire lectres à Maistre Rousse, peintre d'iceluy seigneur estant à Fontaine Bleaue pour en faire le decin selon son desir, et pour faire les mosles pour la jecter si besoin estoit, auroit nommé ung certain *Chevrier* estant d'Orléans demourant en la ville de Paris. » — Archives nationales, *Registres du bureau de la Ville*, HH, 1780, fº 60º.

Cette statue, haute de six pieds environ, et que la ville offrit à l'empereur, enfermée dans une gaine spéciale, a été citée par Benvenuto Cellini dans ses Mémoires, comme un exemple de l'incapacité des orfèvres français, qui n'avaient pu en assembler les diverses parties qu'en les liant avec des fils d'argent. Mais cette critique s'explique par la jalousie qu'il portait à tous ceux qu'il voyait travailler près de lui, et les fondeurs français de Fontainebleau nous ont laissé des pièces de bronze qui témoignent de leur habileté.

M. le baron de Reiffemberg, dans une description du château de Boussu, près de Mons, dit que le présent de la ville de Paris avait été donné par l'empereur au comte de Boussu, qui l'avait placé dans la grande galerie de cette demeure, détruite par les armées de Henri II en 1544. — De Reiffemberg, *Mémoires sur les peintres et les sculpteurs des Pays-Bas.*

Brinckman (Christoffer), fondeur de l'artillerie de la ville de Brême (1662-1665).

Une pièce de canon porte l'inscription : *Anno 1665. Mit Gottes Hülffe und Beistand goss mich M. Christoffer Bringeman. Bremen.* — Dᵣ d'Eelking : *Anƶeiger,* 1883.

Brion (Isidore-Hippolyte), sculpteur, né à Paris en 1799, mort en 1863. Ariane abandonnée sur un rocher, statue (Salon de 1834), et plusieurs bustes anonymes en bronze, exposés de 1833 à 1846. L'Astronomie, le Commerce et la Navigation maritime, trois figures décorant la fontaine sud de la place de la Concorde (1839).

Brioschi (Francesco). Une description de la chartreuse de Pavie attribue à Francesco Brioschi et à Silvestro de Carate le retable du maître-autel disposé en forme de pyramide enrichie de bronzes ciselés, de marbres et de pierres dures (xvi° siècle). — Durelli, *Certosa di Pavia.*

Briosco (Andrea, dit **Il Riccio),** orfèvre, sculpteur et médailleur, né en 1470 à Padoue, mort en 1532. On croit qu'il fut élève de Vellano, de Padoue. Peu d'artistes ont été aussi féconds que le Riccio, et l'on a conservé de lui une suite de monuments de bronze qui prennent place parmi les meilleurs qu'ait produits l'école de Padoue, vers la fin du xv° siècle. Les plus connus sont : le magnifique candélabre de l'église Saint-Antoine, à Padoue, qui passe pour son chef-d'œuvre. Commencée en 1507, cette pièce, haute de près de 4 mètres, fut terminée en 1516 et fut payée 600 ducats d'or. Riccio modela ensuite une médaille dont nous ne parlerions pas si elle ne nous semblait destinée à perpétuer le souvenir de cet ouvrage. Le buste du sculpteur est accompagné de l'exergue : *Andreas Crispus patavinus æreum di. Ant. candelabrum f.* — R. *Obstante genio.*

Il vint ensuite à Vérone et y exécuta, dans l'église de San Fermo Maggiore, pour le tombeau de la famille della Torre, une suite de huit grands bas-reliefs de bronze, qui font partie maintenant du musée du Louvre.

L'artiste semble avoir considéré ces deux ouvrages
comme ses titres de gloire, car il en est fait mention
dans une épitaphe composée pour être placée sur son
tombeau :

Andreæ Crispo Briosco pat.
Statuario nostræ tempestatis eximio
Vel candelabro æneo d. Antonii
Et sepulchrum insigni Turrianorum veronensium
Cum antiquis conferendo
Alexander Bassanus et Johannes Carinus
Testamenti curatores
Amico ben. me.
Hanc perpetuæ quietis sedem pos.
An MDXXXII.

M. Gustave Dreyfus possède un grand bas-relief de
Riccio représentant la Mise au tombeau, qui porte
l'inscription : *Andrea,* tracée au rebours sur un vase
tenu par un des personnages.

A l'Académie des beaux-arts de Venise sont quatre
bas-reliefs représentant l'Invention de la Sainte Croix,
qui proviennent de l'église de' Servi.

La collection de M. le baron Davillier, léguée au
musée du Louvre, renfermait un ravissant petit buste
représentant Briosco lui-même, dont une autre épreuve
est au musée de Vienne. Près de là, était une statuette
d'Arion digne de lui être attribuée et une Mise au
tombeau, grande plaquette dont il existe plusieurs
autres reproductions.

On place encore, dans l'œuvre de Riccio, une série
de plaquettes portant les initiales : *A. R; — R°; —
R,* — tracées en lettres capitales se détachant en relief.
— *Catalogue de l'Académie des beaux-arts de Venise;*
Armand, *les Médailleurs italiens;* Fortnum, *Intro-*

duction au catalogue des bronzes du South Kensington Museum; Catalogue du Musée du Louvre; Courajod, *le Baron Charles Davillier.*

Briot (**François**), sculpteur et ciseleur, graveur en médailles, né à Montbéliard vers 1560, mort dans les premières années du xviie siècle.

Malgré les recherches auxquelles se sont livrés divers érudits, la biographie de cet artiste est encore incomplète. Nous nous bornerons à signaler l'œuvre charmante à laquelle il a dû principalement sa célébrité. C'est une aiguière et son bassin, dont l'épreuve originale, exécutée en argent doré, a été fondue à la Monnaie de Rouen, lors de la Révolution. Il existe, dans les musées et dans les collections, de nombreuses répétitions en étain de ces deux pièces, qu'un céramiste de la suite de Palissy a traduites en faïence émaillée. L'aiguière, de forme ovoïde, est divisée en trois zones; dans la partie centrale, sont trois cartouches où sont inscrites les figures couchées de la Foi, de l'Espérance et de la Charité. Les deux autres rangées sont décorées de mascarons et d'arabesques. Quelques exemplaires de ce vase portent les initiales F. B.

Le bassin est circonscrit par une bordure plate, dont les huit cartouches sont consacrés à Minerve et aux arts libéraux. Autour de l'ombilic, sont disposés quatre autres cartouches séparés par des cariatides dans lesquels sont des figures symbolisant les éléments. Le motif central est formé par une figure de femme nue autour de laquelle on lit le mot : *Temperantia.* Au revers du plat est un médaillon représentant le portrait de l'artiste avec les mots : *Sculpebat Franciscus Briot.*

Cette œuvre a été reproduite par un ciseleur allemand, Gaspard Enderlein, qui s'est contenté de la démarquer en remplaçant le portrait de Briot par le sien propre.

On a attribué à F. Briot d'autres vases en étain, dont le travail rappelle celui de l'aiguière et du bassin de la Tempérance, mais sans s'appuyer sur d'autres preuves que celles de la ressemblance du style. — Jal, *Dictionnaire de biographie;* — Castan, *Origines montbéliardaises de F. Briot;* — G. Bapst, *l'Étain.*

Brisich [**Brisach**] (**Hans von**), 1526; deux cloches pour le dôme de Trèves. — Otte, *Glockenkunde.*

Brocard, famille de fondeurs lorrains (xviii° siècle). La septième cloche de l'ancien clocher de Notre-Dame de Paris portait la légende : *J'ai été nommée Nicolas et refondue par les Brocards, fondeurs à Brevanne en Lorraine, le 17 mai 1714.* Toutes les cloches fondues par les Brocard sont des chefs-d'œuvre d'exécution et des modèles d'élégance. — Gueffier, *les Curiosités historiques de l'église de Paris.*

Brocard (**Claude**), maître fondeur, d'origine lorraine, a coulé, en 1732, la cloche de l'horloge de Saint-Lô. Il a également exécuté celle de l'horloge de Rennes. — *Bulletin monumental,* année 1858.

Claude Brocard, Jean-Baptiste les Brocard, F. Poisson, et A. de la Paix, se sont réunis, en 1727, pour fondre une cloche à Bayonne.

Les Brocard frères, Sabatier et Chaussard, de Brevannes, ont signé en commun les cloches de la cathédrale de Chartres (1723). — Farnier, *Notice historique.*

Brocard (**Guillaume**), maître fondeur; a coulé,

en 1212 (?), avec Nicolas Foissez, la cloche de l'église
de Vimpelles (Seine-et-Marne). Cette date nous semble
devoir être bien plus récente. — Farnier, *Notice historique sur les cloches.*

Brocard (Jean), maître fondeur ; avait coulé six
cloches, qui furent données à la cathédrale de Notre-
Dame d'Amiens par le chanoine Pierre Wollet (1531).
— Corblet, *Liturgie des cloches.*

Broceau (Lucas), maître fondeur à Angers (xv⁰ siècle). 26 novembre 1458. « Je Jehan Broceau, demourant
à Angers, confesse avoir eu et reçu de maistre Jehan
Branideau chanoyne et fabriqueur de l'église d'Angiers
plenière satisfaction et payement de deux pilliers qui
ont été faits nagueres pour soutenir la chasse de Monseigneur Sainct-Maurille pesant quatre cens treize
livres aux grands poys des Halles. C'est assavoir pour
chacune livre iiij sous ij deniers qui est en somme
iiijxxvj l. x d., de laquelle somme je me tiens pour
comptant et bien payé. » — De Farcy, *Inventaire de la
cathédrale d'Angers.*

Brode (John) ; établit, en 1568, à Isleworth, des
fonderies de cuivre et de laiton, d'où sont sortis
des ouvrages nombreux. — *Manual of monumental
brasses.*

Broderman (Heinrich). La grosse cloche du dôme
de Cologne, exécutée par lui avec le concours de
Christian Cloit, porte une longue inscription qui se
termine par le nom du fondeur : *Broderman . Heinrich.
Cloit . Christian . Hant . Gemachet . Mich. — Mille .
quadringintis . quadragenis . octo . donatis .* — Otte,
Glockenkunde.

Brodermann (Heinrich et Jacob); paraissent être les fils de Henri Brodermann, maître fondeur de Dortmund, qui vint habiter Cologne. On connaît des travaux d'Heinrich et de Jacob s'étendant jusqu'à l'année 1468. — Merlo, *Nachrichten;* Otte, *Glockenkunde.*

Broers (Joachim-Annibal); cloche pour Königsberg (1701). — Otte, *Glockenkunde.*

Broker (Nicolas) et **Prest (Gotfrey)**, maîtres fondeurs dinandiers, établis à Londres (xive siècle); recurent la commande du monument funéraire élevé au roi Richard II et à sa femme Anne de Bohême, dans l'abbaye de Westminster (1395). Ce tombeau devait comporter : « deux ymages de coper et de laton endorez; — une table dudit metal endorre; — ovesque une frette de flours de Lys, Lions, Egles, Leopardes... Escocheons dudit metall endorrez, gravez et annamalez de diverses armes. » Cette sépulture existe actuellement dans l'abbaye de Westminster. — Fortnum, *Catalogue of bronzes of South Kensington Museum; — A Manual of monumental brasses.*

Brom (Valentin); a fondu, en 1564, une cloche pour l'église de Wietzendorf (Hanovre). — Mithoff, *Kunstler und Werkmeister.*

Bronchet (Jacques), maître fondeur, demeurant à Paris, recut, en 1516, « la somme de LXXXIIII l. XVIII s. t. pour avoir livré une croix de 7 pieds de hault ou environ garnie d'un crucifix et des images de Nostre Dame et de Saint Jehan le tout de cuyvre pesant ensemble IIII cent XIIII livres lesquels ont été mis et assis sur ledit chapiteau (nouvellement érigé sur la grande porte de l'Hôtel-Dieu devant Notre-Dame).

« A Drouet Dancher marchant orbateur demourant à Paris la somme de XIIII l. s. pour avoir par lui livré à Jehan Patin peintre cinq cent d'or fin double pour dorer le crucifiement de cuyvre XI l. IIII s.; — audit Jehan Patin la somme de LXXI l. c'est assavoir pour avoir doré d'or fin et estoffé le comble d'iceluy chapiteau XVII l.; — pour avoir aussi doré les crestes à fleurons et daulphins avec le couronnement estant au feste dudit chapiteau, ensemble les cleres voyes estant aux costés d'iceluy VII liv.; — avoir fait aussi sur la couverture diceluy huit ecussons armoyés c'est assavoir quatre aux armes du Roy et quatre aux armes de feu monseigneur le cardinal de Narbonne VII l. — avoir semblablement painct la muraille estant derrière ledict chapiteau en similitude de damas figure dor IIII l; — audict Patin la somme de XXVIII l. t. pour avoir par luy painct estoffé et enrichy le dessoubz dudict chapiteau, y avoir faict ung Dieu de Majesté séant en son trosne avec les Evangelistes. » — Tournier et Brièle, *Inventaire des Archives de l'Assistance publique.*

Bronckaerts, maître fondeur de Tirlemont (xvi⁰ siècle); a exécuté des mortiers de bronze. — Baron de Vincke, *les Anciens Mortiers de bronze: l'Art,* 1878, t. XIII, p. 298.

Brossillon (Jacques), maître fondeur; fournit à la ville de Tours, en 1612, plusieurs pièces d'artillerie de 5 pieds de long pour placer sur les remparts. Il coula également des fauconneaux en 1614 et mourut en 1628 âgé de soixante-seize ans. — Giraudet, *Artistes tourangeaux.*

Brown (John), fondeur de l'artillerie anglaise sous le règne de Charles I⁰ʳ.

Les collections publiques d'Angleterre possèdent plusieurs spécimens de son talent de fondeur. A la Tour de Londres, cinq petits canons faits pour l'instruction de Charles II. Ils portent les armes du prince de Galles avec les initiales *C. P.* et l'inscription : *John Brow made this piece 1638;* — à l'arsenal de Woolwich une demi-coulevrine sur laquelle est gravée la légende :

Carolus Edgari sceptrum stabilivit aquarum.
Mountjoye Earl of Newporte. M° generall of the ordnance
John Brown made this piece, ano 1638.

— *Catalogue of the Museum of artillery at Woolwich.*

Bruère, maître fondeur à Dijon; reçut, en 1733, une somme de 80 livres pour avoir fait sept coupes de cuivre pour quêter dans les églises de Dijon; il avait touché 30 livres pour une cloche neuve du poids de 28 l., posée à la porte Saint-Nicolas. Une vieille cloche du poids de 34 l. estimée 20 s. la livre lui avait été abandonnée en surplus (1728). — Archives communales de Dijon.

Bruggemann (Andreas). Cloches à Blumenhagen, près Prenzlau, avec le millésime *MLXXX* (1530). — Otte, *Glockenkunde.*

Brugger, sculpteur bavarois (xix° siècle). Statue de Maximilien II de Bavière à Bayreuth; statue du comte feld-maréchal de Wrede (1767-1848), érigée à Heildelberg.

Brulet (Franz). Cloche pour le dôme de Trèves (1628). — Otte, *Glockenkunde.*

Bruley (Toussaint), doreur sur métaux; fit, en 1753, opposition à la succession de son confrère Pierre Magny. — J. Guiffrey, *Scellés et inventaires d'artistes.*

Brun (Félix-Jacques), sculpteur, né à Toulon en 1763, élève de Gibert, mort en 1831.

Il consacra son existence à la sculpture décorative des vaisseaux construits dans les chantiers du port de Toulon. Il avait modelé une statue du roi Louis XIV, qui fut présentée au comte d'Artois lors d'une visite faite dans cette ville, après le retour des Bourbons. Le prince avait donné l'autorisation de couler cette statue en bronze, en employant les vieux canons de l'arsenal, mais ce projet fut arrêté par la révolution de Juillet. La composition de Brun fut exécutée en pierre ainsi qu'une seconde statue de Henri IV, et placée dans l'escalier de l'hôpital de la Marine. — Brun, *les Maîtres sculpteurs du port de Toulon.*

Brun (Henri), sculpteur, élève de David d'Angers et de Rude, né à Saint-Jean-le-Vieux (1816). Julia Pià, statuette en bronze (Salon de 1857).

Brun (Sylvestre-Joseph), sculpteur, élève de Lemot, né à Paris en 1792. On doit à cet artiste le modèle des bas-reliefs de la chaire actuelle de la chapelle des Invalides représentant : Jésus prêchant le peuple; les quatre Évangélistes et deux anges en bronze doré (Salon de 1827). — Modèle d'un vase représentant les douze Mois et les quatre Saisons (Salon de 1831).

Bruneau (Jean), marchand pinctier, demeurant à Tours, reçoit, en 1514, la somme de trente-deux sols onze deniers t. « pour une pincte, choppine et demye choppine d'estaing qu'il a convenu achapter pour servir de mesures et sep à mesurer et adjuster les mesures, tant du vin que de l'uylle ». — Grandmaison, *les Arts en Touraine.*

Brunelleschi ou **Brunellesco (Filippo)**, né à Florence en 1377, architecte et sculpteur, l'un des plus grands artistes de la Renaissance italienne et le créateur de la coupole de Santa Maria dei Fiori.

Il prit part au concours ouvert pour l'exécution des portes de bronze du Baptistère et se prononça ouvertement en faveur de son concurrent Lorenzo Ghiberti. Le morceau de concours de Brunelleschi, le *Sacrifice d'Abraham*, est au musée du Bargello.

Brunet, maître fondeur et ses associés; passent marché (24 juin 1784), pour refondre la moyenne cloche de l'église de Saint-Pierre-de-Doué. — C. Port, *Artistes angevins.*

Bruniel (Gilles), fondeur de laiton à Tournai (1429 et 1455). — Pinchart, *Artistes de Tournai.*

Brunnen (Pierre), d'Obernai, architecte et fondeur de canons, entra, en 1449, au service de Reinhard II, gouverneur du diocèse de Spire, pour couler les pièces d'artillerie, fabriquer la poudre et élever des constructions militaires, aux appointements annuels de 14 florins, plus la nourriture. — Gérard, *Artistes de l'Alsace.*

Bruno, « doreur ordinaire des équipages et vennerie de S. A. S. Monseigneur le duc qui demeurait cy-devant rue des Prouvaires, près St-Eustache, demeure présentement rue des Mauvais Garçons, fauxbourg St-Germain, au Prince de Condé, fait et vend toutes sortes de boutons de cuivre dorés d'or moulu, d'argent sur bois et d'acier, dorés, sur moule d'écaille, comme aussi toutes sortes d'ouvrages dorés d'or moulu, d'or en feuille et d'argent haché : savoir, garnitures de feu, chenets, grilles, braziers, plaques à branches pour les cheminées, lustres, girandolles, chandeliers de toutes sortes de grandeurs, écritoires toutes garnies, salières, sucriers, huiliers, soucoupes, saladiers, bassins à barbe, coquemars, caffetières, croix, chandeliers, encensoirs et lampes d'église, comme aussi toutes sortes de garnitures de brides, cloux et boucles dorez pour les carrosses et harnois : Le tout des plus à la mode et à juste prix. A Paris, 1733. » — Adresse communiquée par M. le baron Pichon.

Bruno di ser Lapo, orfèvre florentin, fut chargé, en 1459, de continuer la grille en bronze de la chapelle del Cintolo à Prato, que Tomaso di Bartolomeo avait commencée et qu'il avait dû abandonner par suite de la mauvaise réussite de son œuvre. Bruno reçut 150 florins pour ce travail. Pasquino de Montepulciano reçut, en même temps, la commande des ornements qui devaient compléter cette grille. (Voir à **Antonio di ser Cola.**)

Bruno di ser Lapo avait fait, en 1418, un modèle pour la coupole de Santa Maria del Fiore. — Baldanzi, *Della chiesa cattedrale di Prato;* — Guasti, *la Cupola di Santa Maria,* p. 23.

Brunot (Jacques-Nicolas) (1763-1826), peintre et sculpteur, né à Clichy-la-Garenne. Statue équestre de Napoléon Ier (Salon de 1810); — Études de taureau et de vache (Salon de 1812); — un Cheval en liberté (Salon de 1824).

Statuette équestre de Henri IV, ciselée par L. Jeannest (Salon de 1816), au musée d'Angers.

Brutet (J. P.); cloche d'Ozouer-la-Ferrière : *Lan 1779. — J. B. Robert et J. P. Brutet et F. Robert mont faite.* — De Guilhermy, *Inscriptions du diocèse de Paris*, t. IV.

Bruwilre (Johann); cloches pour Marienfels près de Limbourg (1445); — de Gemünden (1447); — d'Offenbach (Nassau) en 1452, etc. — Otte, *Glockenkunde.*

Buchholz (Ludwig), de Berlin; cloches à Warnitz (1628); à Garz et Fehrbellin (1631); à Kerzlin (1632). — Otte, *Glockenkunde.*

Bueron (Nicod); a fondu, en 1462, avec Jehan Olivey, une cloche pour Notre-Dame d'Ifferten. — Otte, *Glockenkunde.*

Buffet, maître fondeur (xvi° siècle). On lit sur la cloche de l'église de Gazeran (Seine-et-Oise) : † *Lan mil V^c XXXj, ie fus à Gaẓeran faicte pour Dieu et en Nostre Dame servir, et fus nommée Germaine par Antoinette Leroy dame dudict Gaẓeran*, et entre deux écussons aux armes de France : *M. Buffet.* — Aug. Moutié, *Inscriptions sacrées (Annales archéologiques*, t. Ier, p. 196).

Buidens (Peeter). Un mortier exposé à Bruxelles (1880) par M. Édouard van Even porte l'inscription : *Peeter Buidens de mi maken MCCCCCLXXVIII.*

Buirette (Jacques), sculpteur aveugle, élève de Jacques Sarrazin, né à Paris en 1731. Il a exécuté, avec l'aide de Lespingola, les ornements de plomb et d'étain des pavillons de la fontaine de la Renommée dans le parc de Versailles (1670). — Guiffrey, *Comptes des bâtiments.*

Buirette (**Nicaise**), maître fondeur à Cambray (1421). « A Nicaise Buirette et Nicaise le fondeur pour avoir chauffé, nettoyé et verni cinq chambres de canons. » — *Comptes de la ville. Archives départementales.*

Bullisdon, maître fondeur de cloches à Londres en 1510. — North, *Bells of Bedsfordshire.*

Buonarroti (**Michel-Angiolo**). On n'a conservé le souvenir que de deux œuvres modelées par Michel-Ange pour être traduites en bronze et aucune ne nous est malheureusement parvenue.

La première était une statue représentant David jeune, que la Seigneurie de Florence avait commandée pour être offerte au maréchal de Gié, ministre de Charles VIII, et qui après la disgrâce de ce personnage fut envoyée à Florimont Robertet. Cette statue coulée par Benedetto de Rovezzano fut placée au château de Bury et appartint ensuite à la famille de Villeroy. Elle décora les jardins du château de Mennecy jusqu'à l'époque de la Révolution, où l'on perd sa trace. On ne connaît plus cette composition que par un dessin du musée du Louvre, et par deux esquisses existant au South Kensington Museum et chez M. Pulski, à Pesth.

Le pape Jules II avait fait exécuter par Michel-Ange une statue colossale représentant ce pontife assis, pour surmonter la grande porte de la basilique de San Petronio, à Bologne. Cette sculpture coulée en 1508, par Bernardino d'Antonio, fut renversée en 1511, lors de l'entrée des Français qui rétablirent l'autorité des Bentivoglio. Le duc Alphonse de Ferrare fit fondre, avec ses débris, une énorme bombarde qu'il appelait son *Julius*. La tête seule fut conservée longtemps dans le palais municipal. (Voir à **Quirino**.) — Reiset, *Un bronze de Michel-Ange;* Courajod, *le David du château de Bury;* Angelucci, *Documenti inediti.*

Buontalenti (**Bernardo**), fondeur et canonnier de la ville de Florence (xviᵉ siècle); jeta en bronze beaucoup de pièces d'artillerie pour le siège de Sienne, notamment le *Scacciadiavoli*, qui portait un gros boulet rempli de matières enflammées. On lui attribue l'invention des grenades. — Gargiolli, *Description de Florence*, t. Iᵉʳ.

Burcart, maître fondeur de Strasbourg; refondit, en 1461, la cloche dite de *l'orage*, pour la cathédrale.

Il est possible qu'il ait exécuté également, en 1458, la refonte de la « Mutte », pour la cathédrale de Metz, les registres capitulaires de cette église portant que le fondeur était venu de Strasbourg où il était attaché au dôme de la ville. — Gérard, *Artistes de l'Alsace.*

Bureau (**Jean**), bourgeois de Paris, devint grand maître de l'artillerie de France sous le règne de Charles VII. Son frère Gaspard exerçait la même fonction.

Avant d'obtenir ce titre, Jean Bureau était maître de l'artillerie du duc de Bourgogne, à Lille, et il fut envoyé par lui, en 1418, afin de mettre la ville de Soissons en état de défense. — Communication de M. L. Larchey.

Il fut commis verbalement au gouvernement de l'artillerie du roi pendant le siège de Meaux (21 juillet 1439). Les lettres confirmatives sont datées du 29 septembre. Ses armes sont d'azur au chevron potencé et contrepot d'or rempli de sable, accompagné de trois buires d'or.

Les frères Bureau rendirent les plus grands services

à la France en faisant fondre des bombardes et **des**
canons établis sur un modèle meilleur et en dirigeant
habilement le siège des villes occupées par les Anglais.
Ils constituèrent une artillerie qui, pendant le règne de
Louis XI et jusqu'à l'expédition de Charles VIII en
Italie, resta sans rivale en Europe. Ils firent couler une
bombarde dont la pesanteur était telle qu'il fallait cinquante chevaux pour la traîner sur son affut. — Clément, *Jacques Cœur et Charles VII*, t. Ier, p. 72 ; —
P. Daniel, *Histoire de la milice française*, t. Ier, p. 446.

Burel (les), maîtres fondeurs lorrains (xviiie siècle).
François Burel refondit, en 1723, l'ancienne grosse
cloche de Mattaincourt (Vosges).

Jean Burel et Jean Barbier refondirent, en 1747, la
grosse cloche de l'église Saint-Epvre, de Nancy. —
Farnier, *Notice historique sur les cloches*.

Buret. Plusieurs maîtres fondeurs, qui nous paraissent appartenir à la même famille, ont porté ce nom.

Jean Buret (Burette) était établi en 1512 dans la ville
de Lyon en qualité de maître artilleur ; il reçut, en
1543, la somme de 20 livres pour la fonte de deux
cloches destinées à l'église de Cuy (Seine-Inférieure) ;
la cloche des heures de l'horloge de Caudebec porte :
Me fist Jean Buret ; L de RB. V^{ce} LVII (1557) ; deux
petits timbres qui l'accompagnent, ornés de salamandres et de croissants, sont marqués : *Ie fus faicte
lan V^{ce} L II.* Son fils (?), Jean Buret, remit en place
en 1572, la belle croix du pont d'Orléans, érigée en
1407, aux frais de Pierre de Saint-Mesmin, et brisée
par les Huguenots (1562). Jean Buret se maria à l'église
de Saint-Pierre-le-Puellier, à Orléans, en 1595. Il est
porté sur les états de l'artillerie royale en 1585

comme maître fondeur des canons. Une cloche de Caudebec a été fondue en 1605 par Jean Buret.

Un autre fondeur, Michel Buret, épousa, en 1599, Marie, fille de Lucas Baillet. — Herluison, *Artistes orléanais.*

Les Buret semblent avoir été établis à Rouen au commencement du xviie siècle et y avoir exercé longtemps la profession de fondeurs de cloches.

Romain Buret fondit, en 1600, la cloche de l'église de la Ferté-en-Bray, sur laquelle on lit en beaux caractères du xvie siècle : *1600 Marie de Bourbon princesse duchesse de Longueville dame de la Ferté. Pierre Duval trésorier de ce lieu. — Me fecit Romain Buret fondeur.* Romain Buret, maître fondeur à Rouen, assisté de Nicolas Buret, servit de caution, en 1609, à André Le Moyne, maître fondeur de l'artillerie du roi, habitant Paris, lorsqu'il fut chargé de fondre la cloche de l'Hôtel de ville de Paris.— Le Roux de Lincy, *Histoire de l'Hôtel de ville.*

En 1620, Romain Buret, maître fondeur de Rouen, toucha 196 l. 10 s. pour deux timbres fournis à l'horloge de la ville d'Évreux, pesant 262 livres.

Dans le clocher de l'église de Sainte-Neuve-en-Rivière est une cloche portant une inscription qui se termine ainsi : *Et me fire Pierre Buret, Lejeune Bourdon et Nicolas Buret 1617.*

Un autre Pierre Buret a exécuté seul la cloche de l'église de Merval, en 1700.

Nicolas Buret prenait en 1636, sur la cloche de Saint-André-la-Ville, à Rouen, le titre de maître fondeur-canonnier du roi. Il habitait à Paris, rue Aubry-le-Boucher, et mourut en 1643. — J. Guiffrey, *Scellés et inventaires d'artistes.*

M. de Cayx de Saint Aymour a présenté à la Société des Antiquaires une clochette ornée d'une fleur de lis et d'un médaillon occupé par une salamandre et entouré par la légende : *Nicolas Buret.* (Séance du 9 décembre 1885.)

Une des anciennes cloches de Cuy avait été fondue,
en 1700, par Gabriel Buret, moyennant le prix de
150 livres.

Dans l'église de la Belière, une cloche, aujourd'hui
disparue, portait la légende : *Jacques Buret me fit en
l'an 1725.* — Dergny, *les Cloches du pays de Bray;* —
Billon, *Épigraphie campanienne* (*Bulletin monumental,*
1861).

Burford (**William**), maître fondeur, figurant sur
les rôles de la bourgeoisie de Londres (1371-1392),
comme fondeur spécial de cloches. Il fit un testament
en 1390, par lequel il laissait sa fonderie et tous ses
ustensiles à son fils Robert, qui continua les travaux
de son père pendant vingt-huit ans et mourut en 1418.
Robert reçut en 1410, de l'église Stropham (Norfolk), la
somme de £ 31 14 s. 7 d. pour la fourniture d'une
cloche, aujourd'hui disparue. Le testament de Robert
Burton est daté du mois de septembre 1418. — Stahlschmidt, *London bell's founders.*

Burger. Cloche pour Bendewisch, en 1617. —Otte,
Glockenkunde.

Burger (**Georgen**), maître fondeur d'artillerie à
Nuremberg (xviiᵉ siècle). On voit, à l'arsenal impérial
de Saint-Pétersbourg, un canon coulé par lui en 1659.
— Communication de M. le colonel N. de Brandenbourg.

Burghervys (**Jean**), dinandier (xviiᵉ siècle); est
l'auteur d'un grand mortier représentant une chasse
entre deux bordures fleurdelisées, signé : *Johannes*

Burghervys me fecit 1617, soli deo gloria. — *Catalogue de l'exposition historique de l'art belge, 1880.*

Burgschmidt, fondeur à Nuremberg (?) (xix⁰ siècle), a coulé la statue colossale d'Albrecht Dürer, modelée par Rauch pour la ville natale de cet artiste.

Buron (Étienne), maître fondeur à Paris. Les maîtres ciseleurs-doreurs firent saisir chez lui, le 3o août 1754, des lustres, des bobèches, des bras et des écritoires dorés, qu'il vendait indûment. — *Statuts des ciseleurs-doreurs.*

Burte (Jean-Baptiste). Cloche de Torcy (1779). Voir à **Robelet.**

Burthemin, « canonnier, fil maistre Collart, qui fut maistre de bonbairde », fondit, en 1413, une bombarde pour la ville de Laon, dont le métal de cuivre fut fourni par le marchand Perrin Dallehain et l'étain par Henry le Maigney. — *Archives communales de Laon (Comptes de la ville).*

Busca (Alvisio), fondeur de cloches à Milan (1438-1475). — *Annali della fabbrica.*

Busca (Antonio), maître des cloches du dôme de Milan; intervint, en 1478, dans le marché passé avec Giovanni Pozzoni pour la fonte d'une cloche destinée à la cathédrale. Son nom apparaît pour la première fois dans une délibération de la fabrique à la date de 1465. — *Annali della fabbrica.*

Busca (Dionigi detto Gacchino), fondeur en bronze à Milan (1568-1577). Le campanile du dôme conserve une cloche coulée en 1577 par Dionigi Busca; elle pèse 1,400 livres milanaises. — *Annali della fabbrica.*

Busca (**Geronimo** dit **Giocchino**), fut chargé, en
1514, de renouveler la grosse cloche de la cathédrale
de Milan, brisée pendant l'expédition française.

« 1514. Giovedi 9 febbraio. Ordinatum fuit quod
reficietur campana prædictæ majoris ecclesiæ per magistrum Hyeronimum dictum Giochinum, quæ campana tempore Gallorum obsidionis in arce seu castro
Mediolani per ipsos Gallos seu eorum tormenta bellica
quæ per eos ex castro prædicto ejiciebantur, fracta
fuit et hoc attento quod dictus magister Hyeronimus
se obtulit ejus mercedem præfatæ fabricæ largiri. »

« 1514. Giovedi, 23 novembre. Volendo pure in
qualche parte rimetare la prestazioni di maestro Gero-
lamo Giochino nel rifare la campana maggiore, sebbene
esso abbia rinunziato ad ogni mercede, ordinarono di
loro spontanea volontà dare allo stesso scudi 25 di
sola. » (Voir à **Geronimo**.) Cette cloche, datée de 1515
et pesant 6,000 liv. mil., est encore suspendue dans le
campanile du dôme.

« 1517. Giovedi 30 aprile — Ordinatum fuit quod
fiat nova campana super campanile præfatæ majoris
ecclesiæ, ceteris minor cum aliis campanis ipsius campanilis conformans et alia campana parva super horo-
logio campi sancti præfatæ fabricæ per magistrum
Hyeronymum de Buschis dictum Giochinum. » — *Annali
della fabbrica del duomo di Milano.*

Busca (**Giovanni Antonio**), fondeur de cloches à
Milan.

1526. « Addi 3 maggio. — Magistro Antonio Buschæ
l. 45 s. 2. imp. occasione pretii unius campanæ cum
campanilis tribus positæ ad horologium campi sancti
et unius agneli bronzi positi ad baculum s. Ambrosii,
et unius campanilis dati pro usu sacristiæ præfatæ
majoris ecclesiæ. »

1526. « Addi 26 maggio. — Magistro Joanni Francisco de Niguarda pictori l. 73, s. 12, d. 6 occasione mercedis suæ pingendi campanile horologii campi sancti præfatæ fabricæ. — *Annali della fabbrica del duomo di Milano.*

Busca (Giovanni Battista), dit **il Giochino**, habile fondeur à Milan; a exécuté pour le dôme des travaux importants dont le caractère est plus artistique que les commandes faites aux autres membres de la famille. On voit, dans le campanile, une cloche du poids de 25,000 livres milanaises coulée par lui en 1582.

Giovanni Busca a fondu et ciselé les ornements des deux pupitres ou chaires circulaires de bronze doré qui sont placés à l'entrée du chœur de la cathédrale. On voit, sur celui de droite, les figures des quatre docteurs de l'Église, se terminant en consoles de grandeur colossale, entre lesquelles se trouvent des bas-reliefs rectangulaires représentant des sujets religieux. Au-dessus, est disposé un abat-voix circulaire surmonté par des statuettes et des ornements ; le tambour du pilier, dont cette chaire suit les contours, est revêtu de panneaux à arabesques. Cet ouvrage porte la double signature de Brambilla, qui l'a modelé, et du ciseleur qui l'a terminé : *Franciscus Brambilla formavit.* — *Io. Baptista. Busca. fundit. M.D.L CƆ.* (1599).

La disposition de la chaire de gauche est la même, à l'exception des figures, qui représentent les quatre Évangélistes. Le nom de Brambilla n'y est pas inscrit. Le fondeur seul y a gravé la légende : *Io. Bap. Busca. f.*

La dépense occasionnée par l'exécution de ces pupitres s'est élevée à 67,541 l. 13 s.

Sous la direction de Brambilla, mort en 1599, et postérieurement d'Andrea Biffi, qui termina les modèles de son maître, Giovanni Busca a fondu les deux grandes figures d'anges qui sont placées aux angles du maître-autel. Il reçut 10,532 l. 10 s. pour cette œuvre.

Il a également exécuté, pour le maître-autel de la chapelle de l'archevêque Giovanni Bono, un Christ en bronze adoré par deux anges à genoux, et deux grands candélabres.

Le cardinal Federigo Borromeo lui commanda la corniche du ciborium, dont les modèles étaient dus à Brambilla. La partie principale de ce monument, dessiné par Pellegrini, a été fondue par Andrea Pellizono. — *Descrizione del duomo di Milano.*

Busca (Giovanni Maria), maître des cloches du dôme de Milan; fut chargé, en 1478, concurremment avec Jacobo de Sovico, de fondre une cloche pour la cathédrale. (Voir à ce dernier nom.) Giovanni Maria semble avoir succédé à Antonio Busca dans les fonctions de maître des cloches du dôme en 1478 et les avoir exercées jusqu'en 1481. — *Annali della fabbrica.*

Busca (Jo. Annibale), fondeur-ciseleur milanais (xviie siècle); a exécuté deux candélabres pour l'église Saint-Ambroise, de Gênes, où ils existent encore. Ils sont décorés de têtes d'anges, des emblèmes de la Passion et des chiffres de la compagnie de Jésus et de la famille Pallavicino, qui avait commandé ce travail. Sur la base, est l'inscription : *Jo. Annibale Busca med° f.* — Varni, *Ricordi di alcuni fonditori.*

Busca (Lanfranco), fondeur de cloches à Milan (1399). — *Annali della fabbrica del duomo di Milano.*

Buscher (Heinrich), à Hanovre. Cloches pour l'église de la Croix de Hanovre (en 1603 et 1605). — Otte, *Glockenkunde.*

Buschi (**Dionisio** detto **il Crochino**), maître fondeur d'artillerie. Il travaillait, en 1565, au château de Milan, lorsqu'il fut engagé, par les princes d'Este, à venir à Guastalla leur donner son concours. Pendant trois années il fondit une quantité considérable de pièces d'artillerie, qui furent placées sur les fortifications de la ville et transportées plus tard à Mantoue par le duc Charles-Ferdinand. — Campori, *Gli artisti estensi*.

Busquet (**Daude**), maître fondeur, coula, en 1375, pour l'une des églises de Montpellier, une sonnerie de cloches, pour laquelle il reçut 84 écus d'or. — Bérard, *Dictionnaire des artistes français*.

Busse (**Jacob**). Cloches à Berkum (1496); à Burgstemmen (1498), et à Nordsteinmen (1500). — Otte, *Glockenkunde*.

Butavand (**Claude**), maître fondeur; reçut, en 1646, une somme de 271 liv. de la ville de Lyon « pour la croix de lotton de l'aulteur d'environ six pieds, pesant 271 livres, laquelle croix a été posée au-dessus de la pyramide que le Consulat a fait faire en la place des Terreaulx ». — *Inventaire des archives municipales de Lyon*.

Butet (**Cardin**), maître fondeur; coula une des cloches de Bernay, en 1500. — Farnier, *Notice historique sur les cloches*.

Butte (les frères), sculpteurs et fondeurs (xixᵉ siècle). Ils avaient établi à Nancy une maison où ils éditaient des groupes et des statuettes en bronze. L'un d'eux portait le surnom de Butte l'aîné et l'autre avait reçu le prénom de Laurent. Buste du général Drouot, acheté par la ville de Nancy et placé au musée. — *Catalogue du musée de Nancy.*

Butterfield, ingénieur du roi, fabricant d'instruments de mathématiques, mort à Paris en 1724. La maison fondée par lui fut dirigée par ses fils jusqu'à la fin du XVIIIe siècle.

Nous ne citerons, parmi les œuvres nombreuses de cet ingénieur, qui a joui d'une grande célébrité pour la fabrication des boussoles et des instruments de précision, que les cercles de bronze qui supportent les grands globes de Coronelli, offerts en 1683 à Louis XIV par le cardinal d'Estrées, et rapportés des pavillons du château de Marly à la Bibliothèque nationale. — Blin de Fontenay, *Dictionnaire des artistes.*

Buyster (Philippe), sculpteur, né à Anvers en 1595, mort en 1688. — « 1671, 15 novembre : à Pierre Buister pour deux termes d'étain et plomb avec leurs pattes et glaçons et autres portraits et bustes, 820 l. » Les mémoires de l'Académie donnent à Buyster le prénom de Philippe, que nous lui conservons malgré le texte de ce document. — Guiffrey, *Comptes des bâtiments ;* — Mantz et de Montaiglon, *Mémoires sur la vie des membres de l'Académie.*

Byng (F. J.), fondeur et graveur sur cuivre (XVIe siècle). On voit, au musée de la porte de Hal, à Bruxelles, un étui à lunettes, de cuivre jaune, garni de bélières, sur lequel sont gravés divers ornements, le Soleil, la Lune, les monogrammes de la Vierge et du Christ, des fleurs et les instruments de la Passion surmontés d'arcades de style ogival. Sur le bord est inscrit : *Anno domini 1588. P. J. Byng faciebat.*

Bythaene (Jean), canonnier ordinaire de l'artillerie

royale au **château de Doulens**, dessoubz la charge de **Mgr de Bonthauduiz**, a rédigé, le 20 janvier 1543, un traité relatif aux opérations militaires sur terre et sur mer et spécialement sur la fonte de l'artillerie. Il composa, la même année, une double batterie composée de quatre doubles canons, de douze courtaults, de quatre couleuvrines bastardes, de huit moyennes et de vingt-quatre faulconneaux. — Bibliothèque nationale : *Pièces manuscrites sur l'artillerie.*

Byxle (Walter), maitre fondeur de cuivre, chaudronnier, porté en 1369 sur les rôles de la cité de Londres. — Stahlschmidt, *London bells' founders.*

C

Cabei (**Niccolo**), père jésuite (xvii° siècle); inventa une nouvelle bombarde lançant des boulets de 26 livres, plus légère et plus portative que les autres pièces, et la présenta au duc François d'Este. — Cittadella, *Notizie relative a Ferrara*.

Cabet (**Jean-Baptiste-Paul**), sculpteur, né à Nuits en 1825, mort à Paris en 1876 ; élève de Darbois et de Rude.

Buste en bronze de Rude pour le tombeau de ce sculpteur au cimetière Montmartre (répétition en marbre au musée de Versailles); buste du commandant Noisot, à Fixin ; la Résistance, composition modelée pour la ville de Dijon et brisée en 1875, dont une réduction en bronze existe au musée de Dijon.

Jeune voyageur au tombeau des Thermopyles, statue (Salon de 1844); bustes de M. Loiseau, peintre (Salon de 1835) et de M. Moreau, professeur à l'École de Médecine (Salon de 1841) ; une fontaine pour le palais de la grande-duchesse Marie, à Saint-Pétersbourg ; une fontaine monumentale pour la ville d'Odessa. — Bellier de la Chavignerie, *Dictionnaire*.

Cabuchet (**Émilien**), sculpteur, élève de Simard, né à Bourg en 1809. Portrait de M. Puvis, buste (Salon de 1846); Saint Vincent de Paul, groupe en bronze pour la ville de Châtillon-les-Dombes (Salon de 1855) ; Sainte Marthe, réduction en bronze d'une statue exé-

cutée pour la cathédrale de Marseille (Salon de 1879);
l'Abbé Paradis, médaillon (Salon de 1882).

Cacciavillani (les), maîtres fondeurs de Frosinone
(xviiie siècle).

Deux cloches de l'église des Augustins, à Anagni, sont
signées : † *Carminus Cacciavillani Frusinas fecit anno
Domini MDCCC ; et : † Vincentius Cacciavillani Frusinas fudit anno Domini MDCCCXXXI.* — Barbier de
Montault, *Cloches d'Anagni.*

Caccini (Pompeo), sculpteur génois (xviie siècle).

M. Varni signale un buste de Gabrielle Chiabrera qui
porte l'inscription : *Pompeo Caccini f. a. 1624.* —
Varni, *Ricordi di alcuni fonditori.*

Cachet (Jean), maître fondeur, à Bruxelles (1459).

« Item marchandé à Jehan Cachet fondeur, de faire
et établir I candeler de Keure, à V candelers devant
ledit tabliau (de Rogier van der Weyden), par la manière qu'il est a veyr, s'en heult par marquiet fait en
tasque, X escus de XX l. paiiéz par la cambre des
comptes sur mon compte XVIII d'aoust LIX. » — De
Laborde, *les Ducs de Bourgogne,* t. Ier.

Cadé (Constant), sculpteur contemporain, né à
Corcieux, élève de Dumont. — Buste de M. E. M. (Salon de 1872).

Cadet (Jean), maître fondeur chartrain (xvie siècle). — Herluison, *Artistes orléanais ;* Bérard, *Dictionnaire des artistes français.*

Cadot (Colart), canonnier de la ville d'Amiens,
reçut, en 1463-1464, une somme d'argent pour le

penne de sa robe d'officier municipal. — Demay, *Artistes artésiens: Nouvelles Archives de l'art français,* 1878.

Caetmans. Cloche pour l'église de Herten (Hollande), 1458. — Otte, *Glockenkunde.*

Cafacci (**Fabio**), fondeur; a travaillé à l'exécution de la statue équestre de Cosme Ier, modelée par Jean Bologne et coulée par Giovanni Albergetti (1594). — Del Badia, *Della statua equestre di Cosimo I^o,* p. 18.

Caffieri (**Jacques**), sculpteur, fondeur et ciseleur du roi, né à Paris en 1678, mort en 1755, cinquième fils de Philippe Caffieri.

Il fut chargé, en 1715, par la communauté des fondeurs, de dessiner le poêle mortuaire destiné aux membres de l'association. Il existe deux dessins de cette broderie : l'un au musée du Mans, signé : *Inventé et dessiné par Jacques Caffieri, 1715;* l'autre, chez M. le baron Pichon. Jacques devint plus tard syndic de la communauté et habitait rue des Canettes.

La famille de Besenval possède deux bustes du baron de Besenval et de son fils Victor, portant les inscriptions: *Fait par Caffiery à Paris, 1735,* et *Fait par Caffiery, 1737.* Le travail le plus important que ce ciseleur ait peut-être exécuté, étaient deux cadres de miroir en bronze doré de 15 pieds de hauteur, envoyés par le roi Louis XV au Grand-Seigneur. Ces grandes pièces, modelées et ciselées sur les modèles de l'architecte Gabriel, avaient coûté la somme de 24,982 livres. Le palais de Versailles a conservé un grand régulateur tout en cuivre ciselé, s'appuyant sur des pieds à console, dont les parois ajourées contiennent une horloge inventée par Passemant. Caffieri emprunta le secours de son fils Philippe pour exécuter cette commande royale, et il y traça les deux inscriptions : *Les bronzes exécutés par Caffieri*, et : *Les bronzes sont composés et exécutés par Caffieri*. Cette pendule ne fut terminée qu'en 1753.

Il avait ciselé, dans la même année, la bordure en cuivre d'une figure de Christ en marbre, appartenant au dauphin, dont le règlement n'eut lieu que longtemps après la mort de l'artiste.

Sir Richard Wallace possède une commode décorée de bronzes précieusement ciselés, portant l'inscription : *Fait par Caffieri*. Le même amateur a acquis un superbe lustre provenant du palais de Parme, sur lequel on lit : *Caffieri à Paris, 1751*. Le baron Gustave de Rothschild a également dans ses collections une commode, dont les cuivres sont signés par Jacques Caffieri. On peut attribuer à cet artiste le grand bureau appartenant au prince de Metternich, à Vienne, l'une des pièces les plus importantes de la ciselure française au xviii° siècle.

Jacques Caffieri a exécuté nombre de cartels, de pendules et de flambeaux sur lesquels il a gravé son nom. M. Mialhet a possédé une pendule portant l'inscription : *Fait par Caffiery*, qui est placée sur un socle d'applique portant le nom : *Caffiery*. Deux pendules, représentant une figure de Chinois supportée par un éléphant, appartiennent au South Kensington Museum (legs Jones) et à M. le baron de Leusse. L'une et l'autre portent la même légende, orthographiée différemment : *Fait par Caffieri* et *par Caffiery*. Parfois l'artiste signait en latin : *Caffieri fecit*, sur un cartel à M. Aquarone, et *Caffiery fecit*, sur une pendule de la collection Poldi-Pezzoli.

On peut suivre, dans les *Comptes des bâtiments du roi*, le cours des travaux exécutés par Jacques Caffieri de 1735 à 1755 pour les résidences. Ces documents ne relatent malheureusement que les sommes payées et ne précisent pas la nature des travaux auxquels s'appliquent les dépenses. Caffieri a travaillé aussi pour Mme de Pompadour au château de Bellevue.

Les œuvres que nous avons citées ne représentent qu'une faible partie de sa production artistique, qui fut très féconde et très variée. Les catalogues du xviiiᵉ siècle mentionnent fréquemment des meubles et des bras de lumières sortis de ses ateliers.

La collection Lapeyrière (1824) renfermait une grande pendule à socle, de forme chantournée, à décor de coquilles. Les deux figures de Diane et d'Apollon étaient placées sur le devant du socle; sur le haut de la caisse, voltigeait Zéphire. Cet important morceau, haut de 4 pieds, est du fameux Caffieri (Jacques ?).

On ne saurait assez admirer la grâce légère et la fantaisie originale de ses bras de lumières et de ses lustres, dont la Bibliothèque Mazarine conserve deux précieux spécimens. Jacques Caffieri est l'un des meilleurs interprètes qu'ait rencontrés Meissonnier pour exécuter ses compositions. On a souvent attribué à Jacques Caffieri ou à son fils Philippe une série de bronzes portant un poinçon composé de la lettre *C* surmontée d'une couronne. Rien n'est venu confirmer cette attribution, et ce poinçon semble être une marque de contrôle. — Blin de Fontenay, *Dictionnaire des artistes;* — Guiffrey, *les Caffieri;* — De Champeaux, *le Meuble,* t. II, p. 141.

Caffieri (Jean-Jacques), sculpteur du roi (1725-1792), fils de Jacques et frère de Philippe Caffieri, élève de Jean-Baptiste Lemoyne. Cet artiste est surtout célèbre par les portraits qu'il a exécutés en marbre et en terre cuite, d'après nos grands poètes dramatiques. Ses meilleurs bustes figurent dans le foyer du Théâtre-

Français. Quoique son œuvre soit considérable, il a peu modelé pour le bronze,

M. de la Live de Jully (1769) possédait deux vases de marbre enrichis d'ornements à l'antique, avec des dragons formant les anses et des guirlandes de feuilles de laurier, qui avaient été sculptés par Jean-Jacques Caffieri. Ils étaient montés sur des pieds de forme ronde, en bronze ciselé par Philippe Caffieri, frère de ce sculpteur.

Caffieri avait fait le modèle de deux anges en adoration, de grandeur naturelle, qui furent exécutés en plomb doré pour la Chartreuse de Rouen.

Les réductions de deux groupes en bronze représentant : l'un, l'Amitié surprise par l'Amour, commandé pour Mme du Barry et terminé plus tard pour l'abbé Terray ; le second, l'Amour vainqueur du dieu Pan (Salon de 1771), ont figuré à la vente de l'abbé Terray (1779). Plusieurs autres groupes de Caffieri, notamment celui qui représente le Pacte de famille, commandé pour le duc de Choiseul (1771), ont été reproduits en bronze pour servir de sujets à des pendules. — J. Guiffrey, *les Caffieri*.

Caffieri (Philippe), fondeur-ciseleur (1714-1774). Il habita d'abord la rue des Canettes et plus tard il vint s'établir rue Princesse, au faubourg Saint-Germain. Fils de Jacques Caffieri, il avait pris part à l'exécution des travaux de son père, mais il n'apparaît nominativement dans les comptes qu'en 1755, lors de la mort de Jacques. Les mémoires visés dans les ordonnancements royaux ne donnent aucun détail sur la nature des commandes qui lui furent faites depuis cette année jusqu'en 1769, où il cessa d'être employé par le service des bâtiments. On n'y trouve mentionné qu'un feu de bronze ciselé, destiné à l'hôtel de M. de Marigny.

Philippe Caffieri avait ciselé des pièces très importantes, sur lesquelles on a des renseignements plus explicites. La chapitre de Notre-Dame lui commanda, en 1759, une croix et six chandeliers pour remplacer les ornements du maître-autel, exécutés en argent par Ballin, qui avaient été portés à la Monnaie. Cette garniture fut mise en place en 1760 et satisfit le chapitre, qui commanda à Caffieri une seconde garniture de six flambeaux pour la chapelle de la Vierge. Il fit également plusieurs travaux de ciselure pour la grande sacristie, construite sur les dessins de Soufflot. Le chapitre lui demanda postérieurement de composer le modèle d'un grand lustre pour la décoration du sanctuaire, mais ce projet semble avoir été abandonné. On voyait.également, dans le chœur de la cathédrale, deux grandes torchères à neuf branches, au milieu desquelles était une lampe brûlant continuellement, qui avaient été exécutées par Caffieri en 1760.

La sacristie conservait une châsse destinée à renfermer les reliques de saint Germain et de saint Babolin, qui avait été donnée par le chanoine Chevalier. « C'était, dit Gueffier, une œuvre du fameux Philippe Caffiery, sculpteur-cizeleur du Roy, qui l'a exécutée en l'année 1763. »

Tous ces beaux ouvrages sont aujourd'hui disparus, mais la cathédrale de Bayeux expose encore, sur son maître-autel, une garniture qui lui a été offerte en 1771 par l'évêque de Rochechouart. Cet ensemble se compose d'un tabernacle, de six flambeaux et d'une croix, sur laquelle est gravée l'inscription : *Inventé et exécuté par Philippe Caffiery l'année 1771. — Doré par moi Pierre-François Carpentier à Paris en 1771.* Caffieri avait exécuté une garniture semblable pour l'église Saint-Nicolas-du-Chardonnet, à Paris; elle n'a pas survécu à la Révolution.

Dans une lettre datée de 1771 et publiée par M. J. Guiffrey, un écrivain anonyme décrit plusieurs ouvrages qu'il a vus dans l'atelier de Caffieri. Il mentionne, comme dignes de remarque, uu feu pour un salon de guerre, représentant les figures de Mars et de Vénus, et un autre pour un salon de paix, dont la décoration symbolise les arts. Ces feux étaient accompagnés de bras de lumières, dont les ornements étaient assortis à leur caractère : un feu représentant les Vents; un autre, sur lequel des enfants offrent des sacrifices à l'Amour; un feu pour un salon chinois, où l'on voit un mandarin et une Chinoise tirant de l'arc; un autre, sur lequel sont deux groupes de cerfs combattant. Le modèle primitif de cette dernière pièce avait été fait pour le château royal de Saint-Hubert. Il mentionne encore une pendule à mettre sur une table, représentant Jupiter sous la forme d'un aigle et placé sur un globe, tenant dans ses serres la foudre, d'où tombe une pluie d'or qui séduit Danaé. Auprès du globe, est l'Amour, qui lance son trait à la jeune fille, tandis que la vieille servante reste éblouie.

Notre auteur signale en outre un chandelier pascal d'une nouvelle forme, belle et agréable, qui, après bien des vicissitudes, a trouvé un refuge dans la sacristie de la cathédrale de Clermont. Cette importante pièce, dont M. Beurdeley possède le dessin original, est peu heureuse de composition, mais la ciselure en est admirable. Elle porte la légende : *Inventé, exécuté par Philippe Caffieri laisné à Paris, 1771.*

Philippe Caffieri avait ciselé et doré un Christ de bronze, qui est mentionné dans le catalogue de la vente faite après le décès de son frère Jean-Jacques, le sculpteur du roi (1792).

Il est resté, dans les magasins du Garde-Meuble, le

pied d'un vase aujourd'hui perdu, sur lequel est gravé : *Fait par P. Caffiery en 1761.*

Ce ciseleur était en même temps habile dessinateur, et il existe, au British Museum, un cahier de six planches d'ornements gravés d'après ses contemporains. Il fut chargé de faire les modèles de la toilette offerte à la princesse des Asturies en 1765, qui fut fondue en vermeil par les orfèvres Chancellier et Th. Germain.

Dans la collection Nogaret (1787) figurait une paire de bras à trois branches, composés de cors de chasse dorés, avec des rubans et une dépouille de renard, en bronze naturel.

Les catalogues de vente du XVIIIe siècle nous apprennent que Philippe Caffieri a exécuté les bronzes de plusieurs meubles et qu'il s'est associé plusieurs fois, pour les travaux de ce genre, avec l'ébéniste Oëben. Jusqu'à ce jour, il n'a été retrouvé aucun spécimen authentique de la collaboration de ces deux artistes habiles. M. de la Live de Jully (1769) possédait un ameublement de cabinet composé d'une armoire servant de coquillier, d'une table de bureau avec son écritoire, les flambeaux et les presse-papiers, d'un secrétaire-cartonnier et d'un fauteuil, qui avaient été exécutés par Philippe Caffieri à l'imitation des anciens ouvrages de Boulle. Le catalogue de la vente du peintre Boucher (1771), qui renfermait un coquillier en bois de violette par Oëben, décrit plusieurs girandoles, des bras et des flambeaux ciselés par Philippe Caffieri. Les *Tablettes royales de renommée* (1772) donnent à cet artiste le nom de *Caffetiers* et ajoutent qu'il était aussi sculpteur.

Philippe Caffieri était syndic des maîtres fondeurs de Paris, lors de la suppression des corporations, en 1776, et de leur remplacement par les nouvelles communautés. — Blin de Fontenay, *Dictionnaire des artistes;* — J. Guiffrey, *les Caffieri;* — De Champeaux, *le Meuble,* t. II, p. 147; — J. Guiffrey, *Nouvelles Archives de l'art français,* 1878.

Caffieri (**Philippe**), sculpteur, né à Sorrente, mort à Paris en 1716, à l'âge de quatre-vingt-deux ans. Il fut appelé en France par le cardinal Mazarin et exécuta de nombreuses sculptures sur bois et en métal pour les résidences royales. Il habitait la maison des Gobelins et y travaillait sous la direction de Le Brun.

Caffieri a fait des modèles en bois de contre-cœurs pour les cheminées des châteaux du Louvre (1665), des Tuileries (1666) et de Versailles (1672).

Il exécuta, en 1672, le modèle des portes en bronze des grands appartements de Versailles, qui lui fut payé 850 livres. Il fut chargé postérieurement de les sculpter en bois, lorsque ces bronzes furent supprimés.

Il avait modelé les chapiteaux de plomb doré de l'ancienne chapelle de Versailles (1679) et ceux en bronze de la chambre des bains (1672); les chapiteaux de la grande galerie ont été fondus et ciselés par lui sur les dessins de Le Brun (1680), ainsi que les trophées placés au-dessus des cintres des croisées. — Blin de Fontenay, *Dictionnaire des artistes;* — J. Guiffrey, *les Caffieri.*

Cagnet (**Jean**), **Le Cert** (**Jean**) et **Rasuir** (**Williaume**), maîtres de l'artillerie de la ville de Valenciennes, furent chargés, en 1365, d'importants travaux d'artillerie et de la mise en état des bombardes de la cité, en vue du siège d'Enghien.

Jean Cagnet portait le titre de maître de l'artillerie de la ville. — Communication de M. Lorédan Larchey : *Archives communales, Comptes de la ville.*

Cagny, doreur (xviii° siècle). Son nom se trouve

répété souvent dans les comptes de Mme du Barry, qui lui confiait la dorure des meubles et des ornements destinés à l'ameublement du pavillon de Luciennes. Les mémoires des travaux faits par Cagny se trouvent à la Bibliothèque nationale et à celle de la ville de Versailles. — Vatel, *Mme du Barry*.

Cahier, orfèvre-bronzier à Paris (xixe siècle). Il avait succédé à l'orfèvre Biennais qui demeurait rue Saint-Honoré, à l'enseigne du *Singe violet*. Plus tard, Cahier, qui avait obtenu le titre d'orfèvre du roi Charles X, s'établit rue de la Fontaine-Molière, n° 26. Cahier a exécuté de grandes pièces d'orfèvrerie en cuivre pour de nombreuses églises. Le roi lui avait commandé la garniture d'autel de la cathédrale de Reims, à l'occasion du sacre. Cahier avait envoyé, à l'Exposition de 1844, une châsse en bronze doré.

Cahieux (**Henry**), sculpteur à Paris (époque contemporaine). Il a composé divers modèles pour l'industrie du bronze et spécialement pour M. Barbedienne. Nous citerons deux vases à long col avec bas-reliefs représentant des sujets mythologiques dans le style grec, signés : *Henry Cayeux*. — *Barbedienne, fondeur*.

Caillé (**Joseph-Michel**), sculpteur, né à Nantes, élève de Duret et de Guillaume, mort en 1881. Portrait du docteur Lecoq, médaillon (Salon de 1872); Bacchante et panthère, groupe (Salon de 1875). La veuve de ce sculpteur a offert à la ville de Paris, le modèle de la statue de Voltaire, qu'il avait exécuté lors du concours ouvert pour l'érection d'un monument dédié à cet écrivain. Cette œuvre a été coulée en bronze et placée devant la façade latérale droite du palais de l'Institut (1885).

Caillet ou **Cailliet**, famille de fondeurs français
établie à Berlin.

Pierre Caillet : cloche à Deutschbork (1714); cloche
à Schöpfurt (1715), signée : *Caillet et Rolliet fecit.*

Une cloche d'Hegermühle (1722) est signée : *Durch
Peter und Abraham Cailliet Vater und Sohn.* — Otte,
Glockenkunde.

Cain (Auguste-Nicolas), sculpteur, né à Paris en
1822, élève de Rude et de Guionnet, gendre de
M. Mène. Il a modelé de nombreuses figures d'animaux
et des groupes qui ont été coulés en bronze.

Figure de vautour d'Égypte, support pour une table
de porphyre (Salon de 1851); les Grenouilles deman-
dant un roi, groupe en bronze (Salon de 1851); Ibis
(Salon de 1852); Famille de perdrix; Bécassine (Salon
de 1853); Faucon chassant des lapins; Renard chassant
des canards, bas-reliefs (Salon de 1863); Lionne du
Sahara, plâtre; Combat de coqs (Salon de 1864).

Vautour fauve sur une tête de sphinx, Musée du
Luxembourg (Salon de 1865); Lion du Sahara, plâtre
(Salon de 1865); Famille de tigres (Salon de 1867);
Lionne, plâtre, pour un guichet des Tuileries (Salon
de 1868).

Hôtel de ville de Paris, façade sur la place Lobau :
deux figures de lions assis, fondues par Thiébaut (1884).

Hôtel de ville de Poitiers : figures de lions assis
pour la décoration du campanile.

Jardin du Luxembourg : Nid de faisans, groupe
(Salon de 1874); Combat de tigres, groupe pour le
jardin des Tuileries (Salon de 1876); Lion et lionne
se disputant un sanglier, groupe appartenant à l'État
(Salon de 1882); le Coq français, bronze destiné à la
salle du Jeu-de-Paume, à Versailles (Salon de 1883);
Rhinocéros attaqué par des tigres, groupe pour le

jardin des Tuileries (Salon de 1884). — Bellier de la Chavignerie, *Dictionnaire.*

Calamanti (Antonio), de Treja ; a fondu le buste de bronze du pape Pie VI, modelé par le sculpteur romain Tommaso Righi, pour la ville d'Ancône (xviii⁰ siècle). — Ricci, *Memorie storiche degli artisti della marca di Ancona.*

Calamech ou **Calamecca (Lazzaro da Lorenzo)**, sculpteur, né à Carrare (xvi⁰ siècle). Il étudia à Rome et vint se fixer à Messine, où il exécuta la statue de bronze de don Juan d'Autriche, érigée en commémoration de la victoire de Lépante, sur la place de l'Annunziata, à Messine (1572). La famille Calamecca a compté plusieurs sculpteurs ; on pense qu'elle a pris le nom d'une localité voisine de Ferrare, qui s'appelle Calamecca. — *Memorie di pittori messinesi ; — Magasin pittoresque* (15 décembre 1885).

Calandra (Giovanni Battista), de Verceil, a exécuté la croix de bronze entourée de rayons dorés qui est placée sur la porte du Jubilé, dans la basilique de Saint-Pierre, à Rome (xvii⁰ siècle). — Bonnani, *Historia Templi Vaticani.*

Calcagni (Antonio Bernardino), sculpteur, né à Recanati (1536), élève de Lombardi (xvi⁰ siècle). Son premier ouvrage de bronze fut le buste du commandeur Annibale Caro qui a passé dans la vente Stein (1886). Il exécuta le bel autel de la Pieta pour l'église de la Santa Casa. Il y représenta, dans un bas-relief ovale de huit pieds de longueur et de six de hauteur, la Déposition de la croix, avec des figures d'anges et les portraits des quatre donateurs. Calcagni avait reçu pour cet ouvrage 800 écus avec le métal nécessaire et une petite maison à Recanati. Après sa mort, ses héritiers réclamèrent ce qui lui restait dû, et les arbitres choisis furent Lodovico da Cesala, Antonio Fusini, Paolo, fils de Girolamo Lombardi, et Sebastiano Sebastiani, de Recanati, qui portèrent la valeur de ce travail à 2,000 piastres.

Il fit, en 1581, pour monsignor Casali, les modèles des statues des douze apôtres et d'une croix, qui furent fondues en argent.

Dans l'année 1579, Francesco da Volterra, architecte, vint de Rome à Loreto pour y dessiner le monument funéraire du cardinal Gaetani de Sermoneto. La statue agenouillée du cardinal fut jetée en bronze par Calcagni, ainsi que les ornements funèbres; les deux figures de Vertus qui l'accompagnaient furent sculptées en marbre par Tommaso della Porta.

Les états de la Marche résolurent d'ériger, en l'honneur de Sixte-Quint, la statue colossale de bronze, qui est placée devant la Santa Casa. Calcagni fut chargé de ce travail. La statue représente le pontife assis et bénissant. Le piédestal est orné de cartouches, de deux bas-reliefs et de statuettes surmontées de niches. L'artiste y a inscrit son nom : *Antonius Bernardini de Calcaneis Recanatensis faciebat.* Anchise Censori, fondeur du pape, fut appelé pour évaluer ce travail et l'estima 7,000 écus, auxquels les états ajoutèrent 1,300 autres écus.

Calcagni eut une nouvelle occasion de déployer son talent dans la commande qui lui fut faite de la porte de droite de l'église de Loreto. Il en commença le modèle en 1590, mais il mourut trois ans après, et le travail fut terminé par son petit-fils Tarquinio Giacometti et par Bastiano Sebastiani, suivant l'inscription gravée sur cette œuvre : *Antonius Bernardini de Calcaneis Recanaten inventor, Sebast : Sebastian : et Tar-*

quinius Jacobet : Recinetens excuderunt anno Jubilei 1600 Recanati.

On a également attribué à Calcagni la cuve baptismale de la cathédrale de Penne, dans le royaume de Naples, qu'ornaient les statues de saint Jean et des quatre parties du monde. — Ricci, *Memorie storiche.*

Calcagni (Domenico) (xviie siècle); a composé l'autel de San Giuseppe in Campo Vaccino, qui est orné de quatre colonnes de jaspe avec des bases, des chapiteaux et des appliques de bronze doré. — Titi, *Pitture di Roma.*

Calcena (Joannes), fondeur espagnol (xive siècle). La cathédrale de Valence possède une clochette avec l'inscription : *Joannes Calcena me fecit anno domini 1306.* — Juan F. Riano, *the Spanish Arts.*

Caleffi (Ercole), capitaine, né à Carpi (xviie siècle), fut chargé, par le duc François II d'Este, d'installer, dans le vieux château de Carpi, une fonderie pour l'artillerie ducale et les ornements de bronze destinés à la décoration du palais. Caleffi s'attacha, comme collaborateurs, Meyer et Muller, deux artistes septentrionaux.

Caleffi était élève du maître fondeur Anchise Censori; il cessa ses fonctions de capitaine des bombardiers en 1696, au bout de vingt-quatre ans de services.

L'inventaire de la forteresse de Brescello (1725) mentionne un *smeriglio,* portant le nom d'*Ercole Caleffi,* avec les armes ducales et l'inscription : *Franc. II. Mut. Reg. Dux X — Nobilitas estensis.*

Aux travaux de fonte d'artillerie il joignait ceux qui lui étaient demandés pour l'embellissement des palais et des églises. Il commença les ornements de bronze de la porte du palais ducal, qui furent achevés par

Johann Meyer et par Muller. Il coula, en 1687, un marteau de bronze pour la casa Rebecchi di Carpi, qui fut placé dans la galerie de cette demeure, en raison de sa beauté. Douze figures d'enfants entrelacés en suivent les contours; au milieu, sont les armoiries des Rebecchi avec un bouclier représentant un buste couronné de bas-reliefs; sur la base, est une figure d'Atlas soutenant le globe, avec les armes de la famille et les deux lettres initiales du ciseleur : *E. 1687. C.* Il fondit ensuite de nombreux crucifix de bronze de différentes grandeurs pour les autels ou les oratoires, ainsi qu'une reproduction d'un bas-relief de la Résurrection, laissé par Antonio Begarelli dans la cathédrale de Carpi. Dans la casa Bettini, sont conservés un bas-relief représentant la lutte d'Hercule et d'Antée et deux médaillons de l'empereur Galba et d'Hercule, donnés par le ciseleur aux ancêtres du possesseur actuel. Dans la casa Gandolfi, se trouve un bas-relief de Caleffi, représentant la Déposition de croix. Caleffi reçut de Cesare d'Este, en 1689, la commande de quarante canons appelés *Mansfelti.* Il coula, en 1689, une cloche pour la communauté di Gualtieri. Caleffi mourut en 1702. — Campori, *Gli artisti estensi;* — Angelucci, *Documenti inediti.*

Calegari (**Antonio**), sculpteur et fondeur de Brescia; a modelé en 1698, avec l'aide de son père Santo Calegari, les statues de l'autel de la chapelle San Fermo et Rustico, dans la cathédrale de Bergame. Les figures d'enfant et les lions qui décorent également cet autel ont été modelés par Antonio et fondus par Domenico Filiberti. — Fenaroli, *Artisti bresciani.*

Caliari (**Girolamo**), sculpteur, né à Udine (xviie siècle); a laissé, en 1614, sur la balustrade du maître-autel de la basilique de Saint-Marc, les statues des quatre principaux docteurs de l'Église. — Selvatico et Lazari, *Guida di Venezia.*

Calla, fondeur à Paris (xix* siècle). La maison Calla, qui a produit beaucoup de pièces artistiques, s'est transformée en usine pour la construction des machines industrielles; elle est actuellement dirigée par le fils du fondateur. Les deux statues de saint Louis et de Philippe-Auguste, placées sur les colonnes de l'ancienne place du Trône, sortent de cette grande fonderie. Calla a fondu, en 1852, neuf paires de vases moulés sur les originaux de Ballin et placés sur la tablette, du côté de l'aile du Midi, dans le parterre de Versailles. On a coulé, dans ces ateliers, des pièces d'artillerie pendant le siège de 1870-1871.

La maison Calla remonte au commencement de ce siècle; elle était établie en l'an IX, faubourg Poissonnière, n° 28 et plus tard n° 92, et exposait des cylindres de cuivre destinés à la filature ainsi que d'autres ustensiles industriels. Elle reçut une médaille de bronze en 1844, pour avoir exposé une fontaine à double vasque, des vases, une grille; la statue de saint Louis, pour la place du Trône; des candélabres de bronze; les portes et les fonts baptismaux de l'église de Saint-Vincent-de-Paul.

Callamard (Charles-Antoine), sculpteur, élève de Pajou, né à Paris en 1776, mort en 1821. Cet artiste avait modelé une petite statue équestre de Henri IV, qui, après sa mort, fut fondue et éditée par Delafontaine; elle fut exposée, en 1816, au Musée des monuments français. Douze des bas-reliefs du fût de la colonne de la Grande-Armée ont été modelés par Callamard.

Calot (Émile-Emmanuel), sculpteur, né à Douai (xix⁰ siècle) : portrait de Mme C..., médaillon (Salon de 1878); portrait du docteur Bernier de Beurnonville, buste (Salon de 1881).

Calvi (Pietro), sculpteur à Milan (xix⁰ siècle). Selika, buste en marbre et bronze (Salon de 1872); l'Oncle Tom, la Tante Chloë; le More de Venise, buste en marbre et bronze (Salon de 1881); Menestrelle, bronze et marbre (Salon de 1882); Aïda, buste en bronze (Salon de 1883); Ben Aly ben Zadiar; Aleydah, buste (Salon de 1885).

Caly fils, maître plombier, est porté sur les états de liquidation de l'ancienne liste civile en 1791 pour une fourniture de 1,373 l. 19 s., faite en 1787.

Cambiago (Giovanni Paolo), sculpteur italien, élève de Clemente Virago, sculpteur de Philippe II. Il travailla en Espagne sous le règne de Philippe III et reçut, en 1601, la somme de 900 ducats pour avoir exécuté une statue de bronze représentant Philippe II. — Bermudez, *Diccionario historico*.

Cambin (Jean), fondeur à Tournai; s'engagea, conjointement avec Pierre de l'Olive, à exécuter la fonte et la réparation des bombardes et des pièces d'artillerie du duc de Bourgogne (1439-1451). — Garnier, *Inventaire des Archives de la Côte-d'Or*.

Cambron (Toussaint et Pierre), maîtres fondeurs, furent chargés, en 1690, de couler, pour la cathédrale de Cambray, une cloche appelée *Fursus* et de remettre à un meilleur diapason la grosse cloche *Marie*. L'année suivante, ils passèrent marché pour la refonte de huit autres cloches plus petites, qui furent achevées en 1692.—Houdoy, *Histoire de la cathédrale de Cambray*.

15

Camilliani (Camillo), sculpteur sicilien (xvi⁰ siècle);
érigea, sur l'une des places de la ville de Palerme, une
fontaine monumentale de marbre sculpté, décorée de
diverses figures de bronze doré représentant des har-
pies et des monstres marins, avec la statue colossale
de Gerone Avrebbero disposée sur le couronnement.
Le marché passé avec l'artiste pour ce travail porte la
date de 1592. — Di Marzo, *I Gagini.*

Camillo (Capo dal), modeleur et fondeur de
Brescia, a exécuté deux superbes pupitres de bronze
pour le chœur de la cathédrale de Bergame. On y lit,
sur un cartel, l'inscription : *Opus Camilli a capite
Brix . 1603.* — Deux candélabres de l'église Santa
Maria Maggiore, dans la même ville, lui sont également attribués. — Fenaroli, *Artisti bresciani.*

Camillo da Urbino, bombardier-fondeur à Ferrare
(xvi⁰ siècle). Il travaillait dans la fonderie des ducs
d'Este en 1569, quand, des gentilshommes d'Urbin
étant venus visiter l'arsenal, l'explosion inattendue
d'un canon tua plusieurs d'entre eux avec Camillo lui-
même et blessa le bombardier Borgognone. — Cittadella, *Notizie relative a Ferrara;* — Angelucci, *Documenti inediti.*

Campagna (Girolamo), sculpteur et fondeur (xvi⁰
siècle), né à Vérone, vint ensuite s'établir à Venise, où
il fit d'assez nombreux ouvrages.

On voit, de cet artiste, deux statues de l'Innocence
et de Saint Antoine, dans l'église de Santa Maria dei
Frari, à Venise. Cette dernière porte la signature du
sculpteur (1593). — *Guide à Venise (1855).*

A San Giacomo di Rialto, une statue de Saint
Antoine, sur l'autel de la confrérie des orfèvres et des
graveurs en médailles.

Dans l'église del Redentore, un crucifix en bronze placé au-dessus du maître-autel, avec les statues de Saint François et de Saint Marc.

Le grand groupe représentant Dieu le Père s'appuyant sur un globe et entouré des quatre Évangélistes, qui surmonte le maître-autel de l'église de San Giorgio Maggiore.

Sur la façade du palais du Conseil de la ville de Vérone, Girolamo a laissé deux statues de bronze, la Vierge et l'Ange Gabriel; il a fondu une autre statue de la Vierge pour le collège des Marchands.

Il a exécuté en bronze, à Padoue, le tabernacle de l'autel de la chapelle du Saint-Sacrement, dans le Santo, et a taillé dans le marbre d'autres bas-reliefs pour cette même église. Ce tabernacle, auquel a travaillé également Cesare Franco, de Padoue, est orné de dix statuettes de prophètes, de celles des apôtres, de deux prophétesses, des quatre docteurs de l'Église, de deux bas-reliefs représentant la Résurrection et l'Eucharistie, et de deux anges entourant une grande croix de bronze terminale. — Gonzati, *Sant'Antonio di Padova*.

Campana (Pietro), fondeur de cloches et de bombardes; coula, en 1490, une grosse bombarde divisée en deux pièces pour la ville de Genève, dont il était originaire. Cette pièce, longue de 4^m,38, pesait 25,000 livres et jetait des boulets en pierre de 380 livres. Il était fils de Nicolo, fondeur de cloches dans cette ville. Son aïeul, Tofano, et son bisaïeul, Magio, exerçaient la même profession, ainsi que son fils, Giovanni. On pense que la famille des Campani, de Sienne, descend de ces fondeurs. Magio et Tofano furent peints en 1392 sur les murailles du palais public, parmi les rebelles suppliciés, lors de la réduction de la ville. Pietro fut appelé à Aquila en 1493 pour fondre la cloche de la maison commune, mais, la fonte n'ayant pas réussi, il partit subitement pour revenir à Sienne. — Angelucci, *Documenti inediti*.

Campant (Jehan), maître fondeur à Bayonne, fut chargé par la ville, en 1532, de fondre un certain nombre d'hacquebutes en cuivre. — Ducéré, *l'Artillerie de la ville de Bayonne*.

Campbell (Thomas), sculpteur (1790-1858); a exécuté la statue colossale du duc de Portland pour Cavendish square. — Fortnum, *Catalogue of the bronzes in the South Kensington Museum*.

Campi (Bartolomeo), de Pesaro, un des meilleurs ingénieurs militaires et maîtres d'artillerie de l'Italie, au xvi° siècle. Il entra successivement au service de la République de Venise et du duc d'Urbino Guidobaldo II. Ce dernier prince le recommanda au roi de France Henri II, auquel il désirait soumettre de nouvelles pièces d'artillerie. Il dirigea, à son retour en Italie, la défense de la ville de Sienne contre les impériaux. Il revint en 1557 à Venise et se trouvait, en 1558, à la prise de Calais par le duc de Guise, et plus tard, en 1562, avec l'armée de Charles IX, au siége de Roanne. Il entra ensuite au service du duc d'Albe et mourut devant Harlem, en 1573. Son fils, Scipione Campi, fut aussi un habile ingénieur, et il dirigea les travaux de fortification de la Vallette, dans l'île de Malte.

Campi (Jacopo), de Pesaro, ingénieur militaire, frère de Bartolomeo; avait exécuté à Florence (1555), un gros canon, démontable par parties, pour pouvoir se transporter plus facilement. — Angelucci, *Documenti inediti*.

Camus (le docteur), Paris (époque contemporaine); a modelé, sur ses dessins, les montures en cuivre ciselé, de vases en porcelaine ou en matières précieuses, dans le style des époques de Louis XIV, Louis XV et Louis XVI. Un choix de ces pièces a été exposé, il y a quelques années, au Musée des Arts décoratifs.

Camus (**Adolphe-Auguste**), sculpteur, France (xixᵉ siècle). Portrait de M. Chaffiot, buste (Salon de 1881 ; portrait de M. Pierret; buste (Salon de 1883).

Camus (**Jean**), maître fondeur; a travaillé à Épernay en 1325. — Bérard, *Dictionnaire des Artistes français.*

Cana (**Louis-Emile**), élève de M. Arson, né à Paris. — Perdrix, groupe en bronze (Salon de 1872); Faisans, groupe en bronze (Salon de 1873).

Canivet, un des plus fameux fondeurs-ciseleurs, pour tout ce qui regarde les instruments de mathématique, à la descente du Pont-Neuf. — *Tablettes royales de Renommée*, 1771.

Canola (**Éloi**), maître fondeur, né à Prague (xvᵉ siècle). Il exécuta, en 1498, une cloche pour l'église Saint-Nicolas de cette ville.

Une des cloches de l'église de Pilsen porte : *A. D. † 1479 † in † mense † septembri † hoc † opus † factum † est † per † magistrum † Egidium, Canola † novæ † civitatis † pragensis.* — Dlabacz, *Dictionnaire des artistes de la Bohême.*

Canova (**Antonio**), sculpteur, né à Possagno (1757), mort en 1822, élève de Torsetti, sculpteur à Venise. Il se fixa plus tard à Rome, où il passa la plus grande partie de son existence. — Malgré sa prodigieuse fécondité, Canova travaillait surtout le marbre, et ses œuvres traduites directement en bronze sont rares. Nous mentionnerons, parmi ces dernières, un buste en bronze vert, de Napoléon Ier lauré, fondu par Clemente Papi (coll. San Donato, 1880).

Canova fut appelé à Paris, en 1802, par le Premier Consul, qui lui commanda son buste et le chargea ensuite de sculpter une statue colossale en marbre, le représentant. Ce dernier ouvrage fut terminé à Rome, en 1812 ; il fut exposé au Musée des antiques et eut peu de succès. La statue de l'Empereur, qui tenait à la main une petite figure de la Victoire, est aujourd'hui à Londres chez lord Wellington. La ville de Milan en demanda une reproduction en bronze, qui décore actuellement la cour du palais Brera. Canova fit venir de Rome, pour faire ce travail, un fondeur, élève de Zauner, qui avait coulé la belle statue équestre de Joseph II, à Vienne. Il reçut, vers la même époque, la commande, pour le gouvernement napolitain, d'une statue équestre, de dimensions colossales, représentant l'Empereur Napoléon Ier. Il commença son modèle, et le cheval seul était terminé en 1814. Il fut coulé à Naples, vers cette époque, par Righetti de Rome, et la figure de Napoléon fut remplacée par celle du roi Charles III. Ce monument décore actuellement la place qui s'étend en face du Palais-Royal. Il devait être accompagné d'une seconde statue équestre, représentant le roi Ferdinand Ier, dont Canova avait fait l'esquisse, mais qu'il n'acheva pas.

Canova avait modelé une statue colossale de la Religion, qu'il destinait à la basilique de Saint-Pierre, mais ce projet ne fut pas adopté.

Bien que Canova ait très rarement fait reproduire ses sculptures en bronze, elles ont été souvent réduites par des éditeurs, qui y rencontraient des sujets gra-

cieux et très appréciés du public amateur. — Quatre-
mère de Quincy, *Canova et ses ouvrages*.

Cantarista (Johann), maître fondeur, de Mühl-
hausen (Bohème). Nous ne connaissons que la forme
latinisée du nom de cet artiste, qui a exécuté, en 1497,
une cloche pour l'église de Saint-Éloi. On y lit:
Yohannes Cantarista fecit hoc opus in nomine Domini.
Sur une seconde cloche, à Glawietin, est inscrit :
*Anno Domini Millesimo quingentesimo hoc opus opera-
tum est per manus Ioannis Campanifusoris.* — Dlabacz,
Dictionnaire des artistes de la Bohème.

Cantarista (Petrus), « Binngiesser »; vivait à Konig-
gratz, de 1465 à 1487. — Dlabacz, *id*.

Canu (Henri), maître fondeur, à Rouen. Il reçut,
en 1717, un acompte de 100 livres, sur un mémoire
de plusieurs réparations faites aux caroles en bronze
du chœur de la cathédrale, savoir : pour une lance
remise à Saint Georges, 15 livres ; pour un bâton royal,
à Saint Charlemagne, une bride à son cheval, un étrier,
deux éperons ; une croix au globe et une autre à la
couronne, 20 livres ; raccommodage des quatre chandeliers, tenus par les anges du maître-autel, etc.
Il passa marché avec le Chapitre en 1720, pour l'entretien des balustres du chœur, des chapelles des Vœux
et de Sainte Cécile, de l'aigle et des deux candélabres,
celui de la chapelle des Vœux et celui qui sert sur les
tombeaux. — Inventaire des archives de la Seine-Inférieure : *Comptes du Chapitre*.

Capellaro (Charles Roman), sculpteur.
Portrait de M. A. Parent, buste (Salon de 1879) ; Denis
Dussoubs, buste (salon de 1880); 1789, statuette (Salon
de 1882); Daguerre, buste pour le monument de
Cormeilles (Salon de 1883).

Caplain (**Julien**), fondeur à Couronne et à Elbeuf ; cloche d'Argueil : *1847 Julien Caplain, Perree et fils fondeurs, à Couronne et à Elbeuf ;* à Mezangueville : *1854, Caplain lancestre frère fondeur, à Elbeuf ;* à Sommery : *1825, Caplain père, fondeur, à Couronne.* — Dergny, *Cloches du pays de Bray.*

Caposanti (**Vincenzo**), fondeur florentin ; prit part à l'exécution de la statue équestre de Cosme Ier, modelée par Jean Bologne (1594) ; il était vraisemblablement parent de Tommaso Caposanti, fondeur d'artillerie, à Porto Ferraio, de 1558 à 1563. — Del Badia, *Della statua equestre di Cosimo I*, p. 14.

Caprioli (**Lorenzo**), maître fondeur, de Venise, fit marché avec la ville de Ferrare, pour l'exécution d'une statue représentant le pape Alexandre VII. Le pontife était représenté assis levant les doigts pour bénir ; dans le piédestal étaient encastrés trois écus aux armes de Ferrare, fondus par Bernardino Ferrari, et une inscription. Nous ne savons pas de qui était le modèle de cette sculpture. Elle fut coulée en bronze dans l'arsenal de Venise, le 10 août 1660, et érigée à Ferrare en 1675. Caprioli avait inscrit son nom sur la base. La dorure des ornements fut confiée au peintre Cesare Mezzagari. Une réduction de ce monument fut fondue en argent, par l'orfèvre Giovanni Spagnoli, pour être offerte au pape. La statue d'Alexandre VII a été détruite en 1796 ; on a conservé la tête et une main, au palazzo dei Diamanti. — Cittadella, *Notizie relative a Ferrara.*

Captier (**Étienne-François**), sculpteur, né à Baugy (Saône-et-Loire), élève de A. Dumont.
Faune dansant, statue : *Captier 1869* (Musée d'Orléans).

Capy (Eugène), sculpteur, né à Paris, en 1829, élève de Drolling et de Pradier.

Buste en bronze de M. G. (Salon de 1849).

Caraboglio (Giovanni-Battista), sculpteur et fondeur italien, appelé en Espagne par Philippe II ; reçut en 1578, la somme de 250 ducats, pour l'exécution de deux bustes de Vierges en bronze, destinés au reliquaire de la chapelle de l'Escurial. — Damian Bermejo, *Description de l'Escurial* ; Bermudez, *Diccionario historico*.

Caradosso (Foppa), orfèvre, sculpteur et médailleur, de Mondonico, près de Côme (xv° et xvi° siècle). Il est surtout célèbre par les magnifiques ouvrages d'orfèvrerie qu'il avait exécutés pour plusieurs souverains-pontifes. Il termina une admirable écritoire, ornée de bas-reliefs représentant le combat des Centaures et des Lapithes, le rapt de Ganymède et deux des travaux d'Hercule, dont on rencontre fréquemment des répétitions en bronze, tirées d'après la pièce originale d'orfèvrerie. On lui attribue également une plaquette, représentant un miracle du Christ, qui appartient à M. Gustave Dreyfus. Caradosso avait exécuté une statue de Cupidon ailé avec son arc et son carquois. — Müntz, *l'Orfèvrerie romaine de la Renaissance (Gazette des Beaux-Arts,* t. III. 1883) ; Piot, *Cabinet de l'amateur,* 1861, page 44.

Caranzo, maître fondeur ; a coulé, en 1743, la cloche de Mourens. — Pardiac, *Notice sur les cloches de Bordeaux.*

Carbone, maître fondeur ; a travaillé, en l'année 1722, à la troisième cloche de la basilique de Carignan à Gênes. — Varni, *Ricordi di alcuni fonditori.*

Carbonneaux (**Auguste-Jean-Marie**), fondeur et ciseleur, né à Paris en 1789. Bosio lui confia la traduction en bronze de plusieurs de ses ouvrages, notamment du groupe représentant le combat d'Hercule contre Achéloüs (1814), et celle de la statue équestre de Louis XIV, érigée sur la place des Victoires et qui est accompagnée de deux bas-reliefs décorant le piédestal. Ce fut M. Laffolie, conservateur des Monuments de Paris, qui traita avec Carbonneaux, au nom du gouvernement. Un modèle fondu et ciselé du groupe de Laocoon coulé par Carbonneaux d'après l'antique, se trouvait chez le duc de Buckingham, au château de Stowe.

Carbonneaux a coulé en bronze, en 1822, le groupe de De Bay, représentant Argus tué par Mercure, et la statue de Henri IV pour la ville de Nérac; celle de Charles XIII pour la ville de Stockholm; ainsi que la grande statue équestre de Louis XIV, qui avait été commandée à De Bay, pour la place du Peyrou, à Montpellier. — Blanchard de Marsas, *Notice sur la nouvelle statue de Louis XIV, par M. Bosio;* — De Clarac, *Description des antiques du Musée royal.*

Dans une vente faite le 14 mai 1833, après la mort de sa femme, la majeure partie des pièces garnissant les ateliers de ce fondeur fut soumise aux enchères publiques. Nous citons les principales : Diane à la biche, d'après l'antique; Bacchus assis, d'après M. Gœthe, sculpteur suédois; Mercure, par Jean Bologne; le Gladiateur combattant; Faune jouant de la flûte; Appollino; Vénus accroupie; deux grands candélabres, d'après l'antique; deux vases Médicis avec des bas-reliefs, représentant le Triomphe de Bacchus et le Sacrifice d'Iphigénie; le Centaure et l'Amour; le groupe de Laocoon ; les Lutteurs ; Louis XIV, figure équestre ; Frédéric le Grand, figure équestre; Antinoüs, Démosthènes et Agrippa, bustes de grandeur naturelle ; Voltaire et Rousseau, statuettes en pied ; Voltaire et Rousseau, figures assises ; Tête de Henri IV, d'après la statue de Nérac ; Buste de Louis XVIII, de grandeur naturelle ; Henri IV et Marie de Médicis, petits bustes ; une Victoire, statuette ; Groupe de Silène, avec une Bacchante et un Satyre ; Napoléon, statuette en pied ; le duc de Reichstadt, petit buste ; Vase avec un bas-relief, représentant des Jeux d'enfants et un Satyre ; l'Écorché, statuette ; Montesquieu, grand buste ; Louis-Philippe Ier, buste en zinc ; Jupiter, petit buste. Cette vente comprenait également des débris de cuivre provenant de la fonte de la tête de Louis XIV et de celle du cheval, pour la statue de la place des Victoires, et des ornements-appliques des meubles dans le style de Boulle. — Notice des bronzes provenant des ateliers de M. Carbonneaux.

Carbonnel (Robin), maître fondeur à Hesdin (xve siècle). « 1488, à Robin Carbonnel, fondeur demeurant à Hesdin, la somme de 7 l. 10 s. t. pour six poulies de cuivre qu'il a faites par l'ordonnance de Mgr le mareschal D'Esquerdes. Audit Carbonnel dud. Hesdin, la somme de 4 l. 6 s. t. pour avoir fait deux molles à faire plombées servant aux coulleuvrines de Bretaigne. » — Bibliothèque nationale : *Comptes manuscrits de l'artillerie de Charles VIII.*

Cardaillac (le Sire de), maître d'artillerie ; fabriqua lui-même dix canons pour la défense de la ville de Cambray (1339). — Cibrario, *Delle artigliere.*

Cardelli, sculpteur et dessinateur des statues antiques du Musée Robillard-Laurent (commencement du xixe siècle).

Il a modelé six bas-reliefs pour la spirale de la

colonne de la Grande-Armée (1806). — De Clarac, *Description des antiques.*

Cardinal (Jean), fondeur de laiton à Tournai, en juillet 1487 et en mars 1488. — Pinchart, *Artistes de Tournai.*

Cardon (Enrique), modeleur et ciseleur espagnol (xviie siècle). — Voir à **Filipini (Francesco)**.

Cardon (Estienne), maître potier d'étain (xvie siècle); reçut une somme de 40 l. pour avoir livré à Fontainebleau 200 liv. de fin estaing fondus en lingots pour servir à la fonte des figures et pièces anciennes apportées de Rome que le Roy veult estre jettez en cuivre (1540-1550). — De Laborde, *Comptes des bâtiments.*

Cardoso (Luis Candido), fondeur de l'artillerie portugaise dans la province de Benguela (Afrique occidentale), sous le règne de Joseph Ier (1750 à 1757). — Communication de M. le major Ernesto de Castelbranco, à Lisbonne.

Cardoun (Simon), maître chaudronnier, à Londres. Il était apprenti du fondeur William de Raughton qui, en 1357, lui légua une certaine somme par testament. — Stahlschmidt, *London bells founders.*

Carew (C. E.), sculpteur (xixe siècle); a modelé un bas-relief, représentant la Mort de Nelson, pour la base de la colonne érigée à l'amiral, sur la place de Trafalgar. — Fortnum, *Catalogue of the bronzes of the South Kensington Museum.*

Carillon (Phileas), sculpteur, France (xixe siècle). Portrait de M. H., buste (Salon de 1885).

Carles, maître fondeur et ciseleur, à Paris (xviii° siècle). Mariette avait commandé à ce ciseleur onze
paires de chandeliers à bras ou doubles tranches de
différentes grandeurs et trois garnitures de grilles ou
feux destinés au prince Eugène de Savoie, pour le prix
de 5,750 livres. Les acomptes payés par Mariette s'es-
pacent de 1723 à 1727. Le dernier reçu est signé par la
veuve du fondeur. — Müntz, *Lettres inédites de Mariette: Courrier de l'Art*, 1884.

Carlet (Gabriel-Jules), sculpteur, France (xix° siècle). La Céramique, bas-relief (Salon de 1884).

Carlier (Émile-Joseph), sculpteur, né à Paris en
1827, élève de J. Feuchère.
L'Ivresse, statuette en bronze (Salon de 1859) ; la
Tempérance, statuette (Salon de 1861); une Paresseuse,
la Cruche cassée, statuettes (Salon de 1865) ; Portrait
de Mlle Marthe, buste (Salon de 1875) ; Portrait de
M. E. G., buste (Salon de 1877); la Fraternité, groupe ;
le Docteur Havage, buste (Salon de 1884).

Carlo da Cesare, sculpteur et fondeur florentin,
élève de Jean Bologne, fut envoyé par son maître
en Allemagne pour fondre les statues de la chapelle
funèbre de Fribourg (1590). Une partie de ce travail a
été exécutée par Wolf Hilger sur les modèles de Pietro
Boselli.
On lui attribue un crucifix en bronze, d'après le modèle de Jean Bologne, conservé au Trésor de Dresde.
— Th. Graesse, *Description du Trésor royal de
Dresde;* Fortnum, *Catalogue of bronzes of the South
Kensington Museum.*

Caron, maître ciseleur-doreur, à Paris. La communauté des maîtres fondeurs avait fait saisir chez lui, le

2 septembre 1757, une garniture de commode en couleur d'or, qui fut déclarée nulle par jugement rendu au Châtelet. — *Statuts des ciseleurs-doreurs.*

Caron (**Mathurin**); figure en 1595, sur les comptes de l'artillerie royale en qualité de maître-fondeur. — Bibliothèque nationale : *Recueils manuscrits de pièces concernant l'artillerie.*

Carpeaux (**Jean-Baptiste**), sculpteur, né à Valenciennes en 1827, mort en 1875, élève de Rude et de Duret.

Il exposa au Salon de 1859 une statue en bronze, représentant un Jeune Pêcheur.

Ugolin et ses enfants, groupe en bronze placé dans le jardin des Tuileries (Salon de 1863). Une répétition en bronze a été réexposée en 1867.

Le Prince impérial, statue de bronze (Salon de 1868).

Projet de monument à la mémoire d'Antoine Watteau, acquis en 1870 par la ville de Valenciennes et exécuté en 1884.

Les Quatre Parties du monde supportant le Globe terrestre, grand groupe modelé pour la Fontaine de l'Observatoire et fondu par Matifat (1874).

Carpeaux a modelé plusieurs bustes qui portent au plus haut degré l'accent de la vie et le caractère des modèles.

Buste du peintre E. Giraud (Exposition universelle de 1867).

Buste de M. Vaudremer (Exposition universelle de 1867).

Buste de M⁰ Beauvois, notaire à Valenciennes, plâtre (Exposition universelle de 1867). Une épreuve de ce remarquable portrait, traduite en bronze, a été offerte au musée du Louvre, par M. Foucard.

Buste de M. Alexandre Dumas fils.

Bustes de M. Gérôme et de M. Chérier (Salon de 1875).

Deux ventes des ouvrages de Carpeaux faites en 1874 et en 1875, ont montré au public des répétitions en marbre, en terre cuite blanche ou rouge et en bronze, des œuvres produites par l'artiste. Les réductions qui en ont été mises dans le commerce sont trop nombreuses et ne présentent pas assez de différences caractéristiques, pour pouvoir être mentionnées sans qu'il en résulte une confusion.

Carpentier (Pierre-François), maître ciseleur-doreur, rue du Four-Saint-Germain.

Il avait doré, pour Notre-Dame de Paris, une garniture d'autel exécutée par Philippe Caffieri. Il semble avoir été le doreur employé ordinairement par cet artiste.

Il présenta en 1761, au chapitre de Notre-Dame, deux mémoires de 670 livres, pour la fourniture de boutons et entrées de serrure avec vis. Ces ornements avaient été probablement modelés par Caffieri.

Il reste un témoignage plus certain de cette collaboration dans l'inscription que porte une garniture d'autel donnée à la cathédrale de Bayeux, par Mᵍʳ de Rochechouart, et composée d'une croix et de six flambeaux. On lit sur la croix : *Inventé et exécuté par Philippe Caffieri l'aîné, 1771 ; doré par moi Pierre-François Carpentier, à Paris, en 1771.* — Guiffrey, *les Caffieri.*

Carrangeot (Jean-Remy), maître doreur, fondeur et ciseleur, rue des Porcherons, à Paris.

Dans une vente d'autographes faite par M. Charavay (avril 1885), figuraient deux mémoires de Carrangeot, relatifs à la fourniture faite en 1782 au marquis de Louvois, de deux vases d'albâtre de France, mesurant un mètre de hauteur et garnis de tiges d'œillets, de roses et de lis formant girandole, plus deux enfants de bronze doré, posés sur un socle de marbre blanc avec piédestal de bronze, dont l'un monté sur un dauphin, portant un vase d'ou sort une branche de rosier formant bobèche, et l'autre un enfant assis sur un globe de la hauteur d'un pied, au prix convenu de 1,800 livres sur lequel il était encore redû 416 livres.

Carrangeot était, en 1776, juré en charge des maîtres-fondeurs, lors de la suppression des corporations. — Guiffrey, *Archives de l'art français*, 1878.

Carrier de Belleuze (Albert-Ernest), sculpteur, élève de David d'Angers. Cet artiste a fait de nombreux modèles pour l'industrie artistique tant en France qu'en Angleterre. Il est attaché à la Manufacture nationale de Sèvres comme modeleur et professeur de dessin. La majeure partie de ses sculptures a été traduite en bronze.

Il a exposé au Salon de 1851 les bustes en médaillon de MM. Pequenot et Auguste Cain ; en 1857, un groupe représentant l'Amour et l'Amitié ; Denis Papin, statuette ; un buste de jeune homme ; en 1859, Jupiter et Hébé, groupe en bronze ; 1859, buste de Napoléon III ; en 1865, buste d'Eugène Delacroix ; au Salon de 1868, Monument du maréchal Masséna pour la ville de Nice.

A une vente faite par le sculpteur, figurait un buste colossal de la Comédie (1868), avec plusieurs modèles en plâtre pour pendules.

Théâtre-Français : modèles de la rampe du grand escalier, exécutée en fonte de fer, par Calla.

Nouvel Opéra : grand escalier, deux groupes de

figures décoratives formant lampadaires, et exécutés en galvanoplastie ; Cariatides de l'une des cheminées du foyer, galvanoplastie.

Place du Théâtre-Français : Nymphe maritime surmontant l'une des deux fontaines (1874).

Deux figures d'anges coulées en fonte de fer pour la ville de Santiago (Salon de 1875); Portrait de M. Grévy, buste (Salon de 1881) ; Camille Desmoulins au Palais-Royal, esquisse en bronze d'une statue (Salon de 1883).

Carron, fondeur d'artillerie anglaise. Un canon de fer, à la Tour de Londres, porte l'inscription : *Carron, 1778.*

Ne serait-ce pas lui qui aurait donné aux pièces de marine le nom de caronades ? — Hewitt, *Catalogue of the Tower armories.*

Cartellier (Pierre), sculpteur, né à Paris, élève de Bridan père, mort en 1831. A fait le modèle du cheval de la statue de Louis XIV, placée dans la cour du palais de Versailles. La figure du roi a été modelée par Petitot. Ce monument, fondu par Crozatier, devait primitivement décorer le rond-point des Champs-Élysées et représenter le roi Louis XV. Le projet fut abandonné en 1830 et transformé par le gouvernement de Juillet.

Il fut chargé, après 1815, de refaire la statue colossale en pied de Louis XV, pour remplacer celle érigée en l'honneur de ce roi sur la grande place de Reims et qui avait été modelée primitivement par Pigalle. La statue en bronze de Vivant-Denon, érigée en 1827, au cimetière de l'Est, par les soins de ses neveux. — Émeric David, *Notice sur Cartellier.*

Cartenet (Pierre) ; cloche de Beauvoir-en-Lyons : *1811, Pierre Cartenet et Louis Maire, fondeurs ;*

cloche de Guerville : *1851, Cartenet frères, fondeurs, à Guetteville, près Saint-Valery-en-Caux.* — Dergny, *Cloches du pays de Bray.*

Carter (**Joseph**), fondeur de cloches à Reading (Sussex) (1579-1610). On croit qu'il vint en 1606 diriger à Londres la fonderie de Robert Mott, à White-Chapel. Une cloche de Walton-on-Thames, datée de 1608, a été fondue par lui, soit à Reading, soit à Londres. Elle porte l'inscription : *Josephus Carter me fecit, 1608.* — Stahlschmidt, *Bells of Surrey.*

Carter (**William**), fils de Joseph, a laissé plusieurs cloches, datées de 1610, 1613 et 1614, portant des légendes latines ou des inscriptions anglaises. Église de tous les Saints, à Banstead : *William Carter made me 1613.* Il est mentionné dans les comptes de la paroisse de Sainte-Mary, à Lambeth, comme ayant fondu des cloches pour cette église en 1615. — Stahlschmidt, *Bells of Surrey.*

Casem (**Heinrich**), maître fondeur à Münster ; 1613, cloche pour Notre-Dame, et en 1619 pour l'église Saint-Lambert de Münster. — Otte, *Glockenkunde.*

Casignuola (**Jacopo** et **Tomaso**) ; ont fondu la statue du pape Paul IV, qui se trouve sur son monument funéraire dans l'église de la Minerve, à Rome (1555-1559). — Fortnum, *Catalogue of the bronzes in the South Kensington Museum.*

Casini, famille de maîtres fondeurs, établis à Rome (xviiie siècle).

La cloche de Saint-Jean-Porte-Latine porte l'inscription : *Opus Angeli Casini Rom. fund.*

Deux des cloches du Capitole sont revêtues de lon-

gues légendes établissant l'année où elles furent coulées et les noms des autorités siégeant alors au Sénat
romain ; sur l'une on lit :

*Munificentia optimi principis ex æreis nummis pros-
criptis conflata, Alexandro Lante ærarii præfecto.*

*Pio VII P. M. pontificatus anno IV a Christo nato
MDCCCIII ab urbe condita MMDLIII Virgini imma-
culatæ. divis. Petro. et Paulo. patronis ex s. c. sacra
abundio. Rezzonico. urbis senatori, Domencio Serlupio
augusto scarlatio, Alexandro Bonaccursio coss. Joanne
patricio. Regionum priore eodem Philippo a porta
ædium Capitolii curatoribus:*

> *Joseph Spagna,*
> *Andreas Casini.*

La seconde cloche a été coulée deux ans après, par les
mêmes fondeurs. — Barbier de Montault, *les Cloches
de Rome.*

Cassegrain (**Guillaume**), sculpteur - modeleur
(xvii⁰ siècle) ; fit en 1667 le moulage du buste du roi,
sculpté par Bernini, pour en tirer des reproductions en
métal.

Peu de temps après, ce sculpteur moula la statue de
l'Hercule Farnèse. — Guiffrey, *Comptes des bâtiments
du Roi.*

Cassinari (**Giovani**), maître fondeur de Plaisance ;
a coulé, de 1700 à 1715, plusieurs cloches pour les
églises de cette ville. — Ambiverli, *Artisti piacentini.*

Cassinari (**Giuseppe**), vraisemblablement parent
du précédent ; a laissé des travaux de même nature,
exécutés entre les années 1704 et 1727. — Ambiverli,
Artisti piacentini.

Castel, peintre et doreur sur métaux, à Paris, fut chargé, en 1748, de gratter et de peindre les quatorze piliers de cuivre qui entouraient le chœur de la cathédrale de Rouen. —Inventaire des archives départementales de la Seine-Inférieure : *Comptes du chapitre.*

Castelli (**Hieronimo**), fondeur-ciseleur milanais (xviie siècle) ; a exécuté la riche grille de bronze, placée devant la niche qui renferme les Saintes Reliques sur l'autel de la chapelle du même nom, dans la Chartreuse de Pavie. — Durelli, *la Certosa di Pavia.*

Castello (**Pedro**), sculpteur et fondeur, Espagne (xvie siècle).

Il exécuta, pendant les années 1592-1594, divers ornements de bronze doré pour le grand retable de la chapelle de l'Escurial. — Bermudez, *Diccionario historico.*

Casteret (**Pierre**), canonnier à Troyes, en 1482. Galiot de Genouillac, maître de l'artillerie du Roi de France, écrivit aux élus et gouverneurs de Troyes, pour demander à ce que Pierre Casteret habitant de la ville, fondeur et canonnier ordinaire du Roi en sa bande de Bourgogne, fût exempté des tailles et impôts. — Archives départementales de l'Aube, communication de M. L. Larchey.

Castner (**Johann-Michaël**), fondeur d'artillerie, à Vienne (xviie siècle). Un canon de l'arsenal de Vienne porte l'inscription : *Goss mich Johann Michaël Casther K. S. G. in Wienna, 1731.* — Communication de M. Courajod.

Castronovo (**Francisco**), fondeur de l'artillerie royale, à Palerme (xviiie siècle).

Le musée de la porte de Hal, à Bruxelles, renferme un canon de bronze, portant l'inscription : *El Sul-furio. — Carol. Hispaniæ Dei gratia utriusque Siciliæ Rex. — Franco Castronovo f. Panormi, 1741. — Catalogue du Musée d'antiquités de la porte de Hal.*

Castronovo (Geronimo), fondeur de l'artillerie royale des Deux-Siciles (xviiie siècle). Un canon aux armes du royaume des Deux-Siciles portant l'inscription : *Hieus Castronovo f. Napoli, 1736. — Fruatur imperium,* est conservé au musée de la porte de Hal, à Bruxelles. Une autre pièce avec le même nom existe à l'arsenal de Woolwich.

Geronimo était sans doute frère de Francisco Castronovo, qui dirigeait la fonderie de Palerme. L'arsenal de Tunis renferme une pièce aux armes napolitaines sur laquelle est gravé le nom de : *Girolamo Castronovo, 1754.* Dans l'arsenal de Woolwich, un canon nommé « l'Acheronte » est signé : *D. Hie^{us} Castronovo R^o f^c fⁱ Napoli, 1745.* — Angelucci, *Una Missione a Tunisi ; Catalogue of the Museum of artillery Woolwich ; Catalogue du Musée d'antiquités de la porte de Hal, à Bruxelles.*

Catalano di maestro Pavolo, maître fondeur d'Orvieto; fut chargé en 1413, conjointement avec Giovanni di Tofano di Magio, de refaire la cloche appelée la « *Sovana* » et une seconde cloche pour le dôme de Sienne. — Milanesi, *Documenti senesi.*

Catlin (Robert), fondeur de cloches, Londres (xviiie siècle). Il fut légataire universel de Samuel Knight qui lui laissa sa fonderie. On connaît des cloches exécutées par lui de 1740 à 1751. Catlin eut pour successeur Thomas Swain. Cloche à Saint-Martin de Docking : *The rev^d Mr Philip Walton vicar. Edward An-*

sell, Richard Rose churchwardens, Robert Catlin fecit 1746. — Stahlschmidt, *Bells of Surrey.*

Catsberg (**Oscar**), sculpteur, Norwège (xix° siècle). Portrait de Bjornstjerne-Bjornson, buste (Salon de 1883).

Cattaneo (**Danese**), de Carrare, cisela , avec l'aide de Tiziano Aspetti, des chandeliers de bronze pour la chapelle du Santo à Padoue (1550). — Varni, *Ricordi di alcuni fonditori;* — Gonzati, *Sant'Antonio.*

Cattaneo (**Giovanni**), maître fondeur de Brescia (xvi° siècle). Il avait exécuté, en 1570, la cloche du palais municipal de la ville de Gênes refondue en 1860 et y avait gravé l'inscription : *Johannes de Cathanis civis Brixie fecit, mense octobris MLXX.* — Fenaroli, *Artisti bresciani.*

Caudre (**Denis**), fondeur de laiton à Tournai (août 1489). — Pinchart, *Artistes de Tournai.*

Caudron (**Jacques-Eugène**), sculpteur, élève de David d'Angers, né à Paris en 1818, mort en 1865.

Il a exposé, au Salon de 1865, une statue de bronze représentant un Chasseur indien. M. Caudron, qui a travaillé beaucoup pour l'industrie, avait exécuté pour M. Norzy de grands candélabres, des torchères et des garnitures de cheminée dans le style de Louis XVI.

Caudron (**Jean-François**), peintre-doreur (xviii° siècle); reçut, en 1718, XXXIV l. du chapitre de Cambray, pour avoir doré l'ange du clocher. Charles Martin, qui avait reposé cet ange sur la croix du clocher, reçut XLIIII l. pour ce travail. — Houdoy, *Histoire de la cathédrale de Cambray.*

Caudron (**Théophile**), sculpteur, élève de Cartellier, né à Combles en 1805, mort à Amiens en 1848.

Il a exécuté les deux bas-reliefs représentant Louis XIV entrant à Tarbes, et Childebert donnant des jeux dans les arènes d'Arles, qui décorent le piédestal de l'obélisque d'Arles. Les modèles en plâtre ont été exposés aux Salons de 1831 et de 1833.

La ville d'Amiens lui doit la statue de Ducange, érigée en 1848 sur l'une de ses places.

Caulers, fondeur-ciseleur à Paris (commencement du xviii° siècle).

Le musée de Chalon-sur-Saône possède un buste de l'ingénieur Gauthey, sur lequel sont gravés les noms des artistes qui y ont travaillé : *Denon, directeur ; — Boichot, sculpteur ; — Caulers, ciseleur, 1808.*

Ce dernier a exécuté, en 1810, une statuette de l'empereur Napoléon Ier, assis près d'une table à cariatides, d'après le modèle de Moutoni ; il n'a été tiré que six exemplaires de cette composition, dont quatre en bronze et deux en argent. Un buste en hermès, de Napoléon, d'après Chaudet, avait été fondu par Gonon et ciselé par Caulers (Catalogue du cabinet Denon, 1826).

Caulers fut chargé d'exécuter en régie la fonte de la colonne de la Grande-Armée qui avait été enlevée à l'entrepreneur Launay. Il termina notamment les quatre aigles qui sont placés aux angles du piédestal. Cet habile fondeur avait établi ses ateliers, pour la fonte des bas-reliefs de la colonne, dans l'ancienne enceinte de la foire Saint-Laurent. — *Inventaire des richesses d'art de la France ; Paris, édifices civils,* t. Ier ; Renseignements communiqués par M. Eugène Gonon.

Caunois, fondeur à Troyes, établi postérieurement à Paris (xix° siècle). — Il coula en bronze, sur les modèles de Delecole, les réductions des bustes de Pierre et de François Pithou, par Vassé, qui sont au musée de Troyes. — *Catalogue du musée de Troyes.*

Causard (les). Ces fondeurs, successeurs de Perrin-Martin, ont travaillé, à partir de 1824, à Colmar et à Tellin (Belgique). Ils ont fondu des cloches pour environ mille localités de l'Alsace, de la Lorraine, des provinces rhénanes, de la Belgique et de la France. — Otte, *Glockenkunde*.

Cauthals (Jean et Barthélemy), maîtres fondeurs et directeurs de l'arsenal royal de Malines (xvii* siècle).

L'exposition historique de l'art belge, en 1880, nous a montré un mortier de pharmacie signé : *Bartolo-meus Cauthals me fudit MDCLXVIII.*

L'inventaire de l'artillerie existant en 1713 dans la ville d'Ath mentionne plusieurs canons aux armes d'Espagne, des comtes de Monterey et de la Salazar, fondus de 1658 à 1672, à Malines, par Jean Cauthals, et en 1701, par Bartholomé Cauthals. Ces dates conduisent à supposer que Jean Cauthals était le père de Barthélemy. — Pinchart, *Archives des arts, sciences, etc.*, t. II.

Cauvet (Gilles-Pierre), architecte, sculpteur et modeleur, né à Aix en Provence en 1731, mort à Paris en 1788, sculpteur de Monsieur frère du roi.

Il habitait en 1782 la rue de Sève (Almanach Parisien), et il a publié une suite d'ornements, gravée par Mll* Thiollier, sa belle-sœur. Une partie des dessins faits pour cette publication et conservés par la famille de Cauvet, a passé en vente publique en 1883.

On a conservé quelques-uns des nombreux travaux

d'ornement et de décoration qu'il avait composés ou exécutés pour divers hôtels de Paris.

Au musée du Louvre, sur deux candélabres à base ronde en granit, dont les figures en bronze vert s'appuient sur un montant de bronze doré terminé par une girandole de lumière, on lit : *Par J. P. Cauvet, sculpteur de Monsieur frère du Roy, 1783.*

Toute la sculpture d'ornementation de l'hôtel de Nivernais (rue de Tournon), avait été dirigée par lui.

Dans l'hôtel de la princesse de Kinsky, rue de Grenelle, l'une des demeures les plus élégantes que l'art du xviii° siècle ait produites, Cauvet avait décoré la cheminée du salon de deux figures en bronze vert, drapées à l'antique, soutenues par des pieds en marbre bleu turquin enrichis de bronze dorés d'or moulu ; elles portaient sur leurs têtes des corbeilles de fleurs dorées d'où partent des girandoles à rinceaux d'ornement disposées pour recevoir plusieurs bougies. — Thiery, *Guide de l'Amateur.*

Il avait modelé les bronzes et les ornements d'un beau travail des trois portes principales d'entrée de la façade intérieure du Palais-Royal. — Hebert, *Dictionnaire pittoresque.*

L'horloger Lepautre lui demanda les modèles de plusieurs pendules qu'il exécutait ensuite en bronze doré. — *Catalogue des pièces d'horlogerie exposées chez le s. Le Paultre.*

On rencontre dans le *Catalogue des objets provenant du cabinet du s. G. P. Cauvet, sculpteur de Monsieur frère du Roi,* quelques indications sur d'autres œuvres, composées par lui :

1° Une pendule allégorique consacrée à la gloire de la France, bronze doré au mat, h. 2 p. 3 p., exécutée sous la direction et d'après les dessins et modèles du s. Cauvet; elle est figurée par une colonne dorique posée sur un piédestal très orné et portant une sphère sur son chapiteau; le chapiteau est orné d'étoiles et dans les cannelures sont placées des flèches; la bénignité indique les heures, et le génie des sciences est posé un peu à l'écart; sur la pendule est placé un thermomètre;

2° Deux girandoles représentant les quatre éléments, bronzes dorés mêlés de pierres précieuses, cristaux et marbres, hauteur 13 pouces, piédestal de jaspe vert orné de bronze doré, posé sur un socle de marbre; sur le piédestal repose une femme de bronze doré au mat, de la hauteur de 4 pieds, portant·un globe de cristal de roche de 3 pouces de diamètre, derrière la figure est posé un thyrse entouré de vignes, et sur le haut du thyrse deux instruments à cornets antiques destinés à porter les lumières. (Une explication assez obscure fait observer que les quatre éléments sont représentés par les différentes matières qui entrent dans la composition de ces candélabres.)

Cauvet avait exécuté, pour la reine Marie-Antoinette, quatre consoles d'acier ciselé et incrusté d'argent, destinées à supporter des tablettes de bois pétrifié qui lui avaient été envoyées par son frère l'empereur d'Autriche; ces meubles ayant été aliénés lors de la vente de l'ameublement du palais de Versailles, ils furent rachetés peu de temps après, sur l'avis de la Commission des arts. Ils ont été détruits dans l'incendie du château de Saint-Cloud en 1871.

Cauvet était membre de l'académie de Saint-Luc dont il devint directeur. Il exposa en 1774 à l'un des Salons de cette communauté : un bas-relief d'ornement en frise (plâtre); un bas-relief de l'origine du chapiteau corinthien et six cadres de dessins d'ornements gravés dans la manière du crayon par Mlle Liottier la jeune, belle-fille de l'auteur.

Vissel, sculpteur, ancien conseiller de l'académie, avait envoyé à la même exposition un buste en plâtre représentant Mlle Cauvet, et une esquisse en cire d'une femme entourée d'enfants, .bas-relief symbolisant la Charité. Vissel semble avoir modelé, d'après les compositions de Cauvet, les ornements qui étaient ensuite réparés par le ciseleur Léveillé. Ce dernier est mentionné dans les almanachs comme habitant la même maison que Cauvet.

On trouve, dans la description d'ouvrages d'horlogerie faits par Lepaute de Bellefontaine, la mention d'une pendule commandée à Cauvet par cet horloger. Elle était disposée en forme de vase et le mouvement était renfermé dans un piédestal en marbre garni de riches bordures en cuivre ciselé sur les quatre faces. Le cadran était tournant, avec un serpent indiquant les heures. Hauteur totale, 12 pouces; — autre pendule dans une boîte à pied faite par Cauvet.

Cauvet reçut en 1774, du chapitre de Rouen, la somme de 9,300 livres pour les modèles et la sculpture d'ornement qu'il avait faits sous la direction de Couture, architecte du roy, pour la décoration du jubé de la cathédrale, à laquelle travaillèrent également Clodion et Lecomte. — De Beaurepaire, *Inventaire des archives de la Seine-Inférieure.*

Cauvies (**Martin**), maître fondeur-tombier (xve siècle).

Le chanoine de Cambray, Guillaume Loghenare, mort en 1403, désigna, par son testament, Martins Cauvies et Jehans de Hazaincourt de Tournay, pour exécuter une lame (de cuivre) sur sa sépulture. — Houdoy, *Histoire de la cathédrale de Cambray.*

Cauvin (**Jean**), maître fondeur-dinandier, né à

Saint-Cré, était établi en 1560 dans la ville d'Auch. —
Bérard, *Dictionnaire des artistes français*.

Cavalca (Alessandro), ingénieur militaire et écrivain, né à Parme en 1600, mort en 1645. Il fut em-
mené en France par le prince Alexandre Farnèse, et fit
construire, pour le siége d'Ostende, un canon appelé
« la Chouette » (civetta), avec un char d'artillerie de
son invention. — Carlo Promis, *Biografie d'ingegnieri
militari : Miscellanea*, t. XVI.

Cavaloro (Lorenzo di Giovanni), « maestro di
getto », fondeur d'artillerie; était employé, en 1495, à la
fabrication des bombardes de la république de Florence. Il reçut à cette époque 12,880 livres de cuivre et
934 livres d'étain pour composer une grande bombarde
se démontant en deux parties. — Angelucci, *Documenti
inediti*.

Cave, horloger à Paris, rue de la Vieille-Draperie,
n° 15. Il avait envoyé, à l'exposition industrielle de
l'an X, une pendule ornée de bronzes ciselés.

Alexandre Lenoir parle de cet horloger-ciseleur dans
un de ses catalognes : « 1806. J'ai vu il y a trois ans
chez Cave, ciseleur, rue de la Calandre, derrière le Palais de Justice, neuf tableaux en émail de la fabrique
de Limoges, d'un élève de Léonard de Limoges, provenant du château de Madrid. » (Ce sont les grands médaillons de Jean Courteys qui sont au musée de Cluny.)
— Lenoir, *Description du Musée des monuments francais*, 1806.

Cavelier (Pierre Jules), sculpteur, élève de David
d'Angers et de P. Delaroche, né à Paris en 1814.

Il a exposé, au Salon de 1838, une statue de jeune
Grec, vainqueur à la course, qui a été jetée en bronze

et réexposée en 1840; un buste en bronze de M. B...
(Salon de 1838); un buste du Dante et un buste tragique (Salon de 1855).

Il avait modelé, pour le duc d'Orléans, plusieurs pièces de surtout fondues en bronze doré par M. Denière.

Il existe de nombreuses réductions des statues de
Cavelier, entre autres de la Pénélope en marbre qui est
au château de Dampierre.

Portrait du docteur R. M., buste (Salon de 1879).

Caville (Thomas), maître fondeur (xvᵉ siècle).

Le nom de ce fondeur nous a été conservé par l'inscription gravée sur une cloche de l'église de Saint-
Séverin, de Paris, en caractères ogivaux :

> *Mil CCC XII année*
> *Des aumosnes des bonnes gens.*
> *Pour orloye fus donnée*
> *Et daucuns des proissiens*
> *De Saint-Severin fus cy posée*
> *Qui lors estoient marregliers*
> *Pour y servir ay nom Macee*
> *Robert Caorn fu le premiers*
> *Regnault Lecleclerc (sic) et Jh. Sandrin.*
> *Et puis de Caville Thomas*
> *Me fest de mestal pur et fin*
> *Ainnsi co me veoir pourra.*

De Guilhermy, *Inscriptions du diocèse de Paris*.
t. Iᵉʳ.

Cavillier, famille de maîtres fondeurs picards, originaire de Corbie. Dès 1548, Roger Cavillier était établi
à Noyon.

Une des cloches de Selens (Oise), datée de 1616, porte
l'inscription : *Roger Cavillier nous a feic tous III.*

En 1647, Philippe Cavillier a créé, à Carrepuis, une maison que dirige encore aujourd'hui l'un de ses arrière-petits-fils.

L'église d'Aumale (Seine-et-Oise), possède une cloche fondue en 1762, et nommée Louise, par Louis-Charles de Bourbon, comte d'Eu, prince de Dombes et duc d'Aumale, qui porte la double inscription : *Pier Nicolas Cavillier fondeur à Carepuis près Roye* et *Jean-Charles Cavillier*.

Ces deux maîtres étaient très habiles dans l'art de la fonderie des cloches et ils ont refait la majeure partie des sonneries du pays de Bray au siècle dernier. En 1788, la famille Cavillier était établie à Aumale, car la cloche de l'église de Coupigny est signée : *P. N. et J. B. Cavillier, fondeurs à Aumale.*

En 1767, les Cavillier coulèrent, pour l'église de Mesnil-David, une cloche qui porte le nom d'un quatrième membre de la famille : *Jean-Baptiste et Charles Cavillier, fondeurs, à Carepuis près Roye.*

La cloche de l'église de Bonchois, datée de 1775, montre que Jean-Baptiste seul était établi à Carrepuis et que Pierre-Nicolas travaillait à Aumale, mais qu'ils se réunissaient pour exécuter certaines commandes. Elle porte la double légende : *Jean-Baptiste Cavillier à Carepuis près Roye 1775 — P. N. Cavillier fondeur à Aumale.*

En 1854, la sonnerie de la cathédrale d'Amiens fut renouvelée par un descendant des Cavillier. Ce même fondeur a exécuté de nombreuses cloches tant à Amiens que dans les environs. Une autre fonderie des Cavillier est établie à Solente (Oise).

La famille Cavillier conserve un manuscrit intitulé : *Œuvre Campanale, ou le Fondeur familier*, qui conduit dans les opérations de cet art, par Philippe Cavillier, de Carrepuits, 1750, qui contient de très précieux renseignements sur l'art de la fonte et sur les œuvres les plus importantes qui aient été connues au siècle dernier.

La marque employée par les Cavillier depuis trois siècles est en forme d'écu, dont le milieu est occupé par une cloche, autour de laquelle sont gravés, en relief, le nom du fondeur avec la date d'exécution. — L'abbé Corblet, *la Liturgie des cloches;* — Pergny, *Cloches du pays de Bray.*

Cavino (Giovanni), médailleur-sculpteur padouan, né vers 1500, mort en 1570. — Il fut exécuteur testamentaire du sculpteur Riccio. L'Académie des Beaux-Arts de Venise possède un bas-relief représentant Saint Martin, et provenant de l'église de la Carità, qui est attribué à Cavino. — *Catalogue des objets d'art du Musée de l'Académie des Beaux-Arts.*

Cayot (Claude-Augustin), sculpteur, élève de Le Hongre, né à Paris en 1662, mort en 1722. Il travailla longtemps sous la direction de Van Clève. Il avait modelé, pour l'ancien maître-autel de Notre-Dame, deux figures d'anges en adoration, fondus postérieurement en bronze et dorés. — Gueffier, *Description de l'église de Paris.*

Cazin (Mme Marie), sculpteur, France (xixe siècle). La Tristesse, médaillon (Salon de 1882); — David; la Fortune, bustes (Salon de 1883); — Le Regret, statue (Salon de 1885).

Cebrano (Antonio et **G. Battista**), fondeurs d'artillerie (xviie siècle). Au Musée d'artillerie de Paris, existe un canon portant l'inscription : *Antonio Cebrano fac 1740.*

L'arsenal de Tunis possède deux pièces fondues pour le roi de Sicile, Vittorio-Emanuele I, et décorées des armes de Savoie, sur lesquelles est gravé le nom de *Giovanni Battista Cebrano 1727*, avec la devise du roi : *Ætneo nova Fulmina regi.*

Dans l'arsenal de Vienne, on voit plusieurs canons signés : *Giovani Battista Cebrano fece l'anno 1758.* — Communication de M. Courajod; Angelucci, *Una Missione à Tunisi.*

Cecho (**Antonio**), maître fondeur à Rome (xv° siècle). « Queste sono le spece facte nella tribuna di santi Giovanni (di Laterano)... Item à di 10 di Maggio (1439) per gettatura di tevole (tegole) 36 che pesarono migliaia 4 di pionbo pagay Cecho Antonio per ducati 2 lo miglioro, ducat. 8. » — Müntz, *les Arts à la cour des Papes*, t. I°ʳ.

Cecioni (**Adriano**), sculpteur, né à Florence (xix° siècle). — Lutte acharnée, groupe en bronze (Salon de 1872).

Celino (**Antonio et Giovanni**), maîtres fondeurs et ciseleurs de Pise (xv° siècle); ont coulé en bronze quelques-uns des ouvrages de Donatello.

Antonio Celino a terminé, pour l'un des pilastres de la cantoria du Santo de Padoue, une figure d'évangéliste avec ses attributs, sur le modèle de Donato (1446). — Gonzati, *Sant'Antonio.*

Cellini (**Benvenuto**), orfèvre, sculpteur et fondeur, né à Florence en 1500, mort dans la même ville en 1570. Il a laissé des mémoires dans lesquels il décrit les ouvrages exécutés par lui, tant en Italie qu'à Paris, où il avait été appelé par François I°ʳ et installé dans l'hôtel du Petit-Nesle (1540). Nous citerons parmi les travaux qu'il a modelés et jetés en bronze, laissant de côté ses autres œuvres :

Buste du cardinal de Ferrare, Hippolyte d'Este, modelé en 1540 sans qu'il ait jamais été coulé en bronze.

Buste colossal de Jules César, fondu à l'hôtel du Petit-Nesle dans la même année ; Tête colossale exécutée d'après la jeune fille qui lui servait de modèle à Paris ; statue de Jupiter de grandeur naturelle, coulée en argent et dont il fit fondre une seconde épreuve en bronze par les maîtres fondeurs de Paris.

1543-1544. Le bas-relief de la nymphe de Fontainebleau, commandé pour être placé au-dessus de la porte dorée et donné plus tard à Diane de Poitiers, pour le château d'Anet. Il est actuellement au musée du Louvre. Il devait être accompagné de deux figures de Satyres dont il fit les modèles qui ne paraissent pas avoir été jetés en bronze. Deux figures de Renommées, tenant des flambeaux et des salamandres, devaient être placées dans les tympans. Ces deux derniers bas-reliefs ont été rendus à la famille d'Orléans lors de la dispersion du Musée des Monuments français.

En 1543, il exécuta le modèle d'une fontaine colossale de 41 brasses de hauteur, dont la figure principale devait représenter Mars appuyé sur sa lance et tenant une épée ; aux quatre angles étaient les figures de l'Éloquence, de l'Art, de la Musique et de la Libéralité. Ce modèle construit en plâtre, dans les jardins qui avoisinaient le Petit-Nesle, ne fut pas terminé par suite du départ de Benvenuto pour l'Italie. Il laissa, en quittant la France, deux de ses élèves, Paolo Romano et Ascanio de Mari de Tagliacozzo, chargés d'achever les ouvrages d'orfèvrerie commencés par lui. On leur adjoignit un troisième ouvrier allemand, Baulduc.

Après son retour à Florence, il moula un bas-relief

ovale représentant un chien (Museo Nazionale) et le buste colossal en bronze du grand-duc Cosme Ier de Médicis (Museo Nazionale).

Il entreprit, en 1545, pour la loggia dei Lanzi, le groupe de Persée tenant la tête de Méduse, qui est son plus bel ouvrage de sculpture. Sur le baudrier du héros est gravée l'inscription : *Benvenutus Cellinus civis flo.* Le piédestal, partie la plus remarquable du monument, est décoré de quatre figurines élégantes, représentant Jupiter, Danaé, Mercure et Minerve. Au-dessous du piédestal, sur la balustrade est placé un bas-relief de bronze, chef-d'œuvre de Benvenuto, dans lequel on voit Persée délivrant Andromède. Le modèle de ce bas-relief est au musée du Bargello. On possède également quelques esquisses ou projets primitifs pour la figure de Persée, au Museo Nazionale, et dans la collection Davillier, au musée du Louvre. Le groupe de Persée fut terminé en 1554.

Benvenuto compléta et restaura plusieurs figures antiques de bronze et de marbre pour le grand-duc.

Il modela, vers 1550, le beau buste de Bindo Altoviti, qui depuis son achèvement est conservé à Rome, dans le palais Altoviti.

Il avait présenté un projet grandiose pour la décoration du chœur et des chaires de Santa Maria del Fiore. Ce modèle comprenait un ensemble de vingt bas-reliefs de bronze dans lesquels auraient été représentés des sujets tirés de l'Ancien Testament. Cellini ne réussit pas à faire adopter ses esquisses. Le travail fut exécuté postérieurement en marbre par Baccio Bandinelli. — Cellini, *Mémoires sur sa vie et ses ouvrages;* — E. Plon, *Benvenuto Cellini.*

Celma (Jean-Baptiste), peintre, sculpteur et fondeur aragonais (xvie siècle). Les deux pupitres du chœur de la cathédrale de Santiago, qui sont décorés de bustes placés entre des colonnes et des bas-reliefs, représentant divers sujets religieux, accompagnés de fleurs et d'ornements de la plus fine exécution, portent l'inscription : *Joannes Baptista Celma aragonensis patria pingendi artifex salutis anno 1563. Compostelle faciebat.*

Celma travaillait encore en 1604 pour le chœur de la cathédrale de Plasencia, où il a laissé des groupes en pierre. Il a également sculpté des stalles d'église. — Juan F. Riano, *the Spanish arts;* Bermudez, *Diccionario historico.*

Cenni (Cosimo), fondeur et bombardier du duc de Toscane, coula, en 1638, un canon pesant 27,500 livres, qui lançait un boulet de 90 livres. Cette pièce, commandée par Ferdinand II de Médicis, était la 407ᵉ qu'ait exécutée ce canonnier. Elle porte sur la culasse la tête de saint Paul et faisait partie d'une série de dix canons, destinés à la défense du port de Livourne. Une pièce semblable, avec la tête de saint Pierre, existe dans l'arsenal de la Spezzia. Le Saint Paul fut pris par les Barbaresques de Tunis sur une galère toscane. Le bey de cette province l'a offert récemment au roi Victor-Emmanuel, qui l'a fait déposer au Musée National de Florence. Il est non seulement d'un excellent travail artistique, mais encore l'une des meilleures fontes d'artillerie que l'on puisse rencontrer.

L'arsenal de Toulouse possédait, en 1823, un bel obusier exécuté à Florence, en 1643, par Cosimo Cenni.

Il existe, dans l'arsenal de Tunis, une pièce de canon aux armes de Cosme de Médicis, ne portant pas de date, sur laquelle on lit : *Opera di Cosimo Cenni fiorentino.* (Communication de M. le colonel Leclerc, directeur du Musée d'artillerie).

Dans sa campagne de l'Uruguay, Garibaldi s'était emparé d'une pièce d'artillerie de 24, portant le nom de : *Cosimo Cenni 1492*. Si cette date a été exactement transcrite, elle fournirait la preuve que la famille Cenni aurait dirigé, pendant deux siècles, la fonderie des arsenaux toscans. Il est présumable qu'il faut lire *1692*.— A. Dumas, *Vie de Garibaldi*, et Citadella, *Notizie Ferraresi.* — Gargiolli, *Description de Florence*, t. Iᵉʳ — Galetti, *Description du Museo Nazionale.* — Martin de Brettes et Corréard, *les Bouches à feu.*

Cenni (Giovanni Maria), fondeur toscan (xviᵉ siècle). Deux cloches, provenant de l'église de Santa Annunziata et conservées actuellement au Musée National de Florence, ont été coulées par Giovanni Maria Cenni en 1570 et en 1575. — Campani, *Guide du Museo Nazionale.*

Censori (Anchise), petit-fils d'Orazio et fils de Giovanni Battista, travailla longtemps avec son père dans l'arsenal de Modène, où ses fontes étaient placées sous le nom de Giovanni Battista. A la mort de ce dernier, elles portèrent son nom seul. Un ancien inventaire de l'artillerie du duc de Modène décrit un canon aux armes du duc, jointes à celles de Molvasio, grand-maître de l'artillerie, sur lequel on lisait : *Anchises de Censoribus f. Franc. 1. Dux Mut Reg. VIII MDLIV.* On trouvait la signature de Censori sur d'autres pièces coulées, jusqu'en 1663. Ces belles œuvres de fonte n'existent plus ; elles furent renouvelées en 1708, sur l'ordre du duc Rinaldo. — Angelucci, *Documenti inediti.*

Il a existé un autre membre de la famille Censori, portant le prénom d'Anchise et vivant à la fin du xviᵉ siècle. Zani dit que Giovanni Battista était fils d'Anchise Censori (?) La statue du pape Grégoire XIII, placée sur la porte du palais public de Bologne, porte

une inscription établissant qu'elle a été exécutée
en 1579, par Anchise Censori, sur le modèle de Man-
ganti. Le fondeur du pape, Anchise Censori, fut appelé
à Loreto, à la même époque, pour estimer la statue du
pape Sixte-Quint par Calcagni. Il est présumable
qu'Orazio Censori portait en même temps le prénom
d'Anchise. — Campori, *Artisti estensi ;* Ricci, *Memorie
storiche degli artisti della Marca di Ancona.*

Censori (Clemente), fondeur italien (xviie siècle),
a travaillé au Panthéon de l'Escurial, sous la direction
de J. B. Crescenci, peintre de Philippe IV. — Damian
Barmejo, *Description de l'Escurial.*

Censori (Giovanni Battista di Orazio) naquit
à Bologne, en 1550. Il travailla dans cette ville pour
le pape, après avoir appris l'art de la fonte chez son
père Orazio. Il devint ensuite le fondeur de l'artillerie du duc de Ferrare. En 1606, il coula une grosse
et une moyenne cloches, pour la cathédrale de Ferrare.
Ces cloches portent l'inscription : *Jo. Battista Censo-
rius Bonon, una cum Anchise eius filio et Jo. Maria
Milano Mutinense genero hoc opus faciebat 1686.*
Il répara également un bas-relief, représentant Saint
Georges et le Dragon, qui était auparavant sur la
façade de cette église et qui avait été endommagé par
un tremblement de terre. Peu de temps après, Giovanni
fut appelé à Modène par le duc et, en 1617, il y coulait
une petite coulevrine signée : *Cesar est. Dux 1617. —
Gio Batta Censori.* (Inventaire de l'artillerie de Monte
Alfonso). En 1620, il exécuta les ornements de bronze
du tabernacle de San Bartolomeo ; en 1623, la grosse
cloche de San Pietro ; en 1633, celle de San Pietro ;
en 1634, celle de l'église des Jésuites et en 1639, les
deux grosses cloches de la grande Tour et celle de
l'horloge publique. Il coulait en même temps une

quantité de pièces d'artillerie pour le duc de Modène.
Le cardinal Lodoviso lui demanda de venir à Bologne,
avec son fils et ses compagnons, pour y couler la statue
du pape Grégoire XV, mais le duc ne voulut pas le
permettre. Le roi d'Espagne lui proposa la direction
de l'arsenal qu'il voulait établir à Correggio. Après
avoir servi successivement les ducs César, Alphonse IV
et François Ier, pendant plus de cinquante années, Censori tomba en disgrâce et il obtint du duc de Mo-
dène la permission d'accepter la direction des fonderies
vénitiennes. Il mourut peu de temps après à Modène,
âgé de quatre-vingt-seize ans, et fut enseveli à San Carlo
(1646). — Campori, *Gli Artisti estensi* ; — Angelucci,
Documenti inediti.

Censori (**Lodovico**), fondeur, parent présumable
des précédents. On lit sur une cloche de la Rocca di
Valogna : *Aloysius de Censoribus Mutinensis fecit 1685.*
— Campori, *Gli Artisti estensi.*

Censori (**Orazio**), fondeur de l'artillerie du Saint-
Siège, dans la seconde moitié du xvie siècle, né à
Bologne. Un des marquis de Lunigiana lui commanda
un certain nombre de bouches à feu. On lui attribue
l'exécution des deux candélabres de bronze placés sur
le maître-autel de la Trinité des Pèlerins, à Rome,
ainsi que les bases et les chapiteaux, en bronze doré,
des colonnes qui supportent le baldaquin de l'église
d'Ara-Cœli ; et la fonte de la figure de la Vierge, modelée
par Berthelot, pour la colonne de la basilique de
Sainte-Marie-Majeure. Il est possible que quelques-uns
de ces ouvrages soient dus à Giovanni Battista ou à
Anchise Censori, les travaux de ces différents fondeurs
ayant souvent été confondus. Voir à **Anchise Censori**.
— Campori, *Gli Artisti estensi.*

Cerano, sculpteur; a modelé la statue colossale de Saint Charles Borromée, fondue par Bernard Falcone et par Siro Zanella, qui a été érigée près d'Arona, sur les bords du lac Majeur (1674).

Cerbolini (Nardo), orfèvre romain (xv° siècle). Il fut chargé, en 1473, de restaurer avec son homonyme, Leonardo Guidocci, la statue équestre de Marc-Aurèle, qui se trouvait alors à Saint-Jean-de-Latran. Il répara également l'ange placé au sommet du château Saint-Ange. L'année suivante, il cisela les portes de l'église d'Ara-Cœli, travail qui lui fut payé 70 ducats. — Eug. Müntz, *les Arts à la cour des papes*, t. III, p. 242.

Cérémonie (Jean-Adolphe), sculpteur, Paris (xix° siècle). Cheval de renfort (Salon de 1872); Enfant mort d'hydrophobie, médaillon (Salon de 1880).

Ceribelli (César), sculpteur, né à Rome (xix° siècle). La Méchanceté, statue (Salon de 1881); la Jeunesse de Diane, statuette; Comédienne de Pompei, statuette (Salon de 1884); la Barcarolle, les Rameaux, statuettes (Salon de 1885).

Ceroni (Giovanni Antonio), sculpteur et ciseleur milanais (xvii° siècle). Il fut appelé en Espagne et y exécuta deux figures d'anges de 3 pieds de haut, tenant des flambeaux de bronze, qui supportent le tombeau de Philippe III, dans le Panthéon de l'Escurial. Il mourut à Madrid en 1640. — Damien Barmejo, *Description de l'Escurial*.

Cesari (Desiderio), sculpteur (xviii° siècle). La bibliothèque de l'Institut conserve un médaillon de cuivre doré, représentant Jean-Dominique Romagnesi, qui offre l'inscription : *Desiderio Cesari feci. — Gli* *ammiratori D. D. — MDCCCXXXIV.* — Inventaire des œuvres d'art publiées par la direction des Beaux-Arts : *Édifices civils de Paris.*

Ch. (**F.**). Ces initiales de maître fondeur sont apposées sur la cloche de l'église de Mareil en France, fondue en 1599. — De Guilhermy, *Inscriptions du diocèse de Paris*, t. II.

Chabaud (**Louis-Félix**), sculpteur et graveur en médailles, né à Venilles (Bouches-du-Rhône) en 1824. L'Agriculture, modèle pour la fontaine monumentale de la ville d'Aix (Salon de 1863).

Nouvel Opéra : l'Étoile du matin et l'Étoile du soir, deux types de statues répétées vingt-deux fois et servant de lampadaires à l'extérieur du monument; têtes des gaines d'éclairage dans le grand foyer. Il a également modelé pour ce monument, en collaboration avec Évrard, les bustes de Mozart, Beethoven, Spontini, Auber, Rossini, Meyerbeer, Halévy, Quinault et Scribe, qui ont été exécutés en galvanoplastie par la maison Christofle.

Chabout, ciseleur à Lyon (première moitié du xviiie siècle). M. Léon Palustre a relevé, sur les flambeaux en bronze ciselé du maître-autel de l'église Notre-Dame, à Montbrison, l'inscription : *Chabout. fait à Lyon.*

Chabrié et **Jean**, bronziers à Paris (xixe siècle). Leur maison, fondée en 1817, a développé la fabrication des bronzes d'éclairage, des torchères et des lustres de styles divers.

Chabry (**Marc**), élève de Puget, sculpteur, peintre et architecte, né à Barbantane en 1660, mort en 1727, fut nommé sculpteur ordinaire de la ville et portait le titre de sculpteur du roi. Il se maria à Lyon en 1684 et embellit cette ville de ses productions.

Les ornements du piédestal de la statue de Louis XIV, due aux frères Coustou, avaient été exécutés par Chabry; il avait sculpté également le bas-relief représentant Louis XIV à cheval, placé au-dessus de la porte de l'Hôtel-de-Ville.

La peinture et la sculpture du maître-autel de l'église de Saint-Antoine étaient son ouvrage. Il fit présenter au roi deux figures de la Vierge et d'Hercule, qui lui valurent son titre de sculpteur de Sa Majesté. M. le maréchal de Villeroy lui donna 6,000 livres d'une figure qu'il avait faite. D'autres ouvrages de ce sculpteur figuraient dans les églises de Lyon.

Chabry (**Marc**), fils du précédent, suivit la même profession. Il sculpta une chaire dans l'église des Carmes et diverses figures chez les Chartreux, sans que nous sachions si elles étaient en marbre ou traduites en bronze. Il avait dessiné les bassins de la place Royale, à Lyon, au milieu desquels se trouvait un groupe de plomb doré représentant trois génies allégoriques. — Rondot, *les Sculpteurs lyonnais;* — Blin de Fontenay, *Dictionnaire des artistes.*

Chaillon (**Charles**), potier d'étain; fut chargé de préparer un moule et de fondre des boulets pour l'artillerie de la ville d'Amboise (1567-1568). — Chevalier, *Archives communales d'Amboise.*

Chaligny, famille de maîtres fondeurs lorrains établie à Nancy depuis 1450, qui a compté plusieurs représentants renommés pour leur habileté dans l'art de la fonte et de la sculpture.

Chaligny (Jean), mort en 1615, âgé de quatre-vingt-six ans, avait exercé pendant soixante années les fonctions de directeur de l'artillerie du duc de Lorraine.

La fontaine de la grande cuisine du château était ornée d'une figure d'angelot en cuivre, coulée par lui.

Il avait fondu une coulevrine longue de 22 pieds, que Louis XIV fit enlever de Nancy en 1670 et transporter à Paris en raison de sa belle exécution. Elle fut brisée plus tard et ses débris servirent à fondre d'autres pièces d'artillerie. On en trouve une gravure dans l'ouvrage de Saint-Rémy sur l'artillerie. — Marion, *Les plus belles pièces d'artillerie.*

Ses deux fils, **David** et **Antoine Chaligny**, soutinrent sa réputation de fondeur et abordèrent la sculpture. Ils furent chargés, par les magistrats de Nancy, d'élever une statue équestre monumentale en l'honneur du duc Henri III de Lorraine. Les frères Chaligny allèrent en Italie prendre le dessin de la statue de Cosme Ier de Médicis et passèrent, en 1621, marché avec la ville pour l'exécution du monument, moyennant une indemnité de 15,000 livres. Le duc Henri avait accordé à la ville 18,000 livres de métal pour la fonte. Le piédestal devait être orné de statues de marbre blanc et le tout placé au milieu d'un grand bassin. Mais les frères se brouillèrent dès l'année suivante. David mourut en 1631, et le cheval seul fut terminé par Antoine l'année suivante. Les malheurs de la guerre survenue en 1633 empêchèrent que l'œuvre ne fût achevée. Un modèle en bronze de la composition entière est conservée au musée de Nancy. Lors de l'entrée des Français, en 1670, le cheval fut enlevé et amené à Paris ; il resta longtemps au Palais Brion, où on le dressa sur un piédestal. D'après une tradition que nous n'avons pu vérifier, Louis XIV l'aurait accordé plus tard à la ville de Dijon, qui l'aurait fait entrer dans la composition du monument équestre érigé sur une de ses places par le sculpteur Lehongre. Cette statue de Louis XIV fut mise sur un bateau, qui la transporta de Paris à Auxerre. Par suite de son grand poids, elle fut abandonnée pendant près de trente ans dans un magasin, près d'Auxerre, et ne fut inaugurée que sous le règne de Louis XV; elle a été détruite en 1793.

David Chaligny prit également part, en collaboration avec Nicolas Drouin, à l'exécution des statues du tombeau de Christophe de Bassompierre et de Louise de Radeval, fondateurs du couvent des Minimes de Nancy en 1592.

Antoine Chaligny passa au service de Louis XIV et il devint commissaire général des fontes de l'artillerie de France; il mourut en 1666. Durant son séjour à Nancy, il avait touché 80 francs pour un bénitier avec sa chaine et goupillon de cuivre enrichi d'ouvrages de relief, attaché contre un des piliers de la chapelle funéraire de feu M. S. pour jeter de l'eau bénite.

Pierre Chaligny, fils de ce dernier, ingénieur du duc de Lorraine Charles IV; reçut, en 1659, de ce souverain, des lettres de noblesse motivées par les services que ses aïeux avaient rendus à la Lorraine depuis deux cents années. Il devint plus tard commissaire général des fontes de l'artillerie de France, en remplacement de son père.

Un autre membre de la famille Chaligny avait fondu, en 1676, la cloche d'alarme de Saint-Epvre, de Nancy, en la signant : *Jehan de Challigny*. — *Catalogue du musée de Nancy;* — Dom Calmet, *Bibliothèque lorraine;* — Farnier, *Notice historique sur les cloches;* — Lepage, *Palais ducal de Nancy.*

Challuau (Jean), imagier; fut employé dans la fonderie de Fontainebleau (1540-1550) au réparement de la figure de la Vénus, en cuivre, à raison de 17 livres par mois. — De Laborde, *les Comptes des bâtiments du Roi*.

Chamberlayne (William), maître fondeur, mentionné dans le testament d'Henri Jordan, à titre de légataire, continua les travaux de fonderie de ce maître. Il vivait encore en 1498 et fut l'un des membres fondateurs du tribunal de la corporation des fondeurs, lorsqu'il fut établi. Un fondeur nommé Philip Chamberlayne est porté sur les rôles de la cité de Londres, de 1336 à 1382. — Stahlschmidt, *London bells founders*.

Champenois (Pierre), marchand forain, condamné à l'amende par le Châtelet (6 juillet 1618) pour avoir vendu des creusets de fondeur sans les avoir soumis aux jurés en exercice. — *Statuts et privilèges des maîtres fondeurs*.

Champtite, maître fondeur d'artillerie à Soleure; coula une bouche à feu de bronze (1454). — Massé, *l'Artillerie suisse*.

Chancelier, fondeur et ciseleur (xviiie siècle). Il a surtout travaillé pour l'orfèvrerie et fut employé par François-Thomas Germain pour la ciselure de la toilette commandée par la princesse des Asturies en 1765. Philippe Caffieri réclama une indemnité en alléguant qu'il avait fourni les dessins et les modèles de cet ouvrage. — *Mercure de France* (janvier et avril 1766); — Paul Mantz, *Recherches sur l'orfèvrerie française (Gazette des Beaux-Arts*, 1863).

Chandler (Richard), fils d'Antony Chandler, blacksmith, mort en 1641. Richard, né en 1601, épousa Bridget Conoper en 1622 et ouvrit une fonderie de cloches à Drayton. Il signait ses ouvrages : *Richard Chandeler*. Son fils, Anthony Chandler (1622-1680), lui succéda. Il eut plusieurs enfants, notamment Richard et Georges, qui gérèrent après lui la fonderie de Drayton. Richard mourut en 1704. — North, *Bells of Bedfordshire*.

Chanet (Lazare), batteur d'or, reçut 18 l. t. par chaque millier d'or employé à dorer la plomberie du donjon du château de Chambord (1541). — Félibien, *Mémoires pour servir à l'histoire des maisons royales.*

Chang Mingtai et **Sugshi**, fondeurs chinois, aidés par les ouvriers Seatwanching et Woogingseich, ont coulé, dans la sixième année du règne de l'empereur Heingfung (1856), un canon de bronze déposé à l'arsenal de Woolwich. — *Catalogue of the Museum of artillery, Woolwich.*

Chantelou. L'Inventaire du Garde-Meuble de la couronne, dressé en 1791, mentionne « une tête de Vénus en bronze, ayant les cheveux noués derrière la tête (Vénus de Médicis), posée sur un socle de bronze carré, sur lequel est gravé : *Chantelou*, haut de 22 pouces et demi, compris le socle, copié de l'antique, est. 1500 l. »

En l'absence du monument disparu, nous ne pouvons que reproduire cette description sans l'accompagner d'aucun commentaire.

Chantelou (Cardin), dit **Vallence**, fondeur et maître fontainier de la ville de Tours (1539-1577), parent de Michel Vallence, dont il joignit le nom au sien, après son mariage avec sa nièce.

Il dessina, en 1550, un projet de fontaine pour la ville de Loches, qui ne fut jamais exécuté, et trois années plus tard, il fut chargé d'établir celle du château de Chenonceaux.

Il reçut, en août 1562, un paiement de XII s. VI d. pour avoir fait recouvrir, par le serrurier François Bonnyn, les deux bras de la croix surmontant la fontaine de la place de Beaune, sur lesquels étaient une Notre-Dame et une Madeleine de cuivre doré. — Grandmaison, *les Arts en Touraine.*

Chantrey (sir **Francis**), sculpteur (1781-1842). Parmi ses nombreux ouvrages, nous citerons la statue de bronze représentant William Pitt, dans Hanover Square; le monument équestre de Georges IV, à Trafalgar Square, et celui du duc de Wellington, dans la Bourse. — Fortnum, *Catalogue of bronzes in the South Kensington Museum.*

Chanvrier (**Rémond**), négociant à Lyon; obtint, en 1785, des lettres patentes l'autorisant à transférer à Paris, pour quinze ans, une manufacture de quincaillerie et de plaqué et doublé d'or et d'argent, qu'il avait établie à Lyon en vertu d'autres lettres patentes de 1784. — *Inventaire des Archives municipales de Lyon.*

Chapelier, famille de fondeurs parisiens (xviiᵉ siècle). Une des anciennes cloches de Notre-Dame de Paris portait l'inscription : *Je fus nommée Gabriel qui porta bonne nouvelle et fus faite l'an mil six cent quarante et un au mois d'aout et poise douze mille,* et au bas : *J'ai été faite par Jean Chapelier et Nicolas Chapelier son fils. — Les Curiosités historiques de l'église de Paris,* par Gueffier.

Chapelle (**Guillaume**), porté en 1574 sur les états de l'artillerie royale comme maître canonnier. — Bibliothèque nationale : *Recueil de pièces manuscrites sur l'artillerie.*

Chapelle (**Nicolas**), maître fondeur à Paris (xviie siècle). Il a inscrit son nom sur la grosse cloche (dite *le Bourdon*) de l'église de Notre-Dame, qui porte également les noms des fondeurs Le Guay, Gillot et Moreau (1685). Voir à **Le Guay.**

La cloche de l'église de Chatou est signée : *Nicolas Chapelle, Jean Gillot.*

Ce fondeur a coulé, en 1628, une cloche pour le dôme de Trèves. La marque de Nicolas Chapelle est empreinte sur la cloche de Soulaire, près Corbeil, avec celle de Jean Gillot (1675). — De Guilhermy, *Inscriptions de la France; diocèse de Paris,* t. I, II, III, IV.

Chaperon (**Pierre**), maître fondeur normand (xviie siècle). On lisait, sur l'ancienne cloche de Fresnoy (Seine-Inférieure) : *Petrus Chaperon me fecit anno 1681.* — Dergny, *les Cloches des anciennes églises du pays de Bray.*

Chaplain (**Jules-Clément**), sculpteur et graveur en médailles, élève de MM. Jouffroy et Oudiné, né à Mortagne en 1839.

Chapmann (**William**); devint un des associés de Thomas Pack dans la gérance de la fonderie de cloches de White Chapel, en 1769.

Chapman prit William Mears comme associé en 1781, après la mort de Pack, et lui-même mourut en 1783. — Stahlschmidt, *Bells of Surrey.*

Chaponière (John), sculpteur, né à Genève en 1805, mort en 1835, élève de Pradier.

David triomphant de Goliath, statue en bronze, au Jardin-Botanique de Genève (promenade des Bastions); le modèle en plâtre est au musée de la ville.

Chaponière a modelé les figures allégoriques qui ornent le vase offert à Lafayette par une souscription nationale. Il exécuta des portraits-statuettes, parmi lesquels était celui de Pradier, qui obtinrent un grand succès.

Chappeu (Bertrand), canonnier de la ville de Bordeaux, fut attaché à la défense de la petite place de Bourg (Gironde) en 1406. — Inventaire des Archives municipales de Bordeaux : *Reg. de la Jurade.*

Chappuy (Victor-François), sculpteur, élève de Toussaint, né à Grenoble en 1832.

Il a exposé, au Salon de 1868, le Joueur de bilboquet, statue de bronze.

Chapu (Henri-Michel-Antoine), né au Mée en 1833, élève de Pradier, de Duret et de Léon Cogniet.

Il a envoyé aux Salons divers bustes en bronze : M. Sédillot (1863); M. Léon Bonnat (1864); buste anonyme (1867); le docteur Desmarres (1866); deux médaillons anonymes (1867); Jeanne d'Arc, médaillon pour la ville de Melun; M. L., buste (1868).

Le Semeur, statue exposée en plâtre au Salon de 1865; réexposée en bronze au Salon de 1867.

Saint Joseph (1875), figure exécutée en bronze repoussé pour l'église Saint-Augustin ; portrait de l'architecte Questel, médaillon (Salon de 1875); portrait de M..., buste (Salon de 1876).

Fontaine monumentale pour l'hôtel du baron N. de Rothschild, à Vienne.

Chapuy (Agénor-Désiré-Jean-Baptiste), sculpteur, France (xixᵉ siècle).

Portrait du professeur Pajot, buste de bronze (Salon de 1880).

Chapuzot (Pierre), fondeur rouennais de la fin du xvᵉ siècle. Il a coulé la cloche appelée *Marie d'Estouteville,* en l'honneur du prélat donateur (mort en 1442), qui est encore en place dans la tour Saint-Romain. Cette cloche coûta 1,918 liv. 3 s. 6 d. Le fondeur reçut pour sa peine 12 écus d'or. — *Comptes manuscrits de la cathédrale de Rouen;* — Deville, *les Tombeaux de la cathédrale de Rouen,* p. 196.

Chardigny (Pierre-Joseph), sculpteur, né à Trin en 1794, mort à Paris en 1866, fils de Barthélemy-François Chardigny; élève de Bosio et de Cartelier.

Gabet relate, dàns son *Dictionnaire des artistes,* qu'il dirigea des fabriques de bronze à Paris. Il a exécuté, en 1831, la statue du roi d'Espagne Ferdinand VII, pour la ville de Barcelone. Une répétition en a été coulée pour la ville de Grenade (1835).

Chardin (Sébastien), sculpteur, né à Paris, élève de M. A. Slodtz. Il avait exécuté, pour les Grands-Augustins, le monument funéraire de Bernard Chérin, qui se composait d'une inscription surmontée d'un cartel entouré de branches de cyprès en bronze. Ce tombeau fut recueilli dans le musée des Petits-Augustins. Chardin a envoyé aux Salons divers projets de monuments décoratifs : en 1796, l'esquisse d'un monument commémoratif à ériger sur les ruines de la Bastille, l'architecture était de Brullée, le groupe de Chardin et les trophées de Campereau ; en 1801, un projet de fontaine en l'honneur de Desaix. — Bellier de la Chavignerie et Auvray, *Dictionnaire des artistes.*

Charité, ciseleur-releveur ; réputé pour les ornements et armoiries d'équipages, casques et plaques de girouettes. — *Almanach des architectes*, 1777.

Charlier (Guillaume), sculpteur, France (xix⁰ siècle). — Type écossais, buste (Salon de 1885).

Charlot (Adam), maître plombier ; a exécuté les travaux de couverture de la grande écurie de Versailles (1680). — J. Guiffrey, *Comptes des bâtiments du Roi*.

Charnaud, fondeur en bronze, Paris (xix⁰ siècle).
Il a coulé diverses statues sur les modèles de plusieurs sculpteurs contemporains et fut chargé, conjointement avec M. Henri Penelli, de remettre en état les bas-reliefs et la statue de la colonne de la Grande-Armée, renversés en 1871.

Charpentier, maître fondeur, coula en 1706 une cloche pesant 1,200 livres, moyennant la somme de 100 livres, pour Notre-Dame-la-Grande de Poitiers. — Inventaire des archives départementales de la Vienne.

Charpentier (Alexandre-Louis-Marie), sculpteur, France (xix⁰ siècle). — Portrait d'Achille Iᵉʳ, roi d'Araucanie, buste (Salon de 1885).

Charpentier (Félix), sculpteur, France (xix⁰ siècle).
M. Du Commun du Locle, buste (Salon de 1879); deux bustes de bronze (Salon de 1881).

Charpentier (Mˡˡᵉ **Julie**), sculpteur, élève de Pajou, née à Blois, morte à Paris en 1843.
Elle a modelé quatre morceaux des bas-reliefs en spirale de la colonne de la Grande-Armée (1806). La fontaine de la place Saint-Vincent, à Blois, dont le prin-

cipal bas-relief en marbre représente la Loire, est surmontée de deux têtes de bronze couronnées de roseaux
et symbolisant le Loir et le Cher, par M^llo Charpentier.

Elle avait envoyé au Salon de correspondance (1787)
un bas-relief en bronze représentant le duc d'Orléans.
— Bellier de la Chavignerie, *Dictionnaire*.

Charpentier (**Pierre**), canonnier du roi, reçut
XXXI l. t. pour avoir fait dresser les chevalets de 24
grosses coulevrines de cuivre lors du siège de Rouen
(1452). — Monteil, *Histoire des Français*, t. II.

Charpentier (**René**), sculpteur, élève de Girardon,
né à Ceuillé en Anjou (1677); vint avec Bott à Berlin et fit de nombreux travaux pour le château de
Potsdam. Il revint en France, fut admis à l'Académie et
mourut en 1723.

Il avait sculpté dans la chapelle de la Vierge de l'é-
glise de Saint-Roch, à Paris, un petit monument funéraire de bronze pour le comte Fortunato Rangoni;
c'était une Vertu pleurant et s'appuyant sur la base
d'une colonne. Il fut aidé dans ce travail par Joly. —
Dargenville, *Voyage pittoresque dans Paris*.

Charron (**Alfred**), sculpteur, France (xixe siècle).
Portrait de M. T., médaillon (Salon de 1885).

Chartier (**Jehan**); est porté en 1597 sur les états de
l'artillerie du Roy, en qualité de maître fondeur. —
Bibliothèque nationale : *Pièces manuscrites concernant
l'artillerie*.

Charton (**Jean**), orfèvre et fondeur de Nevers (xv^e
siècle).

Il fit marché avec la ville en 1439, pour graver sur
une cloche les armes de Nevers et deux images, l'une

de Dieu le Père, et la seconde de la Vierge (Archives manuscrites de Parmentier). — De Soultrait, *Archives de l'art français*, t. Ier, p. 136.

Charton (J. B.), maître fondeur; a coulé et signé la cloche de Saint-Julien-sur-Colonne, commandée primitivement en 1766 pour l'église de Launay.

La cloche de Pierrefitte, fondue en 1768, porte : *Guillaume et J. Charton monts faite.* — Billon, *Épigraphie campanienne (Bulletin monumental*, 1867).

Chastellain (Nicolle), maître fondeur de cloches à Paris; fut chargé de dépendre la cloche de l'horloge de l'hôtel de Saint-Pol, donnée par le roi à l'église Saint-Paul, de la remonter et de faire deux piliers de métal pour la soutenir dans le clocher de ce dernier édifice (octobre 1471). — F. Bournon, *l'Hôtel royal de Saint-Pol (Mémoires de la Société de l'Histoire de Paris,* t. VI).

Chatelas (Jean), orfèvre et émailleur à Limoges; a exécuté, en 1267, le tombeau du comte de Champagne Thibaut VI, dont les fragments sont conservés dans le trésor de la cathédrale de Troyes. — Guibert, *Orfèvres de Limoges;* — Corblet, *Tombes de bronze d'Amiens.*

Chatelet (Olin), fondeur à Toulouse (xixe siècle); a coulé un grand nombre de cloches pour le diocèse de Comminges.— Comte de Toulouse-Lautrec, *les Cloches dans le haut Comminges (Bulletin monumental*, 1863.)

Chatrousse (Émile-François), sculpteur, élève de Rude et d'Abel de Pujol, né à Paris en 1829.

Héloïse et Abailard au Paraclet, groupe (Salon de 1873); — Mme Roland, statue (Salon de 1882); — l'Histoire de la Patrie à travers les âges, bas-relief dédié à Henri Martin, modèle en plâtre (Salon de 1884).

Chaubry (**Nicolas**), maître fondeur à la Flèche; coula, en 1715, la troisième cloche de l'église de Brion.— Port, *Artistes angevins.*

Chauchard (**Les**), maîtres fondeurs; ont inscrit sur les cloches de l'église de Saint-Martin-les-Loges : *Les maîtres Chauchard fils, fondeurs lorrains nous ont faites (1723).* — Billon, *Épigraphie campanienne (Bulletin monumental,* 1861).

Chaudet (**Antoine-Denis**), sculpteur et peintre, né à Paris en 1763, élève de Stouf, membre de l'ancienne Académie de peinture.

Groupe de deux figures, haut de vingt pouces et représentant Bélisaire assis auprès de son guide endormi, d'une fonte admirable et très bien ciselé; il est décrit dans le catalogue d'une collection vendue au Mont-de-Piété en 1803. — Statue de l'empereur Napoléon Ier, terminant la colonne de la Grande-Armée, renversée en 1815 et brisée. La figure de la Victoire avait seule été conservée; elle a été perdue de nouveau en 1871. Modèle de la statue de la Paix, fondue en argent par Cheret pour les Tuileries, et maintenant au musée du Louvre.— Il avait modelé quatre mascarons de bronze pour le piédestal de la fontaine de l'esplanade des Invalides, sur laquelle avait été placé le lion de Saint-Marc, et qui fut supprimé en 1840. — Chaudet avait modelé, sous la direction de Denon, un grand buste de Napoléon, fondu par Feuchère. Ce buste était placé sur un cippe orné de moulures en bronze et de trophées composé par Percier. Il avait esquissé une statuette de Napoléon et un petit groupe de Cyparisse pleurant son cerf (vente Feuchère, 1829).— Une répétition d'un buste hermès en marbre, de Napoléon Ier, par Chaudet, a été fondue par Gonon et ciselée par Caulers (Collection Denon, 1826).— De Clarac, *Description des antiques du musée du Louvre.*

Chaudois ; deux cloches pour Saint-Michel d'Aix-la-Chapelle (1732). — Otte, *Glockenkunde.*

Chaudron, ciseleur-doreur parisien (xviiie siècle). Les mémoires des travaux faits pour le garde-meuble en 1786 par l'entrepreneur général de Hauré, mentionnent de nombreux travaux exécutés par Chaudron pour les résidences royales. — Bibliothèque nationale : *Comptes manuscrits des dépenses du garde-meuble en 1784.*

Chaumont, fondeur-ciseleur ; est porté sur les états de paiement du garde-meuble de l'année 1791. — Bibliothèque nationale : *Comptes manuscrits des dépenses du garde-meuble en 1791.*

Chaumont et **Marquis**, bronziers à Paris, rue Chapon, n° 23 (xixe siècle). Nous ne saurions dire s'il existe des liens de parenté entre le ciseleur Chaumont, employé en 1791, par le garde-meuble, et celui qui était associé en 1839 avec Marquis.

Ces derniers bronziers avaient envoyé, à l'exposition de 1839, des candélabres exécutés dans le style de la Renaissance ; une pendule en or moulu décorée d'une figure représentant l'Histoire, et un grand lustre dont les branches étaient soutenues par des enfants et des chimères (médaille d'argent).

Chaumont mourut avant son associé et Marquis, resté seul, continua longtemps à diriger la maison.

Chaussée (Jehan), maître pintier à Tours ; reçut 103 l. 1 s. 1 d. pour plats et vaisselle d'étain fournis au château d'Amboise (1493-1496). — Grandmaison, *les Arts en Touraine.*

Chautard (Victor-Saint-Just), sculpteur, né à Paris, élève de Guillaume et Ponscarme (xixᵉ siècle);— Théophile Gautier, médaillon (Salon de 1873).

Chautdouvrier (Jean), canonnier maître de forges à Caen; fondit, en 1375, vingt-quatre canons de bronze pour la ville. — Favé, *Recherches sur l'artillerie.*

Chauveau (René), architecte, sculpteur et dessinateur, fils du graveur Chauveau, né à Paris en 1633, mort en 1722, ancien directeur de l'Académie de Saint-Luc, élève de Girardon, de l'Académie des Gobelins et de Ph. Caffieri. Il fut d'abord directeur des travaux de sculpture et de ciselure exécutés dans la maison royale des Gobelins. Né dans cet établissement, il y avait épousé la fille de Domenico Cucci et se vit bientôt obligé de suppléer son beau-père dans la conduite des œuvres qu'il était chargé de terminer. Il obtint, peu de temps après, un logement aux galeries du Louvre, mais Cucci exigea que son gendre revînt habiter avec lui aux Gobelins. Pour se soustraire à cette obligation, Chauveau partit pour la Suède et y resta sept années. A son retour en 1709, Louis XIV le fit venir dans son cabinet pour lui commander une bordure qui pût renfermer quatre tableaux ronds de 2 à 3 pouces de diamètre représentant les Saisons. Chauveau imagina de suite un dessin représentant le soleil au milieu des Saisons, qui fut moulé et jeté en bronze et réparé par un habile ciseleur et doré d'or moulu. — De Fontenay, *Dictionnaire des peintres, sculpteurs et graveurs.*

En Suède, Chauveau avait rencontré un accueil très flatteur; il y exécuta des ouvrages pour diverses décorations, et modela les deux lions de bronze qui sont devant la façade septentrionale du château royal. — Christian Molbech, *Lettres de Suède.*

Chauvel (**François**), maître fondeur ; coula, en 1666, le bourdon de l'abbaye de Jumiéges, avec l'aide de son fils. — Farnier, *Notice historique sur les cloches.*

Chauvel (**Michel**), maître fondeur à Chartres (xviiᵉ siècle).

Le musée archéologique de Châteaudun conserve les débris de l'une des cloches de la ville, brisée par les obus prussiens en 1871, sur laquelle on lit encore : *Je fuz nommée Marie, Pierre Trochu, et Michel Chauvet nous fist L. M. D.LXXXVIII.*

Ce fondeur demeurait à Chartres. Il cautionna, en 1609, Antoine Lemoyne, lorsqu'il fit marché avec le prévôt des marchands de Paris pour la fonte des cloches de l'Hôtel de ville. — Leroux de Lincy, *Histoire de l'Hôtel-de-Ville.*

Chauvet (**Guillaume**), maître fondeur de la Sainte-Chapelle de Bourges en 1448. — Girardot, *Artistes de Bourges.*

Chauvin (**Pierre**), maître fondeur (xviiᵉ siècle).
Il est porté, sur les états de la maison du roi, en qualité de fondeur (1680-1688) et touchait 80 liv. par mois. — *Archives de l'art français,* 1872.

Chavet (**Antoine**), maître fondeur ; reçut III liv. pour avoir raccommodé l'aile de l'un des anges placés sur les colombes de cuivre du grand autel de Roye (1673). — Goze et Dusevel, *Églises, châteaux et beffrois de Picardie.*

Chedeville (**Léon**), sculpteur, né à Rosay (Eure), élève de A. Millet, mort en 1883.

Bianca, statuette (Salon de 1876).— Il avait exposé, au Salon de 1877, le modèle d'un grand vase qui a été acquis par la ville de Paris et fondu par les frères Thiébaut en 1877. Ce vase décore actuellement l'escalier de la mairie du XIIIe arrondissement.

Cheere (Sir **Henry**), sculpteur anglais (1648-1721). Il a exécuté, pour l'All-Souls'-College d'Oxford, vingt-quatre bustes de bronze représentant les régents de l'établissement, qui sont placés dans la grande salle de la bibliothèque, et la statue de Christophe Codrington, fondateur de cette bibliothèque. — *The Oxford Guide, 1832.*

A Londres, Cheere a fait la statue équestre du duc de Cumberland pour Cavendish-Square ; une statue en plomb, de Shakspeare, pour le portique du théâtre de Drury-Lane et une statue d'homme, en plomb, dans Hyde-Park, exécutée sur le modèle de son maître Peter Scheemackers.— Fortnum, *Catalogue des bronzes du South Kensington Museum.*

Chemin, fondeur-balancier, à Paris. — Boîte à poids portant à l'intérieur : *Pille de 16 marcs, étalonnée en la cour des Monnaies de Paris, suivant le procès-verbal du 16 may 1778, ajusté par Chemin, balancier, rue de la Ferronnerie, à Paris.* — Godard-Faultrier, *Catalogue du Musée d'Angers.*

Chemin (**Joseph-Victor**), sculpteur, élève de Barye, né à Paris en 1825. Il a modelé de nombreux groupes d'animaux : Chiens-terriers (Salon de 1857);— Chevreuil, nature morte (Salon de 1859);— Tom, chien terrier (Salon de 1861 ; — Tako, chien basset (Salon de 1863); — Lièvre blessé (Salon de 1868); — Le Singe cuisinier, groupe (Salon de 1879; — La Dispute, groupe (Salon de 1882);— la Chasse aux renards (Sa-

lon de 1880); — le Loup et la Cigogne (Salon de 1881);
— le Cerf aux abois (Salon de 1884).

Chemolier (**Georges de**), sculpteur. France (XIXe
siècle). — Statuette de clown; portrait de M..., buste
(Salon de 1883); — Portrait de M..., buste (Salon
de 1884).

Chenet (**Giovanni**), fondeur français, établi à Venise (XVIIe siècle). Il a jeté, en bronze, un tombeau dans
l'église de San-Mose, à Venise, en 1633. — Selvatico et
Lazari, *Guida di Venezia*.

Chenillion (**Jean-Louis**), sculpteur, élève de David, d'Angers et de Daubigny, né à Auteuil en 1810,
mort en 1875.

Portrait de l'évêque du Mans, buste (Salon de 1846);
— le Père du sculpteur, statuette (Salon de 1851);—
Tête de chienne (Salon de 1853); — Jeune berger,
groupe (Salon de 1876).

Chenu (**Nicolas**), orfèvre à Troyes, fut chargé en
1433 d'exécuter le coq surmontant le clocher de la
cathédrale et de le dorer. — Assier, *Comptes de l'œuvre
de l'église de Troyes*.

Cheret (**Jean-Baptiste**), orfèvre-ciseleur, demeurant quai des Orfèvres.
Il fut chargé, le 25 novembre 1782, par le lieutenant
civil, de faire l'expertise des travaux de ciselure, dont
Gouthière réclamait le montant aux héritiers du duc
d'Aumont. Cheret estima ces ouvrages à la somme de
88,470 livres, que la famille fut loin de retrouver lors
de la vente de la collection. — J. Guiffrey, *les Caffieri*.
Cheret fut employé par le gouvernement impérial et
l'un de ses principaux ouvrages est la grande statue

d'argent représentant la Paix, que l'on a vue longtemps au palais des Tuileries et qui est conservée maintenant au musée du Louvre. Elle porte l'inscription : *Chaudet sculpsit, Cheret ex argento fudit, Vivant-Denon direxit, anno MDCCCVI.* La matière avec laquelle cette statue est exécutée provient des deux anges fondus en argent sur les modèles de Coustou, qui supportaient le cœur de Louis XIII, dans l'église de Saint-Paul-Saint-Louis. — Barbet de Jouy, *Catalogue de la sculpture moderne.*

Cheret (Joseph), sculpteur, France (xix⁰ siècle). Portrait de M. C., médaillon (Salon de 1881) ; le Jour et la Nuit, groupe (Salon de 1883).

Cheri (Antonio), maître fondeur, fut chargé, en 1439, de fondre une cloche pour la cathédrale de Milan. — *Annali della fabrica del Duomo.*

Cheron, rue du Four-Saint-Germain, fondeur du prince de Condé, pour les pompes (*Tablettes royales de Renommée*, 1772). On trouve le nom de *Cheron* sur une cloche de l'église d'Ivry, qui est peut-être l'œuvre de ce fondeur. — De Guilhermy, *Inscriptions du diocèse de Paris*, t. III.

Chertier (Alexandre), rue Férou, à Paris, a fondé une maison d'orfèvrerie religieuse, d'où sont sortis d'importants travaux pour la décoration de plusieurs églises.

Statue de la Vierge (haut., 6ᵐ,5o) exécutée en cuivre repoussé au marteau, sur le modèle de l'architecte Danjoy, pour le couronnement de la tour de Peyberlan, à Bordeaux (1862) ;

Autel lamé d'argent pour la chapelle de Saint-Joseph dans la cathédrale de Bordeaux, exécuté en 1863, sur les dessins de M. Danjoy;

Tombeau de saint Martin, à Tours, exécuté en 1867 sur les dessins de l'architecte Verdier. Ce monument se compose d'un ciborium en bronze doré, recouvrant les restes du saint. Il est supporté par quatre colonnes et terminé par quatre frontons à crêtes, décorés de moulures émaillées et d'incrustations de pierres de couleur. Les colonnes sont reliées par des grilles en bronze doré.

Cinq autels de marbre avec appliques et garnitures de bronze émaillé, commandés pour la cathédrale de Limoges et exécutés sous la direction de l'architecte Chabrol (1868);

Statue de saint Michel, de $2^m,5o$ cent. de hauteur, exécutée en lames d'argent, recouvrant un modèle en bois, fait par M. Chertier, pour l'église du Mont-Saint-Michel (1872);

Ciborium monumental et autel pour la cathédrale de Schligo en Irlande (1874), exécutés en marbre, bronze doré et émail, sous la direction de l'architecte Goldie de Londres ;

Grand autel pour la cathédrale de Saint-Omer, exécuté sous la direction de l'architecte Darcy (1875);

Autel pour la chapelle du Sacré-Cœur de la cathédrale de Reims, d'après le dessin de l'architecte Millet (1876);

Grand ciborium et autel monumental, exécutés pour le chœur de la cathédrale de Moulins, sous la direction de l'architecte Schelmerscheur (1877) ;

Grand maître-autel, cuivre doré et émaillé pour l'église de Notre-Dame, à Mayenne; composition de M. Chertier (1878);

Portes en cuivre repoussé, exécutées pour la cathédrale de Strasbourg (1879). Les vantaux mesurent chacun 6^m,5o de hauteur sur 2 mètres de largeur. Le dessin est de l'architecte Klotz et l'ornementation du peintre-verrier Steinheil ;

Maître-autel en bronze doré et émaillé pour l'église de Saint-Donatien, à Nantes ; autels pour la chapelle de la Vierge, et pour la chapelle du Sacré-Cœur de la même église, exécutés en 1879, sur les compositions de M. Chertier ;

Grand autel de la chapelle du Sacré-Cœur, dans l'église de Saint-Augustin, à Paris, exécuté en 1880, sous la direction de l'architecte Train ;

Maître-autel monumental et disposition générale du sanctuaire de l'église de Saint-Laurent, à Paris, exécutés en 1883, d'après les dessins de l'architecte Charpentier. — Renseignements communiqués par M. A. Chertier.

Cheval (Jehan), maître fondeur-canonnier, chargé en 1431 de visiter et de mettre en place les canons de la ville d'Angers. Il restaura dans la même année l'horloge de cette ville. — Inventaire des archives communales : *Comptes de la ville.*

Cet ouvrier paraît avoir séjourné antérieurement à Rouen. Les comptes de la fabrique de la cathédrale mentionnent un paiement (1426-1427) : « Joanni Caval dynand. pro mandacione angeli chori et candelabri de cupro, 20 solidos ». — *Inventaire des Archives départmentales de la Seine-Inférieure.*

Chevalier (Hemery), maître fondeur au Mans ; vint fondre, en 1545, les deux cloches de l'église de la Ferté-Bernard. — Charles, *Artistes manceaux.*

Chevalier (Jacques-Marie-Hyacinthe), sculpteur, élève de Toussaint, né à Saint-Bonnet-le-Château en 1825.

Le Message, statue de bronze exposée au Salon de 1866.

Chevalier (Julien), maître fondeur au Mans (?) (xvi⁰ siècle) ; reçut XII l. X s. pour avoir fait les fenêtres de fonte (grillage en cuivre) pour fermer la châsse de sainte Scolastique dans l'église de la Ferté-Bernard (1508). — Charles, *Artistes manceaux.*

Chevalier (Louis), coulevrinier et fabricant d'armes à feu ; habitait la ville de Lyon en 1515-1538. — *Inventaire des archives communales de Lyon.*

Chevalier (Massin), habile fondeur de serpentines et de couleuvrines, à Douai ; fournit en 1513 à la ville de Lille, une serpentine pesant IXᶜ LX lib.; deux hacquebustes ; puis six longues hacquebustes pesant IIIᶜ LX lib.; puis enfin une grande serpentine de XVᶜ V lib., que l'on appelait : la serpentine de Douay. Chevalier en fournit une autre pesant XIIᶜ lib. dans la même année. — De la Fons-Mélicocq, *Artillerie de Lille.*

Chevalier ou **Chevallier (Mathurin)** ; figure, en 1595, sur les comptes de l'artillerie royale en qualité de maître fondeur. — Bibliothèque Nationale : *Recueil manuscrit de pièces concernant l'artillerie.*

Chevallard-Rosier, à la ville de Luxembourg, rue de la Ferronnerie, n° 4, la cinquième boutique à droite par la rue Saint-Denis, gendre et successeur de M. Rosier, fabrique et tient magasin de bronzes, dorures, pendules, candélabres, flambeaux dorés et argentés, galeries, girandoles, le tout en grand assortiment, expédie pour les départements et l'étranger.

Cette adresse, qui nous a été communiquée par

M. Voisin, libraire, est accompagnée d'un mémoire de
fourniture de flambeaux et de croix d'autel, faite en
1822, à la cathédrale d'Auch, pour la chapelle du Vœu
du retour de la dynastie des Bourbons (xixᵉ siècle).

Chevet (Jean), canonnier-fondeur de la ville de
Rennes (fin du xvᵉ siècle). Il fut chargé, conjointement
avec les canonniers Évain, Renayre et Lefebvre, de
fondre des hacquebutes de cuivre pour le service de la
ville (1491-1492). — De La Borderie, *Inventaire de
l'artillerie de Bretaigne, 1495 (Archives de la Bretagne,* t. II, 1884).

Chevrier (Pierre). Voir à **Brimbal (Pierre du)**.

Chibou (Claude-Louis), maître fondeur, à Paris,
opposant à la succession de Pierre Magny, doreur sur
métaux (1753). — J. Guiffrey, *Scellés et inventaires
d'artistes.*

Chicot (Louis), sculpteur, France (xixᵉ siècle).
Portrait de M. K., buste (Salon de 1882); Tête d'enfant, buste (Salon de 1885).

Choiselat, fondeur-ciseleur, Paris (commencement
du xixᵉ siècle).
Il a exposé, en 1823, six candélabres, une croix et une
lampe de chœur commandés par l'abbaye de Saint-
Denis. Il demeurait alors rue de Richelieu, nᵒ 21;
quatre ans plus tard, il demeurait rue du Pot-de-Fer,
nᵒ 8, et il exposait sous le nom de Choiselat-Gallien,
un grand candélabre exécuté sur les dessins de Baltard, et une garniture d'autel pour l'église Saint-
Sulpice.
Le musée des Arts décoratifs possède un bas-relief,
représentant une bacchanale en bronze ciselé, dans le

style de l'époque de Louis XVI, qui lui a été offert par M. Choiselat, architecte, fils de ce fondeur. Choiselat paraît s'être allié à la famille du ciseleur Gallien.

On voit dans l'église Saint-Sulpice, outre la garniture d'autel, exposée en 1827, deux bas-reliefs de bronze doré ; l'un, représentant Jésus-Christ prêchant, est placé sur la porte du tabernacle ; le second, Jésus au milieu des docteurs, forme le devant du maître-autel. Ces deux sculptures de bronze doré ont été fondues d'après les modèles de J. B. De Bay. Choiselat fournit, en 1824, une garniture d'autel composée d'une croix et de six flambeaux, pour le maître-autel de la cathédrale de Reims, et une autre garniture plus petite pour l'autel provisoire établi dans le chœur pendant le sacre ; ces ornements furent offerts par Charles X, à l'occasion de son sacre. — Inventaire des Œuvres d'art de la Ville de Paris ; Tarbé, *Trésor de la cathédrale de Reims.*

Choiselat (**Ambroise**), sculpteur, élève de Klagmann et d'Eugène Lamy, né à Paris en 1815. — Médaillon en bronze de M. L. L. (Salon de 1845).

Palais-Royal ; cheminée ornée de bronzes et de sculptures, exécutée en 1875, d'après ses modèles, pour l'ancien salon des fêtes du prince Napoléon, actuellement occupé par la section de l'intérieur du Conseil d'État.

Choiseul-Gouffier (le comte de) ; avait rapporté de son ambassade à Constantinople une précieuse collection d'inscriptions et de marbres antiques qui fut en partie acquise par le musée royal en 1818. M. de Choiseul avait organisé un atelier où l'on montait en bronze les vases et les tables de matières précieuses qui étaient très recherchées pour la décoration des galeries à la fin du siècle dernier. Sir Richard Wallace a acquis récemment un socle de marbre dont la garniture de bronze ciselé porte l'inscription : *Fait au laboratoire du comte de Choiseul-Gouffier.*

Le catalogue de la collection de M. de Choiseul décrit plusieurs tables et des vases en diverses matières, ornés de montures en cuivre qui provenaient vraisemblablement de ce laboratoire. Il existe un recueil de vases antiques, dédié à Mme la comtesse de Choiseul-Beaupré, inventé et gravé par P. Sheemakers (Paris, 1762), mais nous ignorons si cet ouvrage a quelque rapport avec les pièces que nous venons de citer.

Chollet (Jean), maître de l'artillerie de France (xve siècle) ; a fait fondre une grande quantité de canons. Le Musée d'artillerie de Paris possède une pièce portant l'inscription tracée autour de l'ouverture de la bouche : 1478. *Au commandement de Loys par la grâce de Dieu, Roi de France onzième de ce nom, me fit fondre à Chartres, Jehan Chollet, chevalier maître de l'artillerie de ce seigneur.* — Penguilly-l'Haridon, *Catalogue du Musée d'artillerie.*

Chollet (Nicolas), maître fondeur de cloches de Porrentruy ; travaillait à Locles en 1526, avec Nicolas Aubert de Saint-Romain en Barrois. — Otte, *Glockenkunde.*

Chopin, bronzier, rue Saint-Denis, n° 157, à Paris, avait envoyé à l'Exposition de l'Industrie, en 1827, deux lustres en bronze doré et en cristal, et une rampe de bronze.

Choppin (Paul-François), sculpteur, France (xixe siècle); Portrait de M. L. A., buste (Salon de 1882).

Chouill, maître fondeur-ciseleur à Paris (xviii⁰ siècle). Il a travaillé en 1667, conjointement avec Rous-
silion, à la ciselure du tabernacle du Val-de-Grâce.
Ces deux maîtres touchèrent 1,515 livres pour divers
menus ouvrages. — Guiffrey, *Comptes des bâtiments du
Roi.*

Chouillet (Henri), maître fondeur à Dijon (xvii⁰ siècle) ; coula une cloche du poids de 17 livres pour la
chapelle des prisons de la ville. — *Inventaire des Archives de la ville de Dijon.*

Chrétien (fils et Cⁱᵉ), à la Poire de Bon Chrétien,
rue Bourg-l'Abbé, fabrique et tient magazin de
toute sorte de dorure et d'argenture pour l'appartement,
en flambeaux, feux, bras de cheminée, cartels, et
toutes ouvrages d'église à Paris. (Adresse inscrite dans
un encadrement de style Louis XVI, représentant des
bras, des cartels, des feux et des flambeaux, communiquée par M. le baron Pichon. Cette gravure porte la
lettre : *Arrivet inv. — X. sculpsit.*)

Chrétien (Veuve et fils), rue Bourg-l'Abbé, doreur
pour ornements d'églises et d'appartements. — *Almanach Dauphin,* 1777.

Chrétien (Eugène-Ernest), sculpteur, France
(xix⁰ siècle). Guerrier reforgeant son épée, statue
(Salon de 1883).

Chrisgin (Johann) ; a fondu une cloche pour
l'église de Sainte-Cécile à Cologne, qui porte l'inscription :

Joes Chrisgin goss mich. Anno dni MCCCCLXXXIII.

Cloches pour Saint-Marc de Lansalza, 1504 ; — pour

Bachra, 1502 ; — pour Astermonra, 1556, et pour Sainte-Marie d'Heiligenstadt, en 1547. — Merlo, *Nachrichten ;* — Otte, *Glockenkunde.*

Christel (Mathias - Alexander), maître fondeur à Prague (1700). L'une des cloches de cette ville est signée : *Mathias Alexander Christel, goss mich in Prag.* — Dlabacz, *Dictionnaire des Artistes de la Bohême.*

Christen (Wilhem), sculpteur-ciseleur, né à Alstadt en Moravie, fixé à Gratz, en 1818. — Wastler, *Steirisches Künstler Lexicon.*

Christmann (Michael). Un vase en cuivre du musée de Sigmaringen porte l'inscription : *Michael Christmann an. 1595.* — Lehner, *Hohenzollern'sches Museum.*

Christoff Glockengiesser, maître fondeur de cloches, à Nuremberg. (Voir à **Glockengiesser.**)
Une cloche de l'église de Saint-Laurent porte l'inscription : *Hanss Sumsor und Sturmglockh heis ich. Christoff Glockengieser zu Nüremberg goss mich 1552.* — Lochner, *Johann Neudörfer.*

Christofle, maître fondeur à Lyon (xvi° siècle).
(Janvier 1563). « Le dit jour, reçu de sieur Christofle fondeur, la somme de 9 livres 12 s., pour 4 quintaux 10 livres cuyvre et lothon, à raison de 8 livres le quintal. » Ces matières provenaient du sac de la primatiale de Lyon, par les Protestants : Compte de C. de Rocheblanc. — Niepce, *les Monuments d'art de la Primatiale.*

Christofle. Importante maison d'orfèvrerie, d'argenture et de galvanoplastie, fondée à Paris, en 1842, par M. Charles Christofle, mort en 1863, auquel ont succédé son fils, M. Paul Christofle, et son neveu, M. Henri Bouilhet. La maison Christofle a joint à son établissement de la rue de Bondy une nouvelle usine à Saint-Denis, où sont traités les minerais de nickel, provenant de la Nouvelle-Calédonie. Cette usine comprend aussi des ateliers de fonderie, laminage et tréfilerie de maillechort, et centralise toute la fabrication mécanique des objets d'orfèvrerie, tels que les couverts et l'orfèvrerie de table, appelée « grosserie ».

Nous citerons parmi les ouvrages nombreux, sortis de ces ateliers, plusieurs grands travaux d'orfèvrerie exécutés en bronze et en alliages de cuivre recouverts d'or et d'argent par les procédés électro-chimiques.

Un grand surtout de gala, commandé par l'empereur Napoléon III, et qui figura à l'Exposition universelle de 1855. Il comprenait neuf pièces principales :

1º Celle du milieu représentait la France, entourée de quatre statues allégoriques figurant la Religion, la Justice, la Concorde et la Force, et distribuant des couronnes à toutes les Gloires : à celle de la Guerre représentée par un guerrier modérant l'ardeur de quatre chevaux attelés à son char; à celle de la Paix représentée par une figure de femme, montée sur un char traîné par quatre bœufs.

2º Quatre grandes coupes représentaient le Nord, le Midi, l'Est et l'Ouest de la France, avec figures allégoriques.

3º Quatre candélabres représentaient les Sciences, les Arts, l'Agriculture et l'Industrie ;

Composées sous la direction de MM. Christofle et de M. Gilbert, sculpteur, les figures avaient été modelées par MM. Diéboldt, Daumas, Caudron, Briant frères, Montagny, Rouillard et Deway.

Fondues dans les ateliers de la rue de Bondy, elles ont été ciselées par Alfred Courtois, Dalbergue, Dembergue, Douy, Fannière, Honoré, Meisner, Poux, Revillon.

Le service de table, réchauds, casseroles, cloches, pièces de dessert, ne comprenait pas moins de cinq cents pièces exécutées en ciselure repoussée, par les mêmes artistes. L'ornementation, empruntée au règne végétal, avait été modelée par M. Gilbert et ses élèves.

Toutes ces pièces ont été détruites dans l'incendie des Tuileries, sauf quelques figures que MM. Christofle ont rachetées au Domaine, pour les offrir au musée des Arts décoratifs.

La maison Christofle avait également exécuté, pour les Tuileries, un second surtout, composé de sept pièces principales. Celles du milieu, représentant les quatre parties du monde, appuyées sur des proues de navires, avaient été modelées par M. Maillet ; les pièces latérales symbolisaient l'Agriculture et l'Industrie ; elles étaient de M. Aimé Millet. D'autres groupes d'enfants représentant les quatre éléments avaient été modelés par M. Mathurin Moreau et Capy. Les ornements avaient été modelés par M. Auguste Madroux.

Ce surtout, doré au mat et vermeil, qui servait à compléter le service de vermeil, exécuté par Auguste et donné à l'empereur Napoléon Ier, par la Ville de Paris, à l'occasion de la naissance du roi de Rome, avait figuré à l'Exposition universelle de 1867.

Un travail plus important encore était le grand surtout, destiné aux fêtes de l'Hôtel de ville, et exécuté sur les dessins de l'architecte V. Baltard. La pièce centrale représentait le navire allégorique de la ville de Paris. Au centre du navire, quatre Cariatides, les Sciences, les Arts, le Commerce et l'Industrie, modelées par G. Diéboldt, portaient en triomphe, sur un bouclier, la Ville de Paris, assise, un sceptre à la main. Le modèle était de M. Gumery. M. G. Thomas avait modelé le Progrès et la Prudence, placés à l'avant et à l'arrière du navire.

Des groupes de chevaux marins, dus à M. Rouillard, et de Tritons soufflant dans des conques, dus à M. Mathurin Moreau, complétaient, avec quatre candélabres, l'ornementation de la pièce du milieu.

Deux groupes de Saisons, et des Tritons, formant le sujet des pièces latérales, avaient été modelés par M. Maillet, ainsi que deux groupes de la Seine et de la Marne qui, placés sur des socles en orfèvrerie, servaient de pièces de bout.

M. Auguste Madroux, sculpteur, attaché aux ateliers de MM. Christofle, avait composé toute l'ornementation.

La ciselure avait été faite par MM. Buhot, Courtois, Fannière, Honoré, Meissner, Planson, Revillon, Ruiton et Van Bangé.

Cette œuvre grandiose a été détruite dans l'incendie de l'Hôtel de ville, en 1871.

En 1878, MM. Christofle exécutaient, pour le duc de Santoña, un grand surtout, en argent massif.

La pièce de milieu, représentant le Triomphe d'Amphitrite, avait été modelée par Antonin Mercié. Les pièces de bout, Tritons et Néréides, étaient dues au sculpteur Hiolle. Lafrance avait composé, pour les jardinières quatre figures représentant l'Europe, l'Asie, l'Afrique et l'Amérique, et les candélabres des Saisons avaient été modelés par J. Gautherin.

D'autres pièces en argent, d'un travail soigné et délicat, sont aussi l'œuvre de cette maison. Nous citerons, parmi les œuvres principales, un service à café en style Louis XVI, en argent repoussé, modelé par Doussamy et ciselé par Michaux, les reproductions sont au musée des Arts décoratifs; un autre, en style Louis XIII, modelé par Louis Chéret.

De nombreux prix de courses, pour lesquels Maillet,

Carrier-Belleuse, Lafrance, Mathurin Moreau, avaient prêté le concours de leur talent; et presque tous les objets d'art, donnés par le ministère de l'agriculture, dans les concours régionaux, depuis trente ans. Gumery, Jacquemart, Rouillard, Mathurin Moreau, Lafrance, Coutan, Gautherin, Cain en ont modelé les sujets principaux.

Plusieurs meubles d'art importants sont aussi dus à cette maison. Nous citerons :

Un wagon d'apparat pour le pape Pie IX, composé par M. Trélat et décoré de peintures par M. Gérôme (1855); une toilette composée par M. Reiber. Le miroir est accompagné de deux figures, l'Art et la Nature, modelées par M. Gumery. Les ornements sont modelés par M. Chéret, et les figures décoratives par M. Carrier-Belleuse.

Un meuble à bijoux de style Renaissance. La composition est de M. Rossigneux ; la figure de l'Amour, peinte sur émail, est de M. F. de Courcy ; les deux figures du cartouche sont de M. Mathurin Moreau, et les ornements sont modelés par M. Berger.

Deux meubles d'encoignure, en style japonais, décorés de bronze noir frotté d'or. Les panneaux sont décorés par des figures en relief, incrustées d'or et d'argent, relevées par des patines rouges et noires. Les côtés sont ornés d'émaux cloisonnés, composés par M. E. Reiber. Les figures et les ornements ont été modelés par MM. Mallet et Capy.

Plus importante encore était la Bibliothèque monumentale, destinée à contenir les traductions, dans toutes les langues, de la Bulle de l'Immaculée Conception, offerte à Pie IX. Elle a figuré à l'Exposition du Champ de Mars, en 1878. Ce meuble a été exécuté sous la direction personnelle de MM. Paul Christofle et Henri Bouilhet. Leurs collaborateurs dans ce travail, qui a

duré quatre années, ont été MM. Reiber, architecte-
dessinateur; Godin, dessinateur; Mallet et Capy, sculpteurs; Lameire, peintre qui a exécuté la frise des
Nations; de Courcy, auteur des médaillons en émail
limousin; Lafrance, qui a modelé la statue de la
Vierge; Jacquemart, auquel on doit les deux lions, et
Carrier-Belleuse, qui a modelé les têtes d'anges. Les
collaborateurs, attachés à la maison, qui ont pris part
à cette œuvre, sont MM. Brœckx, orfèvre; Schropp et
Trotté, ciseleurs; Tard, émailleur; Lanneau, ébéniste.

La maison Christofle a abordé les travaux de galvanoplastie massive et de ronde bosse, dans une dimension inconnue jusqu'alors et dont l'effet général ne le
cède en rien aux pièces fondues en plein. Cette application des nouvelles découvertes de l'industrie a permis
d'exécuter, pour la décoration de nos édifices, de vastes
compositions, qu'on n'aurait pu traduire en métal,
tant en raison de la dépense, que par suite de la surcharge
qu'elles auraient imposée aux murailles, Ce procédé a
été adopté par M. Lefuel, architecte des Tuileries,
qui a demandé à la maison Christofle les cheminées
des Tuileries et du Louvre, la rampe de l'escalier du
ministère d'Etat, les portes du manège et celles des
écuries du Louvre; deux figures décoratives pour
l'escalier du pavillon de Flore; un Lion et une Lionne,
modelés par Cain.

L'architecte Lefuel fit aussi exécuter, dans les ateliers de la rue de Bondy, tous les bronzes destinés au
château de Neudeck, en Silésie. Nous citons une
rampe d'escalier en bronze, dont les ornements avaient
été modelés par Leprêtre et dont le départ était formé
par un paon en bronze et ors de couleurs, modelé par
Aug. Cain. Nous citons encore la cheminée de la salle
de chasse, dont les cariatides étaient dues à Hiolle le

sculpteur; les cheminées des salons de réception, ainsi que les serrureries des portes et des fenêtres, avaient été exécutées sur les modèles de M. Doussamy.

On doit encore à ces galvanoplastes les trois portes monumentales de l'église Saint-Augustin à Paris, dessinées par V. Baltard; les deux groupes de dimension colossale qui surmontent la façade du nouvel Opéra; les deux grandes torchères de l'escalier du même théâtre, et la Vierge de Notre-Dame-de-la-Garde, haute de 9ᵐ,5o, pour la chapelle de Marseille.

Parmi les reproductions d'art ancien, on peut citer la répétition de la porte en bronze de la sacristie de Saint-Marc, d'après Sansovino; les collections des trésors antiques de Bernay et d'Hildesheim; le Pensieroso, d'après Michel-Ange; le Milon de Crotone, d'après Puget; la Vénus, d'après Allegrain; le Jason, d'après l'antique; Saint François d'Assise, d'après Alonso Cano.

Dans la série des sculptures modernes; les bustes de l'empereur et de l'impératrice, d'après les modèles de M. de Niewerkerque; la Primavera, par M. Maillet; le Faune au chevreau, groupe, par M. Fesquet; deux statuettes de Gladiateurs, d'après M. Gérôme; une Ascension de la Vierge, haut-relief, d'après M. Léon Berteaux; Statue du prince impérial, d'après Carpeaux; Groupe de Lutteurs, d'après M. Ottin; un buste du duc de Morny, d'après Carpeaux; Ariane abandonnée, d'après M. Aimé Millet.

C'est dans ces ateliers que furent retrouvés les procédés de fabrication des émaux cloisonnés, à cloisons rapportées, qui figurèrent pour la première fois en France, à l'Exposition de 1867. M. Tard fut l'habile collaborateur de MM. Christofle, pour toutes les grandes pièces qui ont été exécutées par eux, sur les dessins de MM. E. Reiber et H. Godin.

A la même époque, l'incrustation d'ornements d'or et d'argent, dans les alvéoles du bronze, travail si souvent pratiqué par les Orientaux, a été remis en honneur par l'industrie moderne. C'est en s'aidant des procédés galvanoplastiques que MM. Christofle ont pu réaliser de belles applications de ce genre de décoration.

Nous mentionnerons, comme une des pièces les plus importantes exécutées en bronze incrusté d'argent, un vase monumental, dont les deux bas-reliefs représentent la Naissance de Vénus et Anacréon célébrant cette déesse. Le Vase d'Anacréon, qui appartient à Mme de Cotès, a été composé par M. Reiber.

Un second vase, de style grec, représente les Arts décoratifs, couronnés par Minerve. Les anses sont formées par des enfants portant des attributs. Ce vase, dont les ornements sont incrustés d'or et d'argent, a été exécuté sur le modèle de M. Cheret. — Renseignements dus à MM. P. Christofle et H. Bouilhet.

Christophe (**Ernest**), sculpteur, France (xix⁰ siècle). La Fatalité, statue (Salon de 1885), fondue par Gonon.

Christophe de Montore, saintier à Orléans; fut chargé de fondre la cloche du beffroi d'Amboise en 1501; il exécuta ce travail à Orléans et envoya son compagnon, maître Pierre, pour mettre la cloche en place. — Chevalier, *Archives communales d'Amboise.*

Christophorus von Trier; cloches de Steijn et d'Urmond, en Hollande, fondues avec Jacob de Trèves (1688); de Nideggen et de Duren (1700). — Otte, *Glockenkunde.*

Cifflé (**Paul-Louis**), sculpteur lorrain (xviii⁰ siècle).

Cet artiste a exécuté de nombreux modèles de statuettes destinées à être exécutées en biscuit de porcelaine.

Il fut chargé, en 1755, avec Barthélemy Guibal, de modeler la statue pédestre de bronze, érigée en l'honneur de Louis XV, sur la place Royale de Nancy. — Voir à **Guibal**.

Il toucha, pour les ouvrages de fonte faits par lui à la fontaine de l'Alliance des maisons de Bourbon et d'Autriche, et pour deux des quatre figures en plomb accompagnant la statue de Louis XV, la somme de 28,957 l. 8 s. 4 d.

Il reçut également 623 l. 27 s. 7 d. pour les ouvrages de sculpture en plomb du corps de rochers, des couronnes et des ornements de plantes aquatiques faits à la fontaine de l'Alliance. On lui accorda, de plus, une indemnité de 1,500 livres pour la figure de la Force, placée autour du piédestal de la statue de Louis XV, qui avait été manquée et qu'il fut obligé de refondre. — X..., *Recueil des établissements et des fondations du roi Stanislas*, 1762.

Cingolo (Girolamo), maître bombardier de la forteresse di Lonato; fournit, en 1510, des pièces d'artillerie au marquis de Mantoue. — Bertolotti, *Artisti in relazione coi Gonzaga.*

Cioli (Valerio), fondeur et modeleur, né à Settignano vers 1530, mort âgé de soixante-dix ans.

Il a laissé, au Bargello de Florence, une figure ayant servi de fontaine, que l'on croit être le portrait de Barbino, nain du grand-duc de Toscane. — Campani, *Guide du Musée national.*

Ciuffagni (Bernardo di Piero), sculpteur, né à Florence (?) en 1381, mort en 1457.

Il collabora aux portes de bronze du baptistère de Florence avec Lorenzo Ghiberti (1404), aux appointements de 45 livres par an. Il fut ensuite attaché à l'œuvre du dôme, qu'il quitta en 1417 et qu'il reprit en 1422. Il y exécuta un assez grand nombre de travaux peu importants et fut appelé à Rimini, où il fit plusieurs tombeaux dans le temple des Malatesta. — Semper, *Donatello;* — C. Yriarte, *Un Condottiere au XVe siècle.*

Cizancourt (Mme **Marie-Amélie de**), sculpteur, France (xixe siècle). Portrait du général de B..., buste (Salon de 1883).

Cizate (**Ambrogio**), orfèvre-fondeur à Milan (commencement du xvie siècle). Il a exécuté divers travaux pour la cathédrale; une croix de cuivre doré pour une statue de Saint Jean-Baptiste, placée sur un autel (1504); une palme de cuivre doré pour une statue de Sainte Catherine (1508); divers ornements de métal pour une statue de Saint Sébastien (1517). — *Annali della fabbrica del duomo.*

Claffer (**Conrard**), maître bombardier de la ville de Metz (1473-1474). — Larchey, *Maîtres bombardiers de Metz.*

Claren (**Georg**); a coulé, en 1844, une cloche dont on trouve une reproduction lithographiée, par J. Eschberch, de Cologne, avec la légende : *Gegossen von meister Georg Claren in Sieglar am 22 Juny 1844.* — Merlo, *Nachrichten.*

Claren (**Jacob**), fondeur de cloches à Cologne. — Merlo, *Nachrichten* (1798).

Clarke (John) ; cloche de Fliswick : *Johannes Clarke hanc fecit campanam, 1608.* — North, *Bells of Bedfordshire.*

Classequin de Burlise, bombardier-fondeur de la ville de Metz (1444-1446). — Larchey, *les Bombardiers de Metz.*

Clastrier (Stanislas), sculpteur, France (xixᵉ siè-cle). La Tête du rebelle, bas-relief en bronze sur fond de marbre (Salon de 1883).

Claude, maître fondeur de la Lorraine ; passa marché en 1539 pour la refonte de la grosse cloche de Notre-Dame-la-Grande, de Poitiers. — *Inventaire des archives départementales de la Vienne.*

Claude (Auguste-Alfred), sculpteur, France (xixᵉ siècle). Portrait de M. F. B., médaillon en bronze (Salon de 1876).

Claudel (Camille), sculpteur, France (xixᵉ siècle). Tête d'étude, buste en bronze (Salon de 1885).

Claudet (Max), sculpteur, né à Salins, élève de Jouffroy (xixᵉ siècle). Robespierre à la Convention, statuette (Salon de 1874) ; le Jour de la Saint-Jean-Baptiste, groupe (Salon de 1876) ; Hoche enfant, statuette ; Mᵐᵉ Roland marchant au supplice, statuette (Salon de 1878) ; portrait de M..., buste (Salon de 1883).

Claus von Mülhausen, maître fondeur, a coulé, en 1474, à Erfurt, où il avait le droit de bourgeoisie, des cloches pour l'église de Saint-Séverin et pour le dôme de cette ville (1475), en collaboration avec des artistes de Sondershausen et de Nordhausen.

En 1448, vivait un fondeur, **Nikolaus Tuppenes-
ser de Mulhausen**, qui est probablement distinct de
Claus von Mülhausen ? — Otte, *Glockenkunde*.

Claux, maître canonnier-fondeur à Nantes (xv° siècle),
« Item un gros canon de fonte nommé « Claux » à
deux boettes de mesme dans la vollée et de VII piez et
l'ouverture de demy pié IIII doiz.
« Sur le haut de la dite grosse tour de Richebourg
un gros faulcon a pans et à teste de serpent, de la
façon de Claux. » (Château de Nantes.) — De la Borderie, *Inventaire de l'artillerie de Bretaigne, 1495*
(*Archives de Bretaigne*, t. II, 1884).

Clay (**Thomas**), maître fondeur à Leicester ;
releva, au xvii° siècle, l'établissement de la famille des
Wattes. — North, *Bells of Bedfordshire*.

Clementi (**Prospero**), sculpteur, petit-fils de Bartolomeo di Clementi Spani, établi à Reggio. On lui
attribue le groupe en bronze du maître-autel de la
cathédrale, représentant le Christ triomphant, ainsi
les statues de Saint Prosper, de Saint Maximin et de
Sainte Catherine, qui accompagnent ce groupe (xvi°
siècle ?). — Fortnum, *Catalogue des bronzes du South
Kensington Museum*.

Clerc (**Georges**), sculpteur, né à Nancy, élève de
Rude (xix° siècle). Statue équestre d'Ibrahim-Pacha,
pour la ville du Caire ; le piédestal est orné de deux
bas-reliefs représentant la prise de Saint-Jean-d'Acre
et la bataille de Konieh (Salon de 1872).

Clerget (**Nicolas**), marchand et maître de forges,
demeurant à Saint-Dizier, a reçu la somme de
200 livres pour le paiement d'un certain nombre de

contre-cœurs pour les cheminées du Louvre (155o). —
De Laborde, *Comptes des bâtiments du Roi.*

Clérion (Charles-Jacques), sculpteur, né à Tretz
(Provence) en 1636, mort à Paris en 1714. Il fit, en
1679, les modèles en cire de deux vases, jetés en
bronze pour les jardins de Versailles. — Guiffrey,
Comptes des bâtiments du Roi.

Cleristarff (Joseph) et **Schebrel (Étienne)**, fondeurs flamands au service du roi d'Espagne. Ils
travaillaient en 1556 dans l'arsenal de Malaga et y
coulèrent les pièces d'artillerie destinées à la défense
des ports de la côte d'Afrique. — Communication
de M. le colonel Adolphe Carrasco.

Cleron (Maure). Un contre-cœur de cheminée à la
salamandre et aux armes de France timbrées d'une
couronne, avec l'inscription : *Maure Cleron,* avait été
envoyé par M. E. Peyre, à l'exposition du métal
ouverte au palais de l'Industrie en 1880.

Clésinger (Georges-Philippe), sculpteur, élève
de Bosio, originaire de Besançon. Il a exposé, au
Salon de 1824, un Christ en croix, qui fut coulé en
bronze pour la croix de Mission, à Besançon. Le
modèle en plâtre est au musée de la ville.

Clésinger (Jean-Baptiste-Auguste), sculpteur
et peintre, élève de son père Georges-Philippe, né à
Besançon en 1814, mort à Paris en 1883.
Les œuvres de Clésinger ont été presque toujours
taillées en marbre, mais il en existe dans le commerce
des reproductions et des réductions en bronze.
Il avait exposé, dans la cour du palais du Louvre,

une statue colossale représentant François Ier, mais ce modèle ne fut pas accepté et la statue fut enlevée. Il en existe plusieurs réductions en bronze, dont une appartenait à M. de Nieuwerkerque.

Depuis, Clésinger avait obtenu du ministère de la guerre la commande de quatre statues équestres représentant des généraux de la République, qui devaient être placées devant la caserne de l'École militaire. Une de ces statues, celle de Marceau, a été achevée avant la mort de l'artiste, et exposée aux Champs-Élysées en 1884.

La France, buste appartenant au général de Cissey (Salon de 1876); la Danseuse aux castagnettes, statue (Salon de 1877).

Clésinger fut chargé de modeler une statue de la République pour le vestibule intérieur de l'Exposition universelle de 1878. — Portrait de M. Henri Houssaye, buste fondu sans retouches (Salon de 1880).

La majeure partie des ouvrages de Clésinger a été réduite en bronze par plusieurs éditeurs. Voir à **Barbedienne** et à **Susse**.

Clifton (John), fondeur de cloches; coula, en 1636, une cloche pour la paroisse Sainte-Marie-de-Lambeth. — Stahlschmidt, *Bells of Surrey*.

Clodion. Voir à **Michel (Claude)**.

Clodt (le baron), de Saint-Pétersbourg, sculpteur (xixe siècle); a modelé les deux groupes en bronze représentant des dompteurs de chevaux, qui décorent la façade du palais royal de Berlin et qui ont été offerts au roi de Prusse par l'empereur de Russie (Exposition universelle de Londres, 1862).

Cloit (Christian); a collaboré, avec Henri Boderman, à la fonte de la grosse cloche du dôme de Cologne, en 1448. — Merlo, *Nachrichten*.

Cloquemain (Jacques), maître doreur, rue de la Vieille-Draperie; fit opposition à la succession de Charles-André Boulle pour le paiement d'une somme de 68 livres (1745). — Guiffrey, *Scellés et inventaires*.

Clussembach (Martin et **Georg de)**. La statue équestre de saint Georges, à Prague, porte l'inscription : *Anno Domini 1373 hoc opus imaginis S. Georgii per Martinum et Georgium de Clussembach conflatum est.* — Dlabacz, *Artistes de la Bohême*.

Cnobbel (Lübke). Cloche pour Döra (1414). — Otte, *Glockenkunde*.

Cobelenz (Anton), fondeur de cloches à Cologne; cloche du dôme : *Antonius Cobelenʒ me fecit* (fin du XVIIᵉ siècle). — **Cobelenz (Matheius)**; cloche pour Munstercifel (1718). — Otte, *Glockenkunde*.

Cocatrix (Oze), maître fondeur de l'artillerie du roi (1597); son nom est aussi écrit : *Osée Cognatrix* (1593). — Bibliothèque nationale : *Pièces manuscrites concernant l'artillerie*.

Cochet (Guillaume); fut chargé, en 1528, de remplacer six cloches qui avaient été détruites par l'incendie du clocher d'Amiens. — Corblet, *De la liturgie des cloches*.

Cochois (P. F.) et **Cochois (J. B.)**, maîtres fondeurs; ont refondu l'ancienne cloche *Barbe*, de Semur, en 1780. Un troisième fondeur, également nommé Cochois, dont on ne connaît pas le prénom, travaillait avec eux.

Sur le timbre de l'horloge de l'Ile-Aumont (Aube), on lit : *1791. La Nation, la Loi, le Roi, la seconde année de la Liberté : Cochois, fondeur.* — Fichot, *Statistique de l'Aube;* — Farnier, *Notice historique sur les cloches.*

Cette ancienne fonderie semble la même que celle qui existe de nos jours à Châlons-sur-Marne, où elle fut transportée de Champigneul (Haute-Marne). On y a coulé, en 18a3, six cloches pour la cathédrale de Reims et un certain nombre d'autres cloches pour des églises différentes, qui portent des dates s'étendant jusqu'en 1847. Le nom de ces derniers fondeurs est aussi écrit : *Cauchois.* — Otte, *Glockenkunde.*

Cock (**Ignace de**). Cloche de l'église de Saint-Gilles, à Bruges : *Refudit Ignatius de Cock anno 1715.* — Weale, *Guide à Bruges.*

Codin (**François**), maître fondeur; a laissé son nom inscrit sur la cloche de Gouys, près Durtal, avec la date 1716. — Port, *Artistes angevins.*

Cognier (**Arthur-Achille**), sculpteur, France (xixe siècle). Portrait de M. L. C., médaillon (Salon de 1878).

Cognot de Villebichot (**Jean**), plommier et faiseur de cloches, se commanda pour un an à Martin de Commaille (ou de Cornuaille), orfèvre et faiseur de bombardes, pour apprendre son métier, moyennant sa nourriture et 18 fr. d'or (1415). — Garnier, *Inventaire des Archives de la Côte-d'Or.*

Coin (**Conrad**), canonnier-fondeur à Metz (xve siècle). Voir à **Lenoir** (**Jehan**).

Coinchon (Jacques-Antoine-Théodore), sculpteur, élève de David d'Angers, né à Moulins (1814).

Alexandre tenant un lion sur les bords du Bosphore (Salon de 1848) ; Homère, statue ; Jeune Pâtre jouant de la double flûte (Salon de 1857).

Cola di Liello di Pietro, de Rome, employé, sous la direction de Lorenzo Ghiberti, à l'exécution de la porte du baptistère de Florence, commencée en 1403 ; il toucha pour ses travaux la somme de 13 florins. — Pacht, *le Porte del Battistero di San Giovanni.* Florence, 1774.

— **Colard.** On trouve en 1430, à Cambray, un fondeur nommé Colard que les comptes capitulaires mentionnent comme étant de Paris. « Cuidam parisiensi vocato Colard le fondeur qui operatus est in campanili ad campanam vocatam *Joye*, LVI s. »

L'année suivante il descendit et remonta les cloches « le Vigneron et le Dîner », coulées en 1429 par un fondeur de Bruges, pour les faire sonner plus facilement. — Houdoy, *Histoire de la cathédrale de Cambray.*

— **Colard (Jozel)**, de Dinant, maître fondeur et bombardier de la ville de Metz (1432), mort en 1438. Il toucha successivement 24 et 30 livres par an. Le sceau de ce fondeur représente un écu chargé d'une cigogne avec étoile au côté dextre, sur un champ occupé par un ornement en forme de trèfle ; la légende est disparue.

Un bombardier antérieur de Metz, nommé Collart, fut engagé par la ville pour toute sa vie, aux appointements annuels de 50 livres. Il eut un fils Burthemin qui est ainsi qualifié : « Burthemin fil maistre Collart qui fut maistre de bombarde » (1412-1413). — Larchey, *les Maistres bombardiers de Metz.*

Colard (**Joseph**), de Dinant, fondeur de cloches et de canons, employé par le duc de Bourgogne Philippe le Hardi, aux travaux de la Sainte-Chapelle de Champmol.

Il moula la croix du clocher et les colombes (colonnes) destinées à accompagner le grand autel ; il fondit également la cloche (1386).

Il fut remboursé, en 1389, de la somme de 39 francs pour le charroi depuis Dinant jusqu'à Dijon, « en l'ouvroir des frères Colard, canonniers du duc », de 1,975 liv. de laiton et de 1,485 liv. de challemine pour convertir en images et en l'aigle qui seront sur les colombes du grand autel et sur le pupitre.

Il exécuta à la même époque le coq en airain qui fut placé sur le clocher et doré, ainsi que les figures, les colonnes du sanctuaire et l'aigle, dont il vient d'être parlé. Les figures avaient été modelées par Perrin Beauneveu.

Le duc fournit, en 1390, à Colard le métal nécessaire pour fondre les trépieds des anges tenant les instruments de la Passion, et lui commanda deux grands pots d'airain pour les chartreux. Colard fut aidé dans le premier de ces travaux par Jehan de Meinaille et par Pierret Moisson, et pour les moules et la fonte des deux cuves, par Aussillon et Bertrand de Verdun.

Après ces travaux, Colard semble être revenu à ses occupations habituelles de fondeur d'artillerie et on le voit, à partir de 1390, fabriquant de la poudre et coulant des bombardes, aux gages mensuels de 10 francs. — Garnier, *Inventaire des Archives de la Côte-d'Or* ; De Laborde, *les Ducs de Bourgogne* ; Pinchart, *Archives des arts et des lettres* ; Mgr Canat, *Notes sur les œuvres des ducs de Bourgogne.*

Colarossi (**Filippo**), sculpteur, Italie (xixᵉ siècle). La Vendetta, buste (Salon de 1885).

Colas (Nicolas) ; mousquet à mèche de la fin du xvi° siècle, portant les armoiries de la ville de Paris, avec l'inscription : *Pour la ville de Paris, Nicolas Colas.*— Penguilhy-l'Haridon, *Catalogue du Musée d'artillerie.*

Colin (Alexandre), de Malines, l'un des plus habiles sculpteurs des Pays-Bas au xvi° siècle.

Ses œuvres principales sont la suite des bas-reliefs en marbre qu'il exécuta pour la cheminée du palais du Franc, à Bruges et ceux qui décorent le tombeau de Maximilien, à Innsbruck. La majeure partie de son existence se passa au service des princes de la maison d'Autriche.

Il avait modelé, pour l'église de Hotting, un tombeau qui fut coulé en bronze, par Hans Christoph Lœffler.— Voir à ce nom. — *Mittheilungen der c. Commission,* Vienne, 1843 ;—Reiffenberg, *Mémoires sur les sculpteurs des Pays-Bas.*

Colin de Chaumes, chaudronnier - dinandier à Melun, fournisseur de la maison royale (1380-1381). — Douet d'Arcq, *Comptes de l'Hôtel.*

Colin de Corbeil, maître des bombardes de Bone de Bourbon, mère d'Amédée VII de Savoie (1388). — Cibrario, *Delle artigliere.*

Colin de Halouet, maître fondeur-bombardier. demeurant au château d'Angers ; fournit à la ville, en 1490, vingt grosses coulevrines, marquées aux armes de la ville et pesant 35 livres chacune. — Port, *Artistes angevins.*

Colin de Manteville, arbalétrier et garde de l'artillerie du duc Charles d'Orléans. Il reçut, en 1411, 100 liv. t. pour l'achat d'un chariot et de six chevaux destinés au transport de son artillerie. — De Gaulle, *Catalogue des Archives de Joursanvault.*

Colin (**Jean**), fondeur d'artillerie; fournit, en 1715, des canons et autres machines au duc de Lorraine. — *Inventaire des Archives départementales de Meurthe-et-Moselle.*

Colin le Mortelier; fournit VI mortiers neufs, achetés 16 s. la pièce pour l'office de cuisine et saus-serie. (Comptes de l'hôtel de Charles VI, 1390.) — Douet d'Arcq, *Comptes de l'hôtel.*

Colin (**Paul-Hubert**) , sculpteur, élève de Bosio et de Romagnesi, né à Paris en 1801. Talma, dans le rôle de Néron, statuette en bronze, au musée de la ville de Douai (Salon de 1827).

— **Collard**, livra en 1493, à l'abbaye de Saint-Bertin, le grand crucifix placé entre les deux portes et reçut CXXXII l. pour ce travail. En 1494, il toucha une nouvelle somme de XXXVI l. pour la façon, et XVIII s. pour l'inscription mise autour de ladite croix après coup. — De la Fons-Mélicocq, *Dépenses de Saint-Bertin (Bulletin monumental historique,* t. II).

Collas (**Jean**), maître fondeur et canonnier à Tours, passa marché, en 1516, avec le tombier Germain Angoul-levant pour l'exécution de sa sépulture. Voir à **Angoul-levant.** Son fils Jacques Collas lui succéda dans sa maîtrise — Giraudet, *les Artistes tourangeaux.*

Collavin ou **Coulavin** (**Noë**), fils de **Collavin**

(**Étienne**), de Faucigny, né en 1575; fut reçu bourgeois de Genève en 1605, et fondit en 1609 une cloche pour une des églises de cette ville et en 1622 des canons pour la même cité.

Collavin (**Pierre-Antoine**), né en 1678, directeur de la monnaie de Genève en 1731; a fondu en 1738 une cloche pour Versoix. — Otte, *Glockenkunde*.

Collet (**Bernard**), potier d'étain à Dijon (xviie siècle); 1663, paiements de 40 et de 20 livres aux potiers d'étain Bernard Collet, Jean Carnet, Edm. Feneaux, Noël Tissier et Louis Mousseaux, pour la fourniture des prix tirés au jeu de l'arquebuse. — *Inventaire des Archives municipales de Dijon*.

Collier, famille de fondeurs du xviiie et du xixe siècle. — Otte, *Glockenkunde*.

Collier (**Auguste**); exerçait sa profession dans les provinces rhénanes et la Poméranie de 1795 à 1836.

Collier (**Charles**); a travaillé en Alsace de 1753 à 1795.

Collier (**Guillaume**); en Poméranie et dans la Prusse occidentale, 1836-1870. Il a coulé des cloches pour les églises du Lauenbourg, de Löbau, de Kamin, de Meisterwalde, de Mariensee, etc.

Collier (**Gustave**); habitait également Berlin ; a coulé, en 1883, une sonnerie pour Peterwitz.

Collier (**Hugo**); exerce actuellement la profession de fondeur à Berlin.

Collier (**Jean**), établi à Dantzig depuis 1870 ; a fondu de nombreuses cloches. — Otte, *Glockenkunde*.

Collin, dit **de Rowe**, potier d'étain au service de la ville de Metz (1473-1492), moyennant 12 l. par an ; diminué de 4 l. en 1482. — Larchey, *Maitres bombardiers de Metz*.

Collins (**William**), sculpteur - ciseleur anglais (xviiiᵉ siècle). On trouve la signature : *W. Collins sculpt.* sur deux pièces de canon fondues à Woolwich, par *W. Bowen* en 1762. La ciselure de l'une de ces pièces est inachevée et les ornements n'en sont indiqués que par un trait léger. — Hewitt, *Catalogue of the Tower armories*.

Collot (**Marie-Anne**), sculpteur, née vers 1748, morte à Nancy en 1821, élève de Falconet, dont elle devint la belle-fille.

Elle suivit son professeur en Russie et l'aida dans l'exécution du monument équestre de Pierre le Grand. La tête de l'empereur est son œuvre; Mᵐᵉ Falconet a également modelé un buste du czar. — Dussieux, *les Artistes français à l'Étranger*.

Colot (**Jean**), maître fondeur à Paris (xviiᵉ siècle). Il livra les agrafes de cuivre pour joindre les pierres de la balustrade de Versailles (1664) ; dans la même année il exécuta des travaux de fonte et de cuivre pour l'abreuvoir de Fontainebleau.

Il fournit (1669) toutes les brides de cuivre des conduites des eaux d'Arcueil. — J. Guiffrey, *Comptes des bâtiments du Roi*.

Colpeper (**Edmond**), orfèvre et ciseleur sur bronze. Il a placé sur l'un de ses ouvrages l'inscription : *Edmundus Colpeper fecit 1694*, relevée par M. Fortnum, *Catalogue of bronzes*. — Voir à **Culpeper**.

Colson, fondeur - ciseleur, rue de la Pelleterie (xviii° siècle) ; renommé pour les feux d'appartement et tout ce qui concerne l'orfèvrerie.

On a quelquefois attribué à ce fondeur les bronzes marqués de la lettre *C*, accompagnée d'une fleur de lis, que l'on a cru aussi être le monogramme de Caffieri. — J. Guiffrey, *les Caffieri* ; — *Tablettes Royales de Renommée* (1772).

Colson (Antoine), maître fondeur d'artillerie; coula, en 1593, quatre mortiers pour la ville de Nancy. — *Inventaire des Archives départementales de Meurthe-et-Moselle.*

Colturi (Giacomo et **Antonio**, les frères), bronziers et ciseleurs vénitiens (xviii° siècle). Ils ont jeté en bronze les nœuds et les ornements sur lesquels vient s'appuyer le buffet d'orgues de la basilique de Sant'Antonio, à Padoue. — Gonzati, *Sant'Antonio.*

Cominus (Jean-Baptiste). M. E. Hardy, dans son étude sur les expéditions des Français en Italie, signale un porte-mèches d'arquebuses en bronze, ressemblant à une cuve baptismale dont le couvercle, en se levant, laisse voir une grande quantité de mèches rangées autour d'un foyer central. Cette pièce, destinée à être placée sur l'avant des galères vénitiennes, porte l'inscription : *Jean-Baptiste Cominus, 1621.* M. Hardy n'indique pas la collection à laquelle cette pièce appartient.

Comolera (Paul), sculpteur, élève de Rude, né à Paris en 1818. Il a modelé des groupes d'animaux dont plusieurs, coulés en bronze, ont figuré aux Salons : Faisan doré (Salon de 1848); — Héron, blessé d'une flèche; — Bécassine morte (1852); — Faisan (1863);—

Sarcelle (1863); — Perdrix blessée (Salon de 1865); — Râle d'eau (Salon de 1867); — Combat de coqs; — Bécasses (Salon de 1873); — Combat de coqs, groupe; — Bécasses, groupe (Salon de 1873).

Comoli (Nicola), de Côme; cloche de Gallivaggio portant l'inscription : *Nicolaus. Comolus. Comentis. fecit* (xvᵉ siècle ?) — Communication de Mgr. Barbier de Montault.

Compain (Jehan); est porté, en 1595, sur les états de l'artillerie du roi, comme maître fondeur. — Bibliothèque nationale : *Pièces manuscrites concernant l'artillerie.*

Conard (Jean), maître fondeur; a inscrit sur la cloche de l'église de Neaufle-sur-Risle : *Jean Conard fecit, 1789.* M. de Guilhermy a lu, sur celle de Neufmouthier : *1787, Jean Conare fecit.* — Billon, *Épigraphie campanienne (Bulletin monumental,* 1861); de Guilhermy, *Inscriptions du diocèse de Paris,* t. IV.

Conberque (Miguel) Voir à **Farcy (Miguel)**.

Confesseur (Jacques), fondeur à Paris, petite rue Taranne (xviiiᵉ siècle).
Le 5 novembre 1723, la communauté des fondeurs fit défense à Charles Cressent, ébéniste, de garder chez lui Jacques Confesseur qui, n'étant pas reçu maître fondeur, n'avait pas le droit de fondre et de ciseler des ornements de cuivre. Longtemps après (29 mars 1743), une seconde sentence du Châtelet fit défense à Confesseur d'avoir deux ouvroirs, et le condamna à 30 livres d'amende. Les pièces de fonte, saisies chez Cressent, lui furent rendues et ce dernier fut condamné aux dépens à titre d'amende. — *Statuts des maîtres fondeurs.*

Jacques Confesseur fit opposition, en 1745, à la succession de Charles-André Boulle pour le paiement d'une somme de 2o3 liv. à laquelle le défunt avait été condamné par le consulat de Paris en 1744, plus, de 31 liv. de principal auxquels Boulle avait été condamné envers Joseph Cosson, maître fondeur. — Guiffrey, *Scellés et Inventaires d'artistes.*

Conrad Glockengiesser, maître fondeur de cloches à Nuremberg (xvᵉ siècle). Une des cloches de Saint-Sebald porte l'inscription : *Maister Conrad Glockengiesser goss mich anno domini 1482.* Sur une autre cloche de Nuremberg on a relevé la légende : *Conrad Glockengiesser gennant Rosenhart 1598.* (Voir à **Rosenhard**.)

Enfin, un troisième fondeur de cloches, du nom de Conrad, existait à Nuremberg en 1639. — Lochner, *J. Neudorfer.*

Conrad (André), graveur-ciseleur à Ulm (xviiiᵉ siècle). Sur un instrument de nivellement, en cuivre gravé, appartenant au musée de Sigmaringen, on lit : *Andreas Conrad Ulm fecit 1734.* — Lehner, *Hohenzollern'sches Museum.*

Conrad de Cologne, orfèvre-ciseleur et doreur (xvᵉ siècle).

Il obtint, en 1481, conjointement avec Laurens Wrine, canonnier du roi, la commande du tombeau de Louis XI, devant être placé dans l'église Notre-Dame-de-Cléry, et pour lequel le peintre Colin d'Amiens, avait fait un modèle, moyennant la somme de mille écus d'or. Conrad se réserva probablement la ciselure et la dorure du monument, laissant à Wrine le soin de le modeler et de le fondre en bronze. (Voir à **Wrine**.)

Il existait également, à Tours, un orfèvre nommé Jehan de Cologne (1493-1515). — *Mémoires de Com-*

mines, éd. Dupont, t. III, p. 343; — *Bulletin monumental,* t. XLII, p. 382.

Conrad de Fulda. Une cloche de Maulbronn porte l'inscription : *Cunrat Fuldensis nos fecit* (xvi° siècle ?). — Otte, *Glockenkunde.*

Conrad de Herb; cloche du nouveau dôme, à Würzbourg (1352). — Otte, *Glockenkunde.*

Conrad de Mayence; cloche de Flacht, près de Limburg, 1489. — Otte, *Glockenkunde.*

Conrad de Mersebourg. On lit sur une cloche de Saint-Ulrich, près de Mücheln : *Conrad juvenis magister de Mesburci* (xvi° siècle ?). — Otte, *Glockenkunde.*

Conrad de Vic, fondeur des bombardes du duc de Lorraine (1512-1513). — *Inventaire des archives départementales de Meurthe-et-Moselle.*

Conradus, *fusor campanarum;* travaillait à Cologne en 1231. — Merlo, *Nachrichten;* — Otte.

Consonove (François), sculpteur, né à Aix (xix° siècle). — Laure, médaillon en bronze (Salon de 1875).

Constantino de Altavilla, fondeur à Bénévent (xvi° siècle). Une des cloches de la cathédrale de Bénévent porte l'inscription : *Anno Dñi MDLIII. — Magister Constantinus de Altavilla Beneventane me fecit.* — Communication de Mgr Barbier de Montault.

Contamine, bronzier, rue du faubourg Saint-Antoine, n° 105 ; avait envoyé à l'Exposition de l'industrie, en 1827, des bronzes ciselés et dorés au mat.

Conte (Jacques); toucha 60 liv. pour la fourniture de deux grands chandeliers de salle, destinés au château de Montceaux, bâti par la reine Catherine de Médicis (1558). — Lhuillier, *Château de Montceaux.*

Conti (Marco de), maître fondeur de l'artillerie de la République de Venise (xvıᵉ siècle).

On trouve, dans l'ouvrage de Gasperoni, la représentation d'une magnifique pièce de canon dont le fût est tout revêtu de traits de foudre ; sur la bouche est l'inscription : *Marco de Conti Veneto f. MDXXVIII.* — Gasperoni, *Artillerie vénitienne.*

Conti (Nicolas de), sculpteur et ciseleur vénitien, fils de Marco de Conti, et fondeur de l'artillerie de la République de Venise (xvıᵉ siècle). — L'une des deux grandes citernes du palais ducal de Venise porte l'inscription : *Deus, fortuna, labor, ingenium. Nicolaus de Comitibus Marci filius conflator tormentorum illustrissimæ reipublicæ Venetiæ 1556.*

Une des gravures de l'ouvrage de Gasperoni représente une admirable pièce enrichie, sur le fût, de feuillages, de grotesques et d'ornements, de la ciselure la plus délicate. Cette pièce, fondue à Venise en 1578, porte, dans un cartouche, les lettres : *N. D. C. F.*, qui nous semblent les initiales de Nicolo de Conti. — Gasperoni, *Artillerie vénitienne.*

Conti (Virgilio), sculpteur et ciseleur (xvıᵉ siècle) ; a exécuté l'imposte de la porte de la Chartreuse de Pavie qui conduit du transept dans le chœur des moines, et l'a enrichie de ciselures et de bas-reliefs représentant la vie de saint Bruno. — Durelli, *la Certosa di Pavia.*

Contucci (Andrea, dit il Sansavino), plus connu

sous le nom de son lieu de naissance, Monte San Savino (1460); entra dans l'atelier de Pollaiuolo et y étudia l'architecture et la sculpture.

Il fut appelé en Portugal par le roi Jean, pour lequel il exécuta un bas-relief de bronze, représentant une victoire remportée sur les Maures, ainsi qu'une statue de Saint Marc. Il y donna le dessin de plusieurs monuments, entre autres du palais royal. Revenu en Italie, il fit plusieurs sculptures de marbre, à Florence, à Rome et à Lorette. Il mourut en 1529, laissant inachevé un groupe placé au-dessus de l'une des portes du baptistère de Florence, qui fut terminé par Vincenzo Danti.

Son élève le plus distingué, Jacopo Tatti, prit, en souvenir de son maître, le nom de Sansavino. — Perkins, *les Sculpteurs italiens*.

Cop, fondeur-ciseleur (XVIᵉ siècle).

L'inventaire des meubles de la maison de Granvelle, à Besançon (1607), mentionne plusieurs statuettes de bronze, réduites d'après l'antique et réparées de la main de *Cop*, artiste, sur lequel on n'a aucun renseignement. (Voir à **Salaigre Jacquemard Coppe**.) — Castan, *le Palais Granvelle, à Besançon*.

Copie (Jean), maître fondeur; a inscrit sur la cloche de l'église de la Chapelle-Yvon, fondue en 1788: *Jean Copie m'a faite*.

Une cloche de Fischbach (Saxe), porte le nom de *Johannes Copinus 1742*. Peut-être faut-il y voir une traduction latine du nom français Copie? — Billon, *Epigraphie campanienne (Bulletin monumental*, 1867); — Otte, *Glockenkunde*.

Copin (Diego), de Hollande, sculpteur; fut appelé en Espagne, pour travailler au grand retable de la cathédrale de Tolède (1500). Il y mourut en 1541.

Copin eut pour collaborateurs, dans cette entreprise, Henrique de Arfe et Juan de Borgona. Il fut occupé, de 1539 à 1541, à modeler les belles portes de la façade des Lions, de la cathédrale de Tolède, qui après sa mort furent coulées en bronze par son fils Michel et par ses élèves. Ces belles sculptures avaient été autrefois attribuées à Berruguete. — Bermudez, *Diccionario historico*.

Coquelin (**Gabriel-Marius**), France (xix⁰ siècle). Portrait de M. Brémond, buste (Salon de 1885).

Coquet. Un canon se chargeant par la culasse et conservé au Musée d'artillerie, à Paris, porte : *Coquet fecit Nancy 1780*. — Penguilly-l'Haridon, *Catalogue du Musée d'artillerie*.

Corbel (**Jacques-Ange**), sculpteur, France (xix⁰ siècle). Portrait de Mᵐᵉ C., médaillon (Salon de 1882).

Corbet (**Charles-Louis**), sculpteur et écrivain, élève de Berruer, né à Douai, en 1758, mort à Paris, en 1808 ; a exécuté quatre morceaux des bas-reliefs en spirale de la colonne de la Grande-Armée (1806).

Cordeloy (**Nicolas**), maître plombier (?) à Paris (xvi⁰ siècle).

Les comptes de la construction du cloître des Célestins, à Paris (1543), mentionnent un paiement de IIIIˣˣ livres XIII s. t. : « à Nicolas Cordeloy pour neuf pieds de plomb neuf pour les tuyaux de la fontaine du cloistre et pour un tableau de plomb. » — *Archives de l'Art français*, t. V.

Cordien (**Antonio**), maître fondeur-ciseleur, établi à Rome, à la fin du xvii⁰ siècle ; a jeté en bronze un des deux bas-reliefs modelés par René Fremin, pour l'église du Gésu.

Le nom de Cordien semble désigner un ouvrier d'origine septentrionale. — Titi, *Pitture di Roma*.

Cordier (**Henri-Charles**), sculpteur, né à Cambray en 1827; élève de Rude.

Il a exécuté un nombre considérable de statues et de bustes en marbre polychrome, dont les chairs et les ornements sont imités au moyen du bronze et d'une application d'émail.

Nègre de Tombouctou, buste en bronze; trois médaillons de bronze; buste de M^{mo} A. de B. (Salon de 1851); Vénus africaine, buste en plâtre (Salon de 1852), reexposé en bronze au Salon de 1855; Homme et Femme de race mongole, buste en bronze polychrome (Salon de 1853); Moissonneur kabyle; Femme mauresque; buste de Coulougis; Arabe de Biskra; Arabe de El Aghouat; Nègre du Soudan; Pêcheur maltais; Prêtresse mulâtresse; Femme mauresque; Enfant kabyle; Nègre algérien; Arabe, buste en marbre et bronze (Salon de 1857); Négresse des Colonies; Palikare grec, médaillon (Salon de 1861).

Juive d'Alger, buste en bronze avec vêtements en marbre et en onyx incrustés d'émail (Salon de 1864), au musée de Troyes; Jeune mulâtresse, marbre et bronze (Salon de 1864).

Nouvel Opéra, l'Harmonie et la Poésie, cariatides de de l'une des cheminées du grand foyer, reproduites en galvanoplastie (Salon de 1868).

Le Triomphe d'Amphitrite, groupe pour une fontaine de style italien (modèle au Salon de 1861).

Femme arabe, statue en bronze avec incrustation d'émaux et d'onyx (Salon de 1866); Fellah du Caire, buste en bronze, or, argent, turquoise et porphyre

(Salon de 1867); une Prêtresse d'Isis, statue de bronze émaillé ; A vingt ans, statue (Salon de 1874); Grecque moderne, statue polychrome (Salon de 1875); Nymphe et Tritons, groupe (Salon de 1877).

Statue du général Gérard, inaugurée à Verdun, en 1857 ; Statue équestre d'Ibrahim-Pacha ; dans le piédestal sont encastrés deux bas-reliefs représentant la prise de Saint-Jean-d'Acre et la bataille de Konieh; pour la ville du Caire (Salon de 1872); le monument de Christophe Colomb, érigé à Mexico ; une reproduction en onyx et en argent a été exposée au Salon de 1876.

Cordier (**Louis**), sculpteur, France (xixe siècle).

Les frères Montgolfier, groupe, pour la ville d'Annonay (Salon de 1885).

Cordier (**Nicolas**, dit **le Français**), sculpteur-fondeur, né en Lorraine, en 1567, mort à Rome, en 1612; élève de Michel-Ange.

Venu très jeune à Rome, il entra dans l'atelier de Michel-Ange, travailla sous sa direction et termina une statue laissée par lui inachevée. Les édifices de cette ville possèdent un assez grand nombre d'œuvres de Cordier. Il fit, en 1608, pour le chapitre de Saint-Jean-de-Latran, la statue pédestre de Henri IV, qui est encore conservée dans le vestibule de la basilique; c'était un souvenir des bienfaits du monarque. Dans la sacristie sont deux bustes en bronze, représentant les papes Clément VIII et Paul V.

Il exécuta aussi, pour la ville de Rimini, une statue en bronze du pape Paul V, à laquelle on donna postérieurement les attributs de saint Gaudenzio, protecteur de la cité. Cet ouvrage, pesant 7,300 livres, coûta la somme de 3,619 écus, sans le piédestal.

Cordier avait établi à Rome une fonderie, d'où sont sorties de nombreuses statues et notamment ce dernier ouvrage. Il fit entrer dans cette fonte une quantité de monnaies, provenant d'une trouvaille faite en 1548, dans une urne de terre cuite, sur l'emplacement de la citadelle de Rimini. — Dussieux, *les Artistes français à l'étranger*. — Ricci, *Memorie storiche degli artisti della Marca di Ancona*.

Cordoannier (**Nicolas**), peintre à Troyes (xvie siècle); dessina, en 1530, les patrons de douze sujets, représentant la vie de Sainte Marguerite, qui devaient être exécutés en émail, à Limoges. Voir à **Halins** (**Nicolas**).

Il fit également, en 1510, le carton de l'image de Saint-Pantaléon, pour une châsse, qui fut exécutée par Remynet. — Assier, *Arts et artistes en Champagne*.

Corne (**Georges**), fondeur de bombardes (Picardie, xve siècle). Il reçut, en 1471, une robe de drap que le maire et les échevins d'Amiens lui accordèrent, en considération de son talent de fondeur de pièces d'artillerie, « attendu qu'il savait fondre et faire coulevrines et qu'il en avait joué devant l'armée des Bourguignons pendant qu'elle assiégeait Amiens » (Comptes de 1471). — Dusevel, *Artistes d'Amiens*, p. 39.

Cornelio de Alamania; reçut, en 1462, 13 florins pour la valeur de 185 livres de plomb nouveau et de 20 livres d'étain, employées par lui à l'exécution de la fontaine du palais apostolique du Vatican et pour son travail. — Müntz, *les Arts à la cour des papes*, t. Ier.

Cornelius. Une cloche d'Albersroda porte l'inscription : *Conrelv. 1502*, que M. Otte pense être la traduction du mot Cornelius. — Otte, *Glockenkunde*.

Cornier, bronzier, rue de la Chaussée d'Antin, 5; mention honorable à l'Exposition industrielle de 1827.

Cornu (Eugène), sculpteur-bronzier, élève de E. Lamy et de Denière, propriétaire des carrières de marbre-onyx d'Algérie, a dirigé une importante fabrique de bronzes artistiques, à Paris. Ses principaux ouvrages sont : un vase de brèche violette surmonté de deux paons, dont l'un est couché sur le socle de granit qui supporte le groupe. Cette composition, haute de cinq mètres, est due à la collaboration de MM. Cain et Cornu; Fontaine monumentale en marbre et en bronze. Le groupe principal en marbre, représentant un chien qui chasse aux sarcelles, est de M. Heizeler. Deux grandes torchères, dans le style de la Renaissance ; Buste de Minerve en marbre bleu turquin, avec ornements de bronze doré et d'émail cloisonné ; réductions des vases de Ballin, à Versailles ; Mercure, d'après Jean Bologne ; La Soucieuse et l'Eveillée, par Carrier-Belleuse, en marbre blanc, sur des piédouches de marbre de couleur, enrichis de bronzes dorés.

Il a exposé, au Salon de 1874, un buste de Minerve en marbre et bronze.

La mort de M. Cornu fut suivie d'une vente (13 avril 1875), comprenant des lustres, des pendules, des appliques, des flambeaux, des vases de porcelaine montés en bronze doré, et des meubles portant des ornements en cuivre doré.

La maison fondée par M. Cornu fut transformée en Société anonyme, sous la direction de M. Journet. Cette Société s'est liquidée en 1886, après avoir vendu aux enchères publiques les produits de ses ateliers.

Cornu (Jehan, dit Pot-au-Feu), canonnier, retenu au service de la ville d'Angers, moyennant 40 l. t. par

ans (1429). Son collègue Jehan de Montfili n'en touchait
que 24. — Cornu devait servir de son métier de canon-
nerie, tant qu'il plairait à la reine de Sicile, au roi
Louis son fils et aux bourgeois de la ville. — Comptes
de la ville : Communication de M. L. Larchey.

Cornu (Vital), sculpteur, France (xix° siècle).
Portrait de M. C. Voisin, buste (Salon de 1876) ; le
Ricochet, statue. Le modèle a été acquis par la ville de
Paris, au Salon de 1880, et l'épreuve en bronze a été
exposée au Salon de 1881.

Coronelli (Lodovico), cosmographe de la République vénitienne, avait inventé un canon de cuir, portant des bandes et des cercles à chevilles en laiton,
qu'il présenta au conseil et dont plusieurs spécimens
furent exécutés. — Martin de Brettes et Corréard, *les
Bouches à feu.*

Lodovico était le frère de MARCO VINCENZO CORONELLI,
cosmographe de la République, en 1685, auquel on
doit les deux grands globes, présentés à Louis XIV,
par le cardinal d'Estrées et conservés à la Bibliothèque
nationale.

Corot (Etienne), sculpteur, France (xix° siècle).
Portrait de M. C., buste (Salon de 1884).

Corpet, fondeur d'ornements d'église, rue de la
Ferronnerie. — *Almanach Dauphin,* 1777.

Corsini (Marco), fondeur en bronze et ciseleur,
à Florence (xix° siècle). Il fut chargé, en 1821, de restaurer la châsse des saints Protais, Hyacinthe et Ne-
mesius, par Lorenzo Ghiberti, qui, aliénée au commencement de ce siècle, avait été brisée en 137 morceaux. Ce travail fut payé 1,040 livres toscanes, à Corsini. — Campani, *Guide du Musée national,* p. 139.

Cortot (**Jean-Pierre**), sculpteur, né à Paris en 1787, mort en 1843, élève de Bridan fils.

Parmi les nombreux et importants ouvrages qu'il a exécutés, nous mentionnerons ceux qu'il a modelés pour être fondus en bronze : le monument expiatoire du roi Louis XVI, qui devait être érigé sur la place de la Concorde. La statue du roi, haute de 18 pieds, fut fondue par Crozatier, mais la première coulée ne réussit pas. Le gouvernement renonça à ce projet de monument et, en 1855, la statue fut retrouvée enfouie sur l'emplacement de l'ancienne fonderie du Roule. Quelques années plus tard, elle fut envoyée à Bordeaux et érigée sur une des places de la ville.

Cortot avait également exécuté, pour l'église Notre-Dame-de-Lorette, un groupe représentant la Vierge soutenant le Christ, en bronze doré. Ces sculptures ont été partiellement détruites à l'époque de la Commune (1871), et elles ont été vendues par le Domaine de la ville de Paris. Le modèle de cette composition existe dans l'église de Saint-Gervais-Saint-Protais.

Il avait reçu la commande, en 1830, d'une statue co-lossale de la ville de Paris, devant être coulée en bronze pour la fontaine projetée de la place de la Bastille.

Figure de la Vierge, fondue en argent, pour Notre-Dame-de-la-Garde, à Marseille (Salon de 1827). — La statue de Casimir Périer, placée sur son tombeau au cimetière de l'Est. — Le gouvernement de Juillet lui avait commandé une figure de l'Immortalité, haute de 16 pieds, destinée à la lanterne du Panthéon. — Bellier de la Chavignerie, *Dictionnaire des Artistes.*

Cosson (**Joseph**), maître fondeur à Paris. Voir à **Confesseur** (**Jacques**).

Costa (**Pietro**), sculpteur contemporain, chargé

d'exécuter le monument colossal du roi Victor-Emmanuel pour la ville de Turin. Cette statue équestre,
coulée dans la fonderie Nelli à Rome, doit être
inaugurée en 1886.

Coste (Jehan), peintre-doreur sur métaux (xiv*
siècle).

1365-1367. A maistre Jehan Coste, peintre et sergent
d'armes du Roy, pour avoir paré de fleurs de lys les
trois bannières qui sont sur les trois tours (Comptes
du Louvre). — Berty, *Topographie du vieux Paris*,
t. I*r, p. 143.

Costerel (Henrion), sculpteur et modeleur lorrain.
Il avait fondu, de 1495 à 1505, la statue agenouillée de
l'évêque Henri de Lorraine, évêque de Metz, placée sur
son tombeau dans la chapelle du château de Joinville.
Cette figure était accompagnée d'une colonne de cuivre
soutenant un dais à jour au-dessus duquel était la
statue du Christ. Les ornements de marbre avaient été
confiés à Jacques Bachot, de Troyes. — Archives de la
Haute-Marne : *Comptes des dépenses du duché de Lorraine.* — Émeric David, *Histoire de la sculpture française, notes*, p. 324.

Costeret (Pierre), habitant de Troyes, fondeur et
canonnier ordinaire en la bande de Bourgogne, fut
exempté de toutes tailles et impôts et autres subsides en sa
qualité de maître d'artillerie, par lettres patentes données
à Mâcon, le 12 avril 1482. — *Archives départementales
de la Côte-d'Or;* communication de M. L. Larchey.

Cosyn (William), porté sur les rôles de la bourgeoisie de Londres comme maître-potier, de 1349 à
1369. Aucun ouvrage n'a survécu de lui, mais on a
conservé le texte de son testament, fait en présence de

Jean de Chalton et de Jean Heward, maîtres fondeurs.
— Stahlschmidt, *London bells founders*.

Cotte (**Narcisse**), sculpteur, élève de Ramey et de
Pascal, né à Bouvron (Meurthe), en 1828; a exposé, au
Salon de 1861, un médaillon de bronze représentant le
général de Brancion.

Cotton (**Michel**), sculpteur, élève de Michel Anguier (xvII° siècle.

On conserve, dans l'église de Notre-Dame-des-Victoires, le buste en bronze de Lulli, exécuté par Cotton,
sous la direction de Coyzevox, pour le monument funéraire de cet artiste (1687). — Piganiol de la Force,
Description de Paris; — Lenoir, *Description du Musée
des Monuments français.*

Couet (**Henri**), sculpteur-modeleur; exécuta, conjointement avec le sculpteur Louis Millet, les modèles
en cire des ornements des colonnes et des baldaquins du
maître-autel du Val-de-Grâce. Ils passèrent marché, à
cet effet, le 1er août 1615. Ils touchèrent, en 1667, une
somme de 340 liv. pour avoir réparé l'un des six chapiteaux du grand autel, et 300 liv. pour les modèles en
terre et en cire des fleurons et des roses des quatre chapiteaux des pilastres de la chapelle du Saint-Sacrement. — J. Guiffrey, *Comptes des bâtiments du Roi.*

Cougny (**Louis-Edmond**), sculpteur, élève de
Jouffroy, né à Nevers en 1831. — La Quintinye, statue
pour l'École d'horticulture (Salon de 1879).

Coullon ou **Coiglon** (**Colin**); « à Colin Coullon,
canonnier, pour deux canons, 9 liv. de pouldre et une
robe à ly ordonnée. 111 liv. (xv° siècle). — A M° Gilles,
canonnier. C. solz (1425). — *Comptes des dépenses de la
ville de Rennes :* communication de M. Larchey.

Coulon (**G.**) et **Albinet** (**J.**), fabricants de bronzes
d'art et d'ameublement à Paris; ont exposé des pendules, des candélabres et des statuettes de différents
styles. — Exposition de l'Union centrale des Beaux-
Arts appliqués à l'industrie, en 1874.

Courbin, maître serrurier, rue des Petits-Champs,
renommé pour les ouvrages de goût, a fait la superbe
rampe de l'escalier du Palais-Royal, le balcon de l'O-
péra, etc. (*Tablettes royales de Renommée.*) Nous ne
citerions pas cet artiste parmi les bronziers, s'il n'avait
pas travaillé également le cuivre, à l'exemple de plusieurs serruriers de la seconde moitié du xviiiᵉ siècle.

La rampe de l'escalier du Palais-Royal est accompagnée de deux torchères en plomb doré, supportées par
des groupes d'enfants modelés par De Fernex. Les dessins de cette décoration sont dus à Contant, architecte
du roi.

Le chapitre de la cathédrale de Noyon, voulant sup-
primer l'ancien maître-autel du chœur et le remplacer
par un autel à la romaine, s'adressa à l'architecte Gon-
douin qui présenta les dessins d'ensemble. Il passa
marché, en 1778, avec les artistes Courbin, Olivier,
Derepty et Thiant, pour l'exécution des marbres et des
bronzes, et pour toute la décoration du sanctuaire. Ce
nouvel autel, qui existe encore, est disposé en forme de
temple circulaire, supporté par des colonnes. La table,
demi-circulaire, s'appuie sur six figures d'enfant coulées en bronze. Les gradins de l'autel, ainsi que le soubassement et la frise de la custode, sont ornés de fleurons et de branches de vigne, en bronze, d'une belle
ciselure.

Nous devons les renseignements relatifs à la rénova-
tion du chœur de Noyon, à l'obligeance de M. Couard-
Lüys, archiviste du département de l'Oise, qui a été assez

heureux pour faire rentrer, dans le dépôt qu'il dirige, le registre capitulaire où ces faits sont relatés.

Courbin travaillait ouvertement le cuivre et il est porté, sur les comptes du garde-meuble, pour la fourniture de feux et de grilles, et de bras de lumière en cuivre ciselé.

Courtault (Jean), fondeur de cloches à Angers, en 1498. Il est qualifié du titre de : *Campanorum compositor.* — Port, *Artistes angevins.*

Courtet (Xavier-Marie-Benoît-Auguste, dit **Augustin**, sculpteur, élève de Pradier, de Ramey et de Dumont, né à Lyon (1821). — M. Antoine de Kontski, buste en bronze (Salon de 1849) — Léda, statue (Salon de 1851); — Centauresse et Faune, groupe (Salon de 1852); — Faune sautant à la corde, acquis par le ministère des Beaux-Arts (Salon de 1867-1868) — La Fortune, statue (Salon de 1875;— Léda, statuette (Salon de 1881); — Portrait de M. C. député, buste; — Pâtre soufflant son feu, statuette (Salon de 1879).

Courtin, fondeur et ciseleur à Paris (xviii° siècle). On lit, dans les *Annales de la Nouvelle République des Lettres,* de Pahin de la Blancherie, qu'en 1779, il avait été exposé, au Salon de Correspondance, une pendule dorée dans le meilleur goût, ayant pour couronnement une corbeille de fleurs faites à la main d'après nature et en bronze doré, par M. Courtin, chez M. Grossant, doreur, rue du Bac, près la rue de Grenelle.

Courtoys (Guillaume), maître fondeur, à Draché, près de Saint-Maure (1516). — Giraudet, *les Artistes tourangeaux.*

Courvoisier (**Benigne**); touchait, en 1666, des gages de 6 francs par an comme canonnier de la ville de Dijon. — Inventaire des Archives municipales de Dijon.

Cousin, sculpteur français (xviii° siècle). Il fut employé, en Suède, à modeler les trophées des six grandes colonnes engagées dans la façade méridionale du château royal de Stockholm, qui furent coulés en plomb par Meyer. Il modela aussi les dix cariatides et les médaillons de plomb représentant les rois de Suède qui sont placés entre les pilastres de la façade occidentale du même château. — Dussieux, *les Artistes français à l'étranger*.

Cousin (**François Breutel**); a collaboré, en 1617, avec **Thomas Simôn**, à la fonte d'une cloche à Bischofrode. — Otte, *Glockenkunde*.

Coussel (**J. B.**); a coulé, conjointement avec **Jacques Martin**, la cloche de Saint-Michel-de-la-Rivière (1788). — Pardiac, *Notice sur les cloches de Bordeaux*.

Coustely (**Louis**), pintier; vendit 137 liv. de vaisselle en étain que la ville d'Amboise offrit à la femme du capitaine du château (1497). — Chevalier, *Archives communales d'Amboise*.

Coustou (**Guillaume**), sculpteur, né à Lyon (1677), mort à Paris (1746). Élève de Coyzevox, ainsi que son frère Nicolas, il fut envoyé à Rome comme pensionnaire du roi et fut admis à son retour à l'Académie.

Il collabora avec son frère à l'exécution de la statue équestre de Louis XIV, commandée à Desjardins pour Lyon; il modela la figure couchée du Rhône qui fut placée sur le piédestal de ce monument. La sculpture de Guillaume Coustou est conservée actuellement dans le vestibule de la mairie de cette ville, vis-à-vis l'œuvre de son frère Nicolas.

Le bas-relief du maître-autel de la chapelle de Versailles représentant Jésus mort sur les genoux de la Vierge et les figures d'anges de bronze qui surmontent les autels des chapelles latérales du même édifice sont de Guillaume Coustou, ainsi qu'un second bas-relief de la Visitation qui orne le devant du maître-autel de la chapelle de la Vierge dans la galerie supérieure.

Il ajouta, en 1730, des cartels et des trophées de bronze doré au piédestal de la statue de Louis XIV, par Girardon, qui décorait la place Vendôme.

M. Natalis Rondot, dans son ouvrage sur les sculpteurs lyonnais, mentionne que Guillaume Coustou fut chargé en 1732, conjointement avec Nicolas son frère, d'exécuter une autre statue de Louis XIV, en bronze doré, que la ville de Lyon commanda après l'achèvement du monument de Desjardins.

Dargenville (*Voyage artistique à Paris*) lui attribue le modèle de l'aigle qui soutenait le lutrin de l'église de Saint-Honoré à Paris, et dit que Coustou l'avait reproduit d'après un aigle vivant. Le dessin fait par Coustou pour ce monument est entre les mains de M. Lacroix.

Les deux groupes exécutés par Guillaume Coustou, pour l'abreuvoir de Marly, ont été souvent réduits en bronze ; sir Richard Wallace en possède un exemplaire. On en connaît d'autres répétitions.

Guillaume Coustou reçut en 1732, de la ville de Lyon une somme de 1,500 l. pour un buste en bronze du roi, qui devait être placé au consulat.

Coustou (Guillaume), fils de Guillaume Coustou et neveu de Nicolas, né à Paris en 1716 ; mort en 1777, pensionnaire du roi à Rome, admis à l'Académie (1742) et garde des sculptures du Louvre.

Il a exécuté de nombreux travaux pour les résidences royales et pour les églises de Paris. Il fut chargé, en 1769, d'ériger dans la cathédrale de Sens le tombeau du Dauphin, fils de Louis XV, mort à Fontainebleau en 1765, et de la Dauphine Marie-Josèphe de Saxe. Les effigies du prince et de la princesse sont accompagnées d'ornements en bronze de la plus belle exécution, qui primitivement devaient être dorés. Le monument porte la signature : *Guillaume Coustou de Paris, 1774.* — Dargenville, *Vie des fameux sculpteurs depuis la Renaissance.*

Coustou (**Nicolas**), sculpteur, né à Lyon en 1656, mort à Paris en 1733. Il était élève de son oncle Coyzevox, fut pensionnaire du roi, à Rome, et employé aux grands travaux que Louis XIV faisait exécuter à Versailles et aux Invalides.

Les deux frères, Nicolas et Guillaume Coustou, ont exécuté ensemble des motifs très importants de sculpture et de décoration pour le chœur de Notre-Dame-de Paris et notamment la Gloire, au milieu de laquelle on a placé un triangle entouré de nuages de chérubins et de rayons, en métal doré. Cet ouvrage est de MM. Coustoux. (Voir Piganiol de la Force.)

Nicolas passa marché, le 7 décembre 1714, en son nom personnel et en celui de son frère Guillaume, avec le duc de Villeroy, gouverneur de Lyon, pour l'exécution de deux grandes statues couchées, symbolisant le Rhône et la Saône, et devant accompagner la statue équestre de Louis XIV, par Desjardins, moyennant le prix de 49,000 livres.

Ce monument a été détruit à l'époque révolutionnaire ; il n'en subsiste que les deux figures couchées du

Rhône et de la Saône qui sont placées dans le vestibule de l'Hôtel de ville. Celle de la Saône a été modelée par Nicolas Coustou.

Une seconde statue du roi Louis XIV à cheval, exécutée en bronze doré, avait été commandée, en 1732, à Nicolas et à Guillaume Coustou; elle devait être érigée également sur l'une des places de la ville de Lyon. Nicolas avait présenté, au duc de Villeroy, une réduction de ce monument qui décorait l'une des galeries de son château, situé près de Mennecy.

Il avait exposé, au Salon de 1704, un crucifix de bronze.

On lui devait aussi les deux anges, fondus en argent, qui soutenaient le cœur de Louis XIV dans l'église Saint-Paul-Saint-Louis, à Paris. — Rondot, *les Sculpteurs lyonnais*.

Coutarelle (**Pierre**), et **Augade** (**Pierre**), maîtres fondeurs à Chonac; coulèrent, en 1625, une des cloches de Prinsuéjols. — Farnier, *Notice historique sur les cloches*.

Coutelle, ciseleur-fondeur à Paris (XVIIIᵉ siècle). Les travaux de cuivre ciselé qu'il avait exécutés pour les maisons royales, sous le règne de Louis XVI, sont décrits dans les mémoires présentés au garde-meuble par le sculpteur Pitoin et, plus tard, par de Hauré. Il ciselait, en 1786, un feu à figures de lions, dont les modèles avaient été faits par Pigalle, Boizot et Martin, et qui était destiné au Salon des jeux, à Versailles. — Bibliothèque nationale : *Mémoires manuscrits des ouvrages d'ébénisterie et des ouvrages en bronze (1786)*.

Couture (**Jean**), d'Avignon, maître fondeur d'artillerie, entra au service du duc Octave Farnèse, en 1553, lors de l'occupation française à Sienne et à Parme, et y resta jusqu'en 1560. Il est porté, sur les comptes des dépenses de la Cour de Parme, sous le nom de « M° Giovanni Coutur o Coltura da Avignone ». Il coula, pendant son séjour en Italie, un grand nombre de pièces d'artillerie aux chiffres et à la devise du roi Henri II.— Angelucci, *Monumenti inediti*, p. 336.

Cova (**Giovanni**), lavoranti in metalli; exécuta, en 1430, plusieurs travaux pour la cathédrale de Milan.— *Annali della fabbrica del Duomo.*

Coyzevox (**Charles-Antoine**), né à Lyon en 1640, mort à Paris en 1720, âgé de quatre-vingt-un ans. Élève de Lerambert, il fut appelé, en Allemagne, par le cardinal de Furstemberg, pour travailler aux châteaux de Strasbourg et de Saverne. Revenu à Paris, il fut nommé sculpteur ordinaire du roi, membre, et plus tard, recteur de l'Académie royale, et ne cessa de produire pour les résidences royales jusqu'à la dernière année de sa longue existence.

Un de ses principaux ouvrages de bronze est la statue équestre qui lui fut commandée par les États de Bretagne, et érigée à Rennes en 1726. Coyzevox l'exécuta dans un atelier situé à Paris, derrière la Pitié. Le roi était représenté vêtu à la romaine. Sur les faces du piédestal étaient deux grands bas-reliefs dans l'un desquels était le triomphe de la France sur mer; dans l'autre, on voyait la Bretagne offrant à Louis XIV, assis sur son trône, le dessin de la statue. Ces deux bas-reliefs sont conservés au musée de Rennes; le cheval et la statue ont été détruits en 1792. Nous croyons que la réduction de cette statue équestre est conservée à Versailles, dans la chambre de Louis XV.— Laffolie, *Mémoires de la statue de Henri IV.*

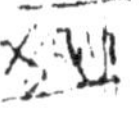

Plusieurs années auparavant, en 1787, Louis XIV

étant venu visiter l'Hôtel de ville de Paris, à l'occasion du rétablissement de sa santé, fut choqué de voir
le groupe de Guérin le représentant vainqueur de
l'anarchie, et témoigna le désir que cette sculpture fût
enlevée. Pour se conformer à cette volonté, le bureau
de la ville commanda à Coyzevox une autre statue dans
lequel le roi était en costume héroïque, appuyé sur des
trophées d'armes et placé sur un piédestal orné de deux
bas-reliefs représentant Louis XIV distribuant du pain
pendant la famine de 1662, et la Religion triomphant
de l'hérésie. Au-dessous, était un cartouche avec des
boucliers. Cette sculpture fut installée dans la cour
centrale sous une des arcades, enrichie de deux colonnes de marbre à chapiteaux de bronze doré, avec deux
piédestaux décorés d'attributs militaires. Dans les deux
voussures se voyaient les médaillons du duc de Ges-
vres, gouverneur de Paris, et de M. de Fourcy, prévôt
des marchands, entre lesquels étaient une couronne et
des palmes; sous l'arc, étaient disposés des cartouches
rectangulaires, aux chiffres du roi et aux armes de
France.

D'autres cartouches de bronze doré accompagnaient
les deux côtés de ce monument et étaient occupés par
des inscriptions commémoratives du règne du monarque. Cet ensemble a disparu; la majeure partie de l'ornementation a été détruite à la révolution de 1792; le
reste n'a pas survécu à l'incendie de 1871; seule, la
statue de Louis XIV nous est parvenue après avoir été
gravement endommagée lors de la Révolution. Rendue
en 1817 à la ville de Paris, elle est sortie des ruines de
l'Hôtel de ville, dépouillée de sa dorure et de sa patine, mais portant encore l'inscription : *Fait et fondu
par Ant. Coyzevox, sculpteur ord. du Roy*. Le modèle
original en terre cuite était dans la collection Crozat
(1792). Une réduction en bronze a passé dans le dépôt

de Nesle sous la Révolution. Un grand tableau de Largillière, dont il existe une esquisse au Louvre, représentait Coyzevox soumettant ce modèle aux échevins de Paris.

Le palais de Versailles conserve des travaux importants de décoration exécutés par Coyzevox.

Dans la grande galerie et dans les salons de la Paix et de la Guerre, qui la terminent, il a modelé les nombreux trophées d'applique qui ont été fondus par Tuby (Jean-Baptiste) et par Caffieri, et dorés au feu par la Baronnière. Ces trois derniers ornemanistes ont été chargés également de l'achèvement des pilastres et des chapiteaux.

Les deux groupes de la rivière de la Dordogne et du fleuve de la Garonne, exécutés en 1686 et fondus en 1688 par les frères Keller, pour la plate-bande de l'un des bassins du parterre d'eau. Ces mêmes fondeurs jetèrent en bronze une répétition de la Vénus pudique, d'après le marbre, actuellement placée au Louvre; l'œuvre de métal est maintenant dans les jardins de Versailles.

La figure de l'Empire faisant partie du groupe en plomb de la France triomphante dont les deux autres personnages avaient été modelés par Tuby, pour le bassin du bosquet de l'Arc de triomphe. Coyzevox avait modelé des vases de bronze pour le Petit Parc, pour les fontaines de l'île et pour la pièce d'eau (1682-1683), ainsi que dix groupes d'enfants soutenant des cuvettes, en plomb, qui lui avaient été commandés pour la cascade du château de Marly.

Dans l'ancien escalier des Ambassadeurs, détruit sous Louis XV, étaient deux grands trophées d'armes avec les attributs de Minerve, en bronze doré, modelés par Coyzevox.

Parmis les nombreux monuments funéraires qui lui furent commandés, on peut citer le Mausolée du cardinal Mazarin, érigé dans la chapelle de l'ancien collège des Quatre-Nations. La statue en marbre représentant le ministre agenouillé, ainsi que trois figures allégoriques, fondues en bronze, représentant la Prudence, la Paix et la Fidélité, font partie du musée du Louvre. Elles portent la signature : *A. Coyzevox, f. 1692.*

Nous citerons une seconde sépulture, celle du comte d'Harcourt, dont le groupe principal de marbre blanc est accompagné d'un bas-relief de plomb doré, représentant la prise de Turin. Ce tombeau, érigé primitivement dans l'église de l'abbaye de Royaumont (1771), est maintenant placé dans le château de Serrant.

Le tombeau du maréchal de Vauban, aux Invalides, est orné d'un autre bas-relief en plomb doré, représentant le passage du Rhin.

Ce qui assure à Coyzevox une place importante parmi les grands sculpteurs, c'est la quantité incroyable de bustes qu'il a entaillés ou modelés d'après les personnages célèbres de son temps. Il a représenté plusieurs fois, et notamment en 1699, le roi Louis XIV aux différentes époques de sa vie, et on connaît des répétitions nombreuses de ses bustes de bronze d'après le Grand Condé et le maréchal de Turenne. Le premier de ces guerriers lui a inspiré un médaillon de bronze doré, conservé au château de Chantilly, dans lequel son talent semble avoir atteint l'expression pathétique des sculpteurs de la renaissance florentine. Le Louvre possède également de lui un buste du chancelier Séguier. Coyzevox vécut assez longtemps pour devenir le portraitiste du jeune roi Louis XV, et parmi les quatre bustes qu'il fit de ce monarque, il s'en trouvait un dont le piédestal était appuyé sur quatre lions de bronze, supportant le buste et se levant pour le considérer. Des trophées et des cartouches de bronze doré indiquaient la date et l'origine de cette sculpture, commandéc par M. Dupuy, avocat général au grand conseil.

Il avait reçu, en 1675, de la ville de Lyon, 2,100 liv. pour deux bustes de bronze et douze épreuves en plâtre, représentant Camille de Neufville, archevêque de Lyon.

Le buste de Lully, exécuté en collaboration avec Cotton et faisant partie du monument funéraire placé actuellement dans l'église de Notre-Dame-des-Victoires.

Les œuvres de Coyzevox ont été souvent réduites en bronze et l'on en admire, dans plusieurs grandes collections, des épreuves d'une superbe fonte, faites probablement dans l'atelier des Keller et sous la direction du maître. La Grune-Gewolbe, de Dresde, conserve notamment un groupe de la Renommée, d'après les marbres des Tuileries. — *Mémoires inédits sur les artistes français; notice sur Coyzevox,* t. II; — Courajod, *Un Portrait de Michel le Tellier;* — Inventaire des archives municipales de Lyon; — H. Jouin, *Coyzevox.*

Cozzarelli (Giacomo di Bartolomeo di Marco), sculpteur et ciseleur, élève de Francesco Martini di San Giorgio, qu'il suivit à Urbino et avec lequel il revint à Sienne.

Cet habile bronzier a laissé, dans le palais Petrucci, à Sienne, de remarquables supports de torche. Le maître-autel de la cathédrale est décoré de candélabres et de flambeaux exécutés par lui, avec une grande richesse d'ornementation.

Il fut chargé, en 1505, de couler, sur les modèles de Francesco Giorgio, douze statues d'apôtres, qui étaient destinées au maître-autel. Il modela lui-même les deux supports des statues d'ange placées sur les colonnes de la nef, près du maître-autel, et jetées en bronze par Carlo d'Andrea Galletti et son fils, en 1519. Il avait exécuté des chaînes en bronze d'un beau travail, pour l'entrée du palais Petrucci.

Cozzarelli travailla également à la fonte des pièces d'artillerie de la ville de Sienne. En 1495, il reçut la commande des *Chortaldi,* coulés à Monte Pulciano sur le modèle de ceux du roi de France. Il fut aidé, dans cette fonte, par Carlo d'Andrea d'Agostino Galletti.

Il adressa, en 1512, au Conseil des marchands, un rapport favorable sur l'exécution des portes en bronze de San Paolo Ugli Offiziali par Antonio Ormanni. — Milanesi, *Documenti... storia dell' arte senese.*

Craft (Georg), de Mayence. Cloche à Oberusel (1508). — Otte, *Glockenkunde.*

Crancmann (Gerhard); a fondu, en 1537, la cuve des fonts baptismaux de l'église de Schönberg. — Mithoff, *Künstler.*

Cranichfelde (Conrad), d'Iéna ; cloche pour le couvent d'Heusdorf (1448). — Otte, *Glockenkunde.*

Crans (Adrien, Jean et **Cornelius),** fondeurs de l'artillerie hollandaise à la Haye (xviii° siècle). On conserve, au musée de la porte de Hal, à Bruxelles, un mortier hollandais sur lequel on lit : *Me fecit Adrianus Crans Hagæ 1742,* et deux pierriers portant l'inscription : *Me fecit Ian Crans Hagæ 1753.*

A la tour de Londres et à Woolwich, sont déposés des canons aux armes de la Hollande, avec l'inscription : *Vigilate Deo confidentes; — Me fecit Adrianus Crans Hagæ a° 1734.*

Il y eut un troisième fondeur de la même famille, dont on voit, au Musée d'artillerie de Paris, de petits modèles de mortiers, signés : *Me fecit Cornelius Crans Hagæ 1750.* Canon à la Tour de Londres aux armes

de la Hollande : *Me fecit Cornelius Crans Hagæ
aᵒ 1748. — Catalogue du musée de la porte de Hal
(artillerie); — Catalogue of Museum of artillery,
Woolwich; —* Penguilly-l'Haridon, *Catalogue du Musée
d'artillerie.*

Crantl; a coulé une cloche pour l'église de Bruns-
hausen (xvɪᵉ siècle ?). — Mithoff, *Künstler.*

Crauk (Gustave-Adolphe-Désiré), sculpteur, né
à Valenciennes en 1827, élève de Pradier.

Bacchante et Satyre, groupe en bronze (Salon de
1857); le maréchal Pélissier, statuette (Salon de 1859);
le colonel Plombin, buste en bronze (Salon de 1859);
Faune, statue envoyée au musée d'Amiens (Salon de
1861).

La Victoire couronnant le drapeau français, au
musée du Luxembourg (Salon de 1864). Une répétition
de cette œuvre a été placée sur la colonne centrale du
square des Arts-et-Métiers.

Buste de Casimir Périer, bronze (1866), au musée
de Troyes. Une répétition est au musée de Grenoble.

Le Maréchal Vallée, statue en bronze pour une place
de Constantine; le Général Chanzy, statue érigée au
Mans (1875); les figures groupées qui entourent le
piédestal de ce dernier monument sont de Croisy.

La Douleur, statue en bronze pour le tombeau de
M. Béclard, au Père-Lachaise; Bachasson de Monta-
livet, statue pour la ville de Valence (Salon de 1872);
le Shah de Perse, buste de bronze argenté (Salon de
1874); le Maréchal Niel, statue pour la ville de Muret
(Salon de 1876); Samson, buste (Salon de 1877);
Tritons, groupe pour une fontaine (Salon de 1879); le
Général Chanzy, statue pour le monument érigé au
Mans (Salon de 1885).

M. Crauk a également sculpté en marbre plusieurs
bustes de personnages contemporains, dont il a été
coulé des répétitions en bronze.

Crawford, sculpteur américain ; a été chargé, par
le gouvernement des États-Unis, en 1855, d'ériger une
statue équestre pour la ville de Washington, en l'honneur du fondateur de la République américaine.

Crebello (**N.**), sculpteur et ciseleur florentin (xvii^e
siècle). Le Musée national de Munich possède deux
bas-reliefs représentant le Christ devant Pilate et Jésus
devant Caïphe, qui lui sont attribués. — Trautmann,
Kunst und Kunstgewerbe.

Crescenzo de Pérouse, maître fondeur (xve siècle).
Le pape Nicolas V fit couler trois cloches pour la basilique de Saint-Pierre-du-Vatican, sur lesquelles étaient
représentées la figure du Christ et les armes papales.
Autour, on lisait l'inscription : *Nicolaus Papa V fecit
anno Jubilei 1450. Crescentino de Peirusio me fecit.* —
E. Müntz, *les Arts à la cour des papes,* t. Ier.

Cressent (Charles), ébéniste, modeleur et sculpteur, né à Amiens en 1685, mort en 1768, élève de son
père, François Cressent. Charles Cressent portait le
titre d'ébéniste du Régent ; il modela le buste du duc
d'Orléans, fils de ce prince, qui est conservé à la
bibliothèque Sainte-Geneviève ; il répara, en 1724, un
Jupiter de bronze, modelé par Girardon, et un Mars de
l'un des frères Angnier, et exécuta douze grands médaillons fondus en bronze et représentant les douze
Césars.

Le 5 septembre 1723, une sentence du Châtelet
faisait défense à Charles Cressent et aux maîtres
ébénistes d'avoir et de garder chez eux aucun ouvrage

de fonte s'ils n'étaient perfectionnés par la main d'un
maître fondeur. Par exception, les pièces saisies dans
son atelier lui furent rendues. Vingt ans après,
29 mars 1743, une sentence analogue fut rendue contre
Cressent et Jacques Confesseur. Les pièces saisies
furent restituées par exception à Confesseur, qui fut
condamné à 3o livres d'amende, avec défense d'avoir
deux ouvroirs; Cressent fut condamné aux dépens.
L'avocat de Confesseur s'appelait Thiébart, celui de
Cressent, Cornil et celui des maîtres fondeurs, Chartier.
— *Statuts des maîtres fondeurs.*

Cressent dit, dans ses catalogues de vente, que la
plupart des appliques et des bas-reliefs de bronze qui
figuraient sur ses meubles avaient été modelés par lui.
— Guiffrey, *Scellés et inventaires d'artistes*, t. II; —
De Champeaux, *le Meuble,* t. II, p. 122.

Creswel (**Richard**), maître fondeur. Il était apprenti de Richard Hili, qui lui fit un legs en mourant
(1440). M. Stahlschmidt (*London bells founders*) lui
attribue un grand nombre de cloches qui portent les
deux lettres : *R. C.*

Crew (**Silvanus**), sculpteur et ciseleur; a exécuté,
en 1658, l'un des deux bustes gravés sur cuivre qui
décorent la sépulture de la famille Wyne dans la chapelle Gwydit Llanrwrst Dentighsire. (Voir à **Vaughan**).
— Fortnum, *Catalogue of the bronzes in the South
Kensington Museum;* — H. H., *Manual of monumental
brasses.*

Criis (**L.**). Le catalogue de l'Exposition rétrospective
de Milan (1874) attribue à cet artiste inconnu une
plaquette représentant Proserpine remettant à Psyché
le vase de la Beauté.

Cristo. « 1502. Mag^r Petrus aurifex ad aurum tiratum filius quondam Christi bombarderii et civis Ferrarie. » — Angelucci, *Documenti inediti.*

Cristobal (Francisco et **Bartholomé**), maîtres fondeurs d'artillerie à Malaga (fin du xv⁰ siècle) ; furent chargés d'exécuter les ribaudequins (petits canons) qui armaient les caravelles de Christophe Colomb, lors de la découverte du Nouveau-Monde. — Communication de M. le colonel Adolphe Carrasco.

Cristoforo di Geremia, sculpteur et médailleur, né à Mantoue ; était employé, à Rome, en 1468, par le pape Paul II et était logé au palais du Vatican. Le manuscrit de Filarete, auteur des portes de la basilique de Saint-Pierre, mentionne cet artiste en même temps que Donatello et Bertoldo, parmi les plus habiles à fondre et à ciseler le bronze.

En 1468, Cristoforo reçut 300 florins pour avoir restauré la statue équestre de Marc-Aurèle, placée alors à Saint-Jean-de-Latran.

On attribue à Cristoforo la composition d'un bas-relief en forme de paix, représentant la Vierge et l'Enfant Jésus, dont il existe plusieurs répétitions, notamment au South Kensington Museum et au musée du Louvre (collection Timbal). On y trouve l'inscription : *Christophorus Hierimiæ.* Une seconde plaquette représentant Mercure et Flore porte la même légende. — E. Müntz, *les Arts à la cour des papes*, t. II. — Fortnum, *Catalogue of the bronzes of the South Kensington Museum.*

Croisilles (Collard de), fondeur de clocques ; reçut en 1408 du chapitre de Cambray XII liv. III s· pour refondre la petite Perinette qui étoit fêlée et la faire un peu plus pesante et VIII l. X s. pour refondre la dite cloque qui n'avoit mie bon son. » — Houdoy, *Histoire de la cathédrale de Cambray.*

Croisilles (Guillaume de), maître fondeur, originaire de Croisilles (Pas-de-Calais). xiv° siècle.

La cloche du beffroi de l'hôtel de ville de Compiègne porte l'inscription :

Bancloke sui. Moi fist on faire au temps Foucart Harel le Maire lan mil trois cens et trois. — De ki maistres fut Gill(e)s de Bliki il et Guilliaumes de Croisill(e)s — ci tient a cleus et a kevilles a men son la ville s'anne pour la necessité commune.

Un fondeur, nommé également *Guillaume de Croisilles,* fut chargé, en 1396, de couler trois cloches pour l'ancien beffroi de Péronne. Il s'associa, pour ce travail, avec son fils, Robert de Croisilles. La plus grosse de ces cloches, la bancloque fêlée presque aussitôt et coulée à nouveau en 1398, existe actuellement dans l'église de Saint-Jean, à Péronne ; elle porte l'inscription en lettres onciales : *LAN : M : IIIIxx Ж XVIII : HVE : HONDVE : PAR : VVILLE : DE : CRISILLE : Ж ROBIN : SENHIL : Ж : ASTOIT : S : HOVRSIS : CÆBONIERS : POVR : LE : TAN : MAIRES : DE : PERONE : Ж : SIEHAN : DV : PESTRIN : POVR : LAN : PRECEDENT.*

Le métal d'étain avait été acheté par la ville à Jehan Lou et le cuivre à Robert Catelain.

L'espace de temps qui s'étend entre l'exécution des cloches de Compiègne et de Péronne conduit à supposer qu'il a existé successivement deux fondeurs nommés Guillaume de Croisilles, dont le dernier était le père de Robin de Croisilles. — Farnier, *De la liturgie des cloches ; — Bulletin monnmental,* 1883 ; — Vallois, *les Cloches de Péronne.*

Croisilles (Jacques de), maître fondeur (xiiie siècle). Il a coulé la cloche de l'église de Saint-Pierre, à Aix-la-Chapelle, et y a gravé la légende :

Horrida sum stolidis latronibus ac homicidiis ;
  Ad commune bonum servio dando sonum.
Magister Jacob de Croisilles nos fecit
Anno Domini MCCL° XII Kal. Mar.

(Bulletin monumental, 1885.)

Croisilles (Robin ou Robert), maître fondeur (xive siècle). Il a laissé l'inscription suivante sur l'une des cloches de la cathédrale de Tournai.

Banclocque suis de commune nommée
Car pour effroy de guerre suis sonnée,
Si fut celui qui fondit devant my
Et pour le cas que dessus je vous dy
Robin de Croisilles, c'est cler,
Me fist pour rustres assembler
Lan mil trois cens nonante et deux
Pour sonner à tous faits piteux
De morts, d'oreilles et d'orteaux
De caiche et flétrir temoings faux.

Robin de Croisilles avait renouvelé, en 1386, la cloche « la Commune nommée de Beauvais », pour Saint-Étienne de Beauvais. Cette cloche fut coulée une troisième fois, en 1758, par les Morel.

La cloche du beffroi de Valenciennes est également l'œuvre de Robin :

Cette noble clocque doneur
Fut faite lan nostre seigneur
XIII cens IIIIxx et VI
Faire le fist Jehan Partis
Qui estoit prosvos a ce tems

A vœch ses douze paires sentens
Et si la fist maistre Robert
De Croisilles, pourquoi les vers
Disennt que tape sans séjour
Vingt quatre heures nuit et jour
Pour oir la communauté
Que Dieu ait en salveté.

Corblet, *De la liturgie des cloches* ; — *Bulletin monumental*, 1883,

Robert de Croisilles portait, en 1394, le titre de maître des cloches de la cathédrale de Cambrai. Il reçut, en cette année, une gratificatiou de IIII l. III s. pour l'achat d'une robe d'honneur. On trouve, dans les registres capitulaires de 1416, les mises « pour la clocque nommée Estreline, qui fut fondue de nouvel le IIIe jour de juing par ce fondeur et est maintenant nommée Martine ».

Croisy (**Onésime-Aristide**), sculpteur, né à Fagnon (1840), élève de Toussaint et de Gumery.

Le Général Lacaille, buste de bronze (Salon de 1875); M. Toupet des Vignes, buste (Salon de 1876); M. Ernest Bradfer, statue pour la ville de Bar-le-Duc (Salon de 1883).

Le Général Chanzy, modèle de la statue de bronze destinée à la ville de Buzancy (Ardennes) ; Salon de 1884.

Groupes entourant le piédestal du monument du général Chanzy, érigé au Mans en 1885 et représentant quatre épisodes de la Défense nationale.

Cros (**César-Isidore-Henri**), sculpteur, élève d'Etex et de Valadon, né à Narbonne en 1840.

Il a exposé plusieurs bustes en bronze : le Jeune Frédéric Jacques (Salon de 1867) ; deux bustes de

M^ll^ L. F... et de Mme L..., médaillon (Salon de 1868) ;
Portrait d'Adolphe Guéroult, buste (Salon de 1873) ; la
Chevauchée, bas-relief (Salon de 1875).

Crosnier (**Pierre**), maître fondeur et ciseleur de
Tours, exécuta, en 1482, pour l'église de Bueil des
chandeliers fondus en cuivre. Il coula, en 1487, plusieurs cloches destinées à être placées sur les porteaux
des boulevards de la Biche et du Chardonnet, à Tours.
— Bourassé, *Église de Bueil (Mém. arch. de la Touraine*, t. VIII, p. 183) ; Giraudet, *les Artistes tourangeaux*.

Crouchman (**Thomas**) ; potter, maître fondeur
établi à Londres pendant les années 1349 à 1369. Il fut
porté en 1349 sur le testament du maître fondeur Jean
de Romeneye et reçut, en 1357, un legs de son confrère William de Raughton. — Stahlschmidt, *London bells founders*.

Crozatier (**Charles**), fondeur-ciseleur, élève de
Cartellier, né au Puy, en 1795, mort en 1855, rue du
Parc-Royal, à Paris. Durant un intervalle de quarante
années, il a exécuté un nombre considérable d'œuvres
dont nous indiquerons les principales : la statue de
Bayard, par Raggi, et le Château d'eau pour la ville de
Grenoble ; la statue de Louis XIV pour Caen, celle de
Bisson pour Lille, d'Assas pour le Vigan, de Cham-
pionnet pour Valence. C'est de ses ateliers qu'est sortie
la statue équestre de Louis XIV, par Cartellier, qui
décore la cour du château de Versailles ; il en a exécuté une réduction pour le roi des Belges. De là proviennent aussi la statue de Napoléon, modelée par
Seurre pour la colonne Vendôme et placée actuellement à l'hôtel des Invalides, et le nouveau quadrige
de l'arc de triomphe du Carrousel, ainsi que les statues

de Casimir Périer au Père-Lachaise, de Jean-Jacques
Rousseau à Genève, du général de Boigne à Chambéry,
de Gutenberg à Mayence, de Thorwaldsen à Copenhague. Crozatier fondit en outre deux énormes vases
d'après l'antique pour le château de Warwick; une
statue d'Hercule pour le palais de Windsor et une
grande quantité de groupes, d'après l'antique, pour les
parcs ou les palais de l'étranger. Il fut nommé chevalier de la Légion d'honneur, lors de la mise en place
du groupe surmontant l'Arc du Carrousel.

Son œuvre la plus considérable est la statue de
Louis XVI, d'après le modèle de Cortot, haute de
22 pieds et pesant 100,000 livres, qui lui avait été commandée pour le monument expiatoire de la place de
la Concorde. La première fonte exécutée dans les ateliers du faubourg du Roule échoua en partie, mais la
tête, dans le moule de laquelle le métal n'était pas parvenu, en fut habilement reprise. Le monument, après
être resté longtemps enterré sur l'emplacement de l'ancienne fonderie du Roule, établie en 1758, fut retrouvé
dans les travaux de terrassement amenés par la construction d'une maison de la rue Balzac, et érigé
quelques années plus tard sur l'une des places de
Bordeaux.

En même temps que ces grands travaux qui lui étaient
commandés, Crozatier en produisait spontanément
une autre série de moindre dimension, d'une fonte et
d'une ciselure à laquelle il appliquait tous ses soins.
Nous citerons : le groupe de Laocoon, le Christ, d'après
Algardi ; le gladiateur Borghèse ; le Centaure ; le Satyre
et la Chèvre ; le Faune aux cymbales ; les Lutteurs de
Florence ; Hercule et Antée ; le Faune à l'enfant ; une
Aiguière d'argent ciselé, destinée au Trésor de Saint-
Denis ; Pâris enlevant Hélène ; Énée enlevant Anchise,
par Lepautre ; Newton, Duguesclin coupant les lauriers

de l'Angleterre, par Dardel ; l'Enlèvement de Déjanire,
l'Enlèvement des Sabines et six groupes des travaux
d'Hercule, d'après Jean Bologne ; des bas-reliefs, d'après
Duquesnoy ; Henri IV et Marie de Médicis en pied,
d'après Dupré (?) ; l'Enlèvement de Proserpine, d'après
Girardon ; des Nymphes et des Satyres, d'après Clodion ; une Naïade et l'Enlèvement d'Orithye, d'après
Coustou ; Mirabeau à la tribune ; les statues équestres
de Napoléon Ier et de Poniatowski ; un vase triomphal
avec des bas-reliefs représentant des batailles, pour le
palais de Saint-James ; un autre vase offert par Louis-
Philippe à la Reine Victoria.

La liste des pièces décoratives sorties de la maison
Crozatier serait difficile à dresser, si on voulait la donner absolument complète. Elles constituent, plus que
celles que nous avons mentionnées, l'œuvre particulier
de ce ciseleur et ont été en partie composées et dessinées par lui. Nous signalerons : un grand brûle-par-
fums, supporté par deux génies assis ; une aiguière
ornée de bas-reliefs, représentant l'Enlèvement des
Sabines et la défaite de Turnus ; un vase de style grec
avec la tête d'Hébé ; deux grands vases d'après Clodion,
représentant le Triomphe d'Amphitrite et celui de
Bacchus ; deux urnes dans le style de Jean Goujon ;
deux vases Louis XIII, retraçant la Fable de Latone
et la Mort du serpent Python ; une aiguière dans le
style de la Renaissance ; deux grands candélabres
composés sur des motifs de Duquesnoy ; deux torchères soutenues par des bacchantes de grandeur naturelle ; deux candélabres, d'après les dessins faits par
Giardini pour le pape Clément XI ; un candélabre monumental dont le modèle était à Versailles ; une tor-
chère, d'après un marbre du Vatican ; deux vases de
lumières, moulés sur les originaux du palais de Versailles ; des candélabres pour surtout dont les bas-

reliefs représentent des sujets de l'enfance de Bacchus ; des candélabres de cheminées avec des bacchantes imitées de Clodion ; d'autres candélabres soutenus par des amours aux ailes éployées, d'après Delarue ; une grande pendule dont le globe est supporté par la Paix, la Justice et le Commerce ; une pendule monumentale composée par Crozatier, avec les figures de Michel-Ange pour le tombeau des Médicis (exécutée pour les salons de l'Hôtel-de-Ville) ; une pendule des quatre Éléments figurés par des enfants, d'après Loiseau ; le Temps, d'après le candélabre composé par Raphael ; plusieurs groupes représentant des chasses au sanglier, au loup, au cerf, de grandeur naturelle ; deux vases de dimensions colossales, représentant des Nymphes et des Naïades ; la Fontaine du château de Rambouillet, d'après l'original, composé par Clodion ; des Enfants pêcheurs, groupe composé de plusieurs figures ; le vase destiné à renfermer le cœur du roi Henri II, d'après Germain Pilon ; un jeune enfant assis sur un cheval-marin, d'après Mayet ; des groupes d'enfants et des naïades adossés à des tiges de roseau, d'après Boizot, et plusieurs enfants groupés ensemble, de grandeur naturelle, d'après Germain Pilon. — Mandet, *Notice sur Charles Crozatier.*

En mourant, Crozatier s'inspira de l'exemple de son maître Brezin et il légua à la Ville de Paris une rente perpétuelle de 5oo francs pour la fondation d'un prix annuel d'encouragement à décerner à l'ouvrier ciseleur qui aurait exécuté avec le plus de perfection un objet de ciselure en bronze, en argent ou en fer repoussé. Il voulut également que sa ville natale fût dotée d'une fontaine monumentale en pierre, marbre et bronze, suivant le projet dressé par M. Bosio, architecte, neveu du statuaire, et laissa une somme de 2oo,ooo francs pour l'établissement de ce monument.

Il légua en outre 100,000 francs au musée et une somme considérable aux hospices de la ville du Puy, et affecta une autre somme de 40,000 francs à l'entretien d'un artiste de la ville du Puy, dans l'une des écoles artistiques de Paris.

Mme Quevreux, Ve Crozatier, vient d'ajouter à ces libéralités en versant (1885) une somme de 100,000 fr. pour fonder aux environs de Paris une école industrielle portant le nom de Crozatier.

M. Victor Paillard, membre du Jury chargé de décerner le prix Crozatier, a bien voulu nous communiquer la liste des lauréats de ce concours, dont les conditions, approuvées en 1858, furent mises à exécution en 1860.

LAURÉATS DU CONCOURS CROZATIER

Ciseleurs figuristes :	*Ciseleurs ornemanistes :*
1860. Ruiton.	1860. Courtois.
1861. Horsin.	1861. Abeille.
1862. Lebeau (Victor).	1862. Attargé (Désiré).
1863. Faraoni (Gaëtan).	1864. Attargé (Désiré).
1865. Cauchois (Charles).	1868. Jolivet.
1866. Faraoni (Gaëtan).	1870. Poux (François).
1869. Pas de prix décerné.	1874. Michaud.
1871. Fannière (jeune).	1876. Lantilly (Aristide).
1872. Lavigne (Jean-Charles).	1878. Raux (Louis).
1873. Fizelier (Joseph).	1880. Neuens.
1875. Poux (François).	1881. Alizard (Edmond).
1877. Debar (Joanny).	1882. Lantilly (Aristide).
1879. Marioton (Claudius).	1884. Raux (Louis).
1883. Defrin (Auguste).	
1885. Charbonnier (Étienne).	

Crozet (**P.**), fondeur (?) (xvie siècle). On voit, au musée de Cluny, une mesure en bronze, signée : *Crozet m'a* *fet 1547* ; sur la panse sont les lettres **P. C.** — *Catalogue du Musée de l'Hôtel de Cluny*, n° 7066.

Crozier (Mme **Fanny**), sculpteur, née à Genève (xix siècle). Portrait de M. F. B., buste (Salon de 1878); Portrait de femme, buste (Salon de 1880); buste (Salon de 1884).

Crucy, fondeur d'artillerie français (commencement du xixe siècle). Une pièce de canon, à l'arsenal de Berlin, porte l'inscription : *Strasbourg le 16 avril 1808, Crucy*. — Communication de M. Courajod.

Cubris ou **Sobris** (**Joris**), cloches pour Guttekoven (1517) et pour Heel en Hollande (1524). — Otte, *Glockenkunde*.

Cucci (**Domenico**), ébéniste marqueteur, modeleur, ciseleur et doreur, mort en 1679.

Il fut appelé de Rome par le cardinal Mazarin, qui lui fit exécuter des cabinets ornés de bronzes ciselés et de pierres dures, semblables à ceux qu'il avait vus en Italie. Après la mort du cardinal, Cucci entra au service du roi, et lors de l'établissement des Gobelins, il fut logé dans cette maison, où il installa une fonderie de bronze, pour les résidences royales. Les Comptes des bâtiments nous ont conservé la mention des nombreux travaux exécutés par lui (1664-1679).

La commande la plus importante qu'il ait reçue est celle de deux grands cabinets, représentant le Triomphe d'Apollon et celui de Diane, pour lesquels il reçut la somme totale de 30,500 livres et qui furent terminés en 1667. Ces ouvrages, qui représentaient les figures de Louis XIV et de Marie-Thérèse, prirent les noms de

Temples de la Gloire et de la Vertu. Ils étaient destinés à la galerie d'Apollon au Louvre, avec deux pièces
semblables, faites par Golle. En 1683, Cucci fut chargé
d'exécuter deux nouveaux cabinets d'ébène, enrichis
de bronzes ciselés, en l'honneur du roi et de la reine,
pour lesquels il reçut la somme de 10,800 livres. L'une
des deux figures qui se trouvaient au centre du cabinet,
représentant Louis XIV en costume de Mars, se trouve
aujourd'hui chez M. H. Schneider. Cucci avait encore
produit deux autres cabinets, enrichis des bustes de
Louis XIV et de Marie-Thérèse, qui, séparés de leur
entourage, se retrouvent au palais de Versailles, sur la
cheminée de la chambre à coucher du roi. L'inventaire du mobilier royal, dressé par M. de Fontanieu,
décrit longuement ces richesses de l'ameublement royal
dont aucune n'a été conservée intaete.

Le nom de Cucci est l'un de ceux qui reviennent le
plus souvent dans les Comptes des bâtiments, et l'on
ne pourrait entrer dans les détails des travaux qu'il a
faits, sans être entraîné à écrire une biographie spéciale. Nous nous bornerons à signaler ses plus importantes entreprises, parmi lesquelles on compte la ser-
rurerie de bronze des maisons royales, dont il avait la
charge et l'entretien.

C'est à lui que l'on doit ces admirables verrous et
serrures, qui sont encore en place dans les grands
appartements de Versailles, mais dont il ne reste plus
rien à Saint-Germain, à Chambord, aux Tuileries et
au Louvre. Une partie des modèles était due à Jean-
Baptiste Tuby, élève de Le Brun.

Il exécutait parfois des travaux de marqueterie
incrustée de cuivre et d'écaille, des bordures de miroir
en bronze ciselé, comme son confrère André-Charles
Boulle, auquel il a dû souvent fournir des appliques
et des bas-reliefs, sortant de la fonderie des Gobelins.

c'est dans cet atelier qu'avaient été élaborés les balustres qui décoraient la rampe du grand escalier des ambassadeurs, à Versailles, chef-d'œuvre de Leveau, barbarement détruit sous le règne de Louis XV, et ceux de la chapelle du château qui sont encore en place.

En 1673, il ciselait la garniture en bronze de la bibliothèque du roi, au Louvre. Il fit presque en même temps les encadrements et les garnitures des portes et des fenêtres du grand appartement de Versailles. Il avait exécuté un tabernacle, orné de colonnes ioniques en bronze, avec une crosse d'où pendait la réserve eucharistiale, pour le maître-autel de Saint-Denis.

Cucci mourut âgé, dans la maison des Gobelins ; il avait marié l'une de ses filles à François Chauveau, sculpteur-ciseleur, qui le suppléa en partie dans la direction de ses ateliers.

Jal : *Dictionnaire de biographie ;* — J. Guiffrey, *Comptes des Bâtiments ;* — D'Argenville, *Voyage des environs de Paris ;* — Blin de Fontenay, *Dictionnaire des Artistes ;* — De Champeaux, *le Meuble,* t. II.

Cugnot (**Louis-Léon**), sculpteur, élève de Diébolt et de Duret, né à Vaugirard en 1835.

Corybante étouffant les cris de Jupiter, statue en plâtre (Salon de 1863, réexposée en bronze, en 1867), commandée par le ministère des Beaux-Arts ; Fileuse de Procida, statue (Salon de 1867) ; Monument commémoratif de la victoire de Callao ; six bas-reliefs de bronze entourent le piédestal ; La figure principale représente le général Galvez, elle est accompagnée de figures en bronze, symbolisant le Chili, l'Equateur et la Bolivie ; sur une colonne est placée la République péruvienne, distribuant des couronnes. L'exécution de ce monument a été attribuée à M. Cugnot à la suite d'un concours. Le modèle a été exposé au Salon de 1872.

Le Messager d'amour, groupe (Salon de 1879);
Jeanne d'Arc sur le bûcher (Salon de 1882); l'Été et
l'Automne, modèle de vases décoratifs, commandés par
l'Etat, pour la ville de Bourges (Salon de 1884). Portrait de M. L. C. de Bourbon, buste (Salon de 1885).

Culpeper. Sur le pied d'un flambeau de cuivre
appartenant au musée de Sigmaringen on lit : *Culpeper
Junior fecit*. — Lehner, *Hohenzollern'sches Museum*.

Culverden (William), maître fondeur de cloches à
Londres; sa marque offrait au centre une cloche surmontée d'une croix, accompagnée d'inscriptions et du
monogramme *N*, avec une figure de pigeon, d'où
le nom de Culverden est dérivé. Il mourut en 1522.
— Stahlschmidt, *Bells of Surrey*; — North, *Bells of
Bedfordshire*.

Cumberworth (Charles), sculpteur, né à Verdun
(1811-1852); a travaillé pour la maison Susse.
Portrait de M. T., statuette en bronze (Salon de 1837);
Pêcheur napolitain, jouant de la mandoline, statue
(Salon de 1838); Chasseresse indienne, groupe fondu
et ciselé par M. Vittoz (Salon de 1841); Marie Stuart en
bronze, sujet tiré de Bernardin de Saint-Pierre (Salon
de 1846); Paul Féval, buste en bronze (Salon de 1848).

Cunnien (René), canonnier de la ville de Quimper;
fut employé au siége de Douarnenez, par l'armée
royale (1597). — Futy, *Comptes des miseurs de Quimper*.

Cuny (Jean), fondeur de l'artillerie des ducs de
Lorraine, né à Nancy, en 1561, mort en 1636.

Cuny (François), fils du précédent, né en 1597,
mort en 1681. Il avait épousé Eve de Chaligny et

devint également fondeur de l'artillerie des ducs de Lorraine, Charles III, Henri II et Charles IV. Jean et François Cuny travaillèrent longtemps ensemble. Le lutrin de l'église de Saint-Sébastien, de Nancy, qui est orné d'une figure d'Ange soutenant deux lampes, a été exécuté par François Cuny, sur le modèle de César Bagard. On doit également à ce fondeur le lutrin et les deux chandeliers de cuivre placés dans l'église primatiale de Nancy. Ce pupitre repose sur une base de marbre noir; au-dessus du livre sont deux figures représentant l'Annonciation. La colonne triangulaire est décorée de trois aigles qui portent l'écu armorié des ducs de Lorraine. Sur le linteau de la corniche est gravée la légende : *Franciscus Cuny fecit 1613.*

Les inventaires des anciens arsenaux lorrains mentionnent de nombreuses pièces d'artillerie fondues par les Cuny. — Dom Galmet, *Bibliothèque Lorraine.*

Cupillard (Bourguignon), maître fondeur à Besançon; fit, en 1771, une cloche pour l'église de Victhorey, il fondit, en 1787, le Bourdon actuel de la cathédrale de Besançon. — Farnier, *Notice historique.*

Curé (Simon), ciseleur et orfèvre, né à Ivry, vers 1681, mort en 1734. Il a exécuté, d'après les modèles de Garnier, les médaillons des écrivains célèbres, qui décorent le monument du Parnasse francais, élevé par Titon du Tillet. Curé avait produit de nombreuses pièces d'orfèvrerie, pour diverses églises, notamment pour Saint-Jean-en-Grève, à Paris, et l'abbaye de Saint-Wandrille, à Arras. — P. Mantz, *Recherches sur l'orfè-vrerie française (Gazette des Beaux-Arts,* 1863).

Cürsgin ou **Sarzgyn (Johann),** maître fondeur à Cologne (1500). — Merlo, *Nachrichten;* — Otte, *Glockenkunde.*

Curzio, orfèvre milanais; fit des offres au chapitre de Santa Maria del Fiore, pour être chargé de la dorure de la palla et de la croix de la coupole (1602). — Guasti, *la Cupola di Santa Marie del Fiore,* p. 167.

Cynberg, Briccius et **Bartholomœus,** maître fondeur de cloches. Voir à **Bricquey.**

Paris. — Imp. de l'Art. E. Ménard et J. Augry
41, rue de la Victoire, 41.